高等学校教材

设计与法规

陈汗青　万　仞　编著

红　波　主审

化学工业出版社
教材出版中心
·北京·

随着时代的发展，设计法规在设计行业中发挥着保护、促进和发展的重要作用。国际工业设计协会联合会定义的宏观设计过程包括从设想到形成产品，再到工程生产使用，涉及的内容方方面面。同样，设计法规范围也很广，如专利法、版权法、商标法、反不正当竞争法、广告法、技术合同法、工程建设法、建筑法等。这些法规之间是相辅相成、互有联系的，是设计活动成功的前提。其中，设计知识产权法规占有极其重要的地位。

知识产权是指人类对在科学、文化和艺术等领域内所创造的智力成果享有的专有权利。它在知识经济与科技创新中发挥着越来越重要的作用。现代设计本质上就是一种知识创造性活动，其设计成果往往以知识产品的形式表现出来，并且渗透到科技、文化等广泛的领域。现代设计与知识产权具有内在的一致性和紧密的关系。设计知识产权的本质就是对其保护与创新。要加强设计知识产权的法规建设，尤其需要加强设计的知识产权保护和管理水平。

在商家拼价格、拼技术、拼服务的今天，设计法规已显示出越来越重要的作用。为此，本书分析了中国与设计相关法规的要求及规定，阐述了设计法规与著作权、专利权、商标权、工程法规的联系，指出设计法规中的特殊事项，并提出一些看法，希望为读者提供借鉴。

本书可作为高等院校工业设计、艺术设计等相关设计专业的教学用书，也可作为研究生的参考用书。同时也可供企业及相关行业、部门从事设计、管理工作的从业人员参考。

图书在版编目（CIP）数据

设计与法规/陈汗青，万仞编著．—北京：化学工业出版社，2004.7（2023.2重印）
高等学校教材
ISBN 978-7-5025-5892-5

Ⅰ.设… Ⅱ.①陈…②万… Ⅲ.设计-法规-中国-高等学校-教材 Ⅳ.D922.16

中国版本图书馆CIP数据核字（2004）第068201号

责任编辑：张建茹　李彦玲　　　装帧设计：蒋艳君
责任校对：李　林

出版发行：化学工业出版社（北京市东城区青年湖南街13号　邮政编码100011）
印　　装：北京虎彩文化传播有限公司
787mm×1092mm　1/16　印张16　字数330千字　　2023年2月北京第1版第10次印刷

购书咨询：010-64518888　　　售后服务：010-64518899
网　　址：http://www.cip.com.cn
凡购买本书，如有缺损质量问题，本社销售中心负责调换。

定　　价：48.00元

工业设计专业教材编写委员会

序

化学是研究物质的变化和规律的一门学科。设计是研究形态或样式的变化和规律的一门学科。一个是研究物质，包括从采掘和利用天然物质到人工创造和合成的化学物质；一个是研究非物质，包括功能和形态的生成，变化及其感受。有物质才有非物质，有物才有形，有形就有状，物作用于人的肉体，形作用于人的心灵。前者解决生存问题，实现人的生存价值；后者解决享受问题，实现人的享受价值。一句话，随着时代的进步，为人类不断创造一个和谐、美好的生活方式。

其实，人人都是设计师，人们都在自觉或不自觉地运用设计，在创造或改进周边的一切事与物，并作出判断和决定。设计是解决人与自然，人与社会，人与自身之间的种种矛盾，达到更高的探索、追求和创造。通过设计带给人们生活的意义和快乐。尤其在当今价值共存、多样化的时代下，设计可以使“形”获得更多的自由度，使物从“硬件”转变成与生活者心息相通的“软件”，这就是“从人的需要出发，又回归于人”的设计哲理。有人说设计就是梦，梦才是设计的原动力。人类的未来就是梦的未来。通过设计可以使人的梦想成真，可以实现以地球、生命、历史、人类的智慧为依据的对未来的想像。

化学工业出版社《工业设计》教材编写委员会成立于2002年10月。一开始就得到各有关院校的热情支持和积极参与。大家一致认为，无论是“由技入道”还是“由理入道”设计教育的目的都是让学生“懂”设计，而不只是“会”设计。大家提交的选题，许多都是自己多年设计教学实践的经验、总结和升华，是非常难能可贵的。已出版的书在社会上和设计教育界引起广泛的关注，并获得专家的好评和被大多数院校选用，认为这套书起点高、观念新、针对性强、可操作性高。经过编委会的讨论、交流、结合国内现有设计教材的现状，在第一批教材的基础上，又列选以下工业设计专业的教材或参考书准备陆续出版：

《设计与法规》（武汉理工大学陈汗青、万仞）；
《积累、选择、表达——德国现代设计教育方法研究与实践》（齐齐哈尔大学宗明明）；
《设计方法论》（深圳大学李亦文）；
《设计信息学》（昆明理工大学徐人平）；
《设计管理——企业产品的识别设计》（湖南大学花景勇）；
《设计美学》（上海大学张宪荣）；
《设计心理学》（长春工业大学任立生）；
《设计的视觉语言》（南京航空航天大学薛红艳）；
《设计与视觉法则》（上海大学张宪荣）；
《快速设计开发与快速成型技术》（昆明理工大学徐人平）；
《产品数字化设计技术及应用》（北京服装学院孙苏榕）；
《工业设计的创新与案例》（北京工商大学高楠）；
《产品形象设计》（桂林电子工业学院宁绍强）；
《标志设计》（兰州理工大学李奋强）；
《布言布语——服饰手工艺》（齐齐哈尔大学宗明明）；
《西洋服装史图鉴》（齐齐哈尔大学范铁明）。

以上工业设计专业教材及参考书的出版力求反映教材的时代性、科学性与实用性，同时扩大了设计教材的品种及提高了教材的质量。最后，我代表编委会感谢化学工业出版社的大力支持和帮助，使这套系列教材能尽快地与广大读者见面。

《工业设计》教材编写委员会
主任　程能林
2004年7月5日

前　　言

随着时代的发展，相关设计法规在设计行业中愈来愈发挥着保护、促进和发展的重要作用。国际工业设计协会联合会定义的宏观设计过程包括从设想到形成产品，再到工程生产使用，涉及法规的方方面面。同样，相关设计法规范围也很广，如专利法、版权法、商标法、反不正当竞争法、广告法、技术合同法、工程建设法、建筑法等。现代设计在本质上是一种知识创造性活动，其设计成果往往以知识产品的形式表现出来，并且渗透到科技、文化等广泛的领域，它与知识产权具有内在的一致性和紧密的关系。设计与上述法规之间是相辅相成、互有联系的，相关设计法规是设计活动成功的前提。

我校自1987年经国家教育部批准成立工业造型设计（后改为工业设计）专业以来，一直开设有《设计法规》课程，教学实践使我们认识到，“设计”实践与相关“现行法规”之间相互促进、互为制约的重要性，以及知识产权战略作用的意义。尤其是在我国步入知识经济社会之后，社会要求我们培养出高水准的“工业设计”人才，不但要掌握与“设计”相关的专业知识和技能，还要善于把握和运用与“设计”相关的“法律法规”，确立“设计”的法律法规意识。经过十多年的教学实践和师、生的通力协作，特别是经过近几年的课程研究工作，终于形成了现在的校内教材稿，2003年5月国家知识产权专利局外观审查部红波研究员来我校讲学时看了此稿，甚是关心，并且提出了十分珍贵的修改意见。经他主审，尤其是程能林教授的大力支持，本教材得以出版，这里还需表示歉意的是囿于条件，本书中参考文献及其作者未能一一列出，我们将在今后修订时予以增补，特在此对这些作者一并表示衷心的谢意。

撰写教材是一项很有意义的工作，它需要一代甚至几代写作者的全身心投入，我们这里所作的工作，仅仅是一个起点。笔者以此书为引玉之砖，愿更多人投入到设计与法规的研究和传播之中，共同促进科技创新，营造科学文化及其产业发展的良好环境，履行“入世”承诺，规范市场经济秩序，积极建立与国际接轨的设计法规体系，以推进我国的设计事业。

陈汗青

2004.6.24

目　　录

绪论　创建知识经济时代的中国“设计法规”体系 …… 1
第1章　“设计法规”概述 …… 3
1.1　“设计法规”的概念与范畴 …… 3
1.2　“设计法规”的特征 …… 7
习题 …… 9
第2章　现代设计与知识产权 …… 11
2.1　知识产权的概念 …… 11
2.2　设计知识产权概述 …… 13
2.3　设计师应具备知识产权保护的战略意识和水平 …… 22
习题 …… 24
第3章　艺术设计与著作权法 …… 26
3.1　艺术设计著作权作品 …… 26
3.2　艺术设计著作权 …… 29
3.3　艺术设计著作权的保护 …… 37
习题 …… 37
第4章　工业设计与专利法 …… 39
4.1　专利的基本概念 …… 39
4.2　发明 …… 40
4.3　实用新型 …… 44
4.4　外观设计 …… 46
4.5　专利权的有关原则 …… 55
4.6　专利文献的使用 …… 57
习题 …… 59
第5章　商标法 …… 60
5.1　商标的特征 …… 60
5.2　商标的种类 …… 60
5.3　商标注册的条件 …… 64
5.4　注册商标的有关程序 …… 69
5.5　商标权的保护 …… 72
5.6　商标使用的管理 …… 74
习题 …… 75
第6章　设计知识产权法规的联系与发展 …… 76
6.1　著作权、外观设计专利、商标权的交叉保护 …… 76
6.2　商业秘密 …… 78

6.3 设计知识产权法规的发展趋势 …… 83
习题 …… 83
第7章 设计与知识产权相关法规概述 …… 85
7.1 广告法规 …… 85
7.2 包装设计中涉及的知识产权问题 …… 90
7.3 知识产权与民间创作（文化遗产）保护 …… 91
习题 …… 94
第8章 工业设计知识产权管理与策略 …… 95
8.1 工业设计知识产权管理的重要意义 …… 95
8.2 工业设计知识产权管理概述 …… 101
8.3 工业设计与专利策略 …… 109
8.4 企业商标策略 …… 117
8.5 企业专利、商标策略实例 …… 123
习题 …… 125
第9章 工程设计法规 …… 126
9.1 工程设计的原则 …… 126
9.2 设计阶段和内容 …… 127
9.3 设计文件的审批与修改 …… 128
9.4 中外合作设计 …… 129
9.5 工程设计单位的质量责任与义务 …… 130
9.6 工程设计市场管理 …… 132
9.7 工程设计与文物保护 …… 134
第10章 工程建设程序法规 …… 135
10.1 工程建设程序阶段的划分 …… 135
10.2 工程建设前期阶段的内容 …… 136
10.3 工程建设准备阶段的内容 …… 137
10.4 工程建设实施阶段的内容 …… 138
10.5 工程验收与保修阶段的内容 …… 139
10.6 终结阶段的投资后评价 …… 140
附录1 设计与知识产权法规案例 …… 141
1.1 于××诉北京××影视制作公司等侵犯著作权案 …… 141
1.2 杜×诉广东××集团商标著作权侵权案 …… 142
1.3 ××联合会诉××研究所设计制作浮雕纠纷案 …… 143
1.4 潘××诉’94××文化艺术节组委会侵犯著作权案 …… 144
1.5 餐厅装饰风格与反不正当竞争保护 …… 145
1.6 KITTY猫型座钟外观设计无效案 …… 146
1.7 菲利普·莫里斯产品有限公司诉上海打火机总厂等商标侵权案 …… 148
1.8 《海底总动员》与《小丑鱼走江湖》的版权之争 …… 149
1.9 新加坡鳄鱼与法国鳄鱼的商标之争 …… 149

1.10 楼盘设计的著作权保护 …… 150
附录 2 …… 152
2.1 中华人民共和国著作权法 …… 152
2.2 中华人民共和国著作权法实施条例 …… 159
2.3 中华人民共和国专利法 …… 162
2.4 中华人民共和国商标法 …… 168
2.5 中华人民共和国商标法实施条例 …… 174
2.6 欧洲联盟设计保护法规 …… 179
附录 3 …… 184
3.1 中华人民共和国广告法 …… 184
3.2 中华人民共和国反不正当竞争法 …… 187
3.3 传统工艺美术保护条例 …… 190
附录 4 …… 192
4.1 中华人民共和国建筑法 …… 192
4.2 中华人民共和国注册建筑师条例 …… 198
4.3 中华人民共和国招标投标法 …… 201
4.4 中华人民共和国标准化法 …… 207
4.5 中华人民共和国文物保护法（修正本） …… 208
4.6 产品质量法 …… 218
4.7 建筑装饰装修管理规定 …… 224
4.8 工程建设项目实施阶段程序管理暂行规定 …… 225
4.9 基本建设设计工作管理暂行办法 …… 227
4.10 建设工程勘察设计市场管理规定 …… 234
4.11 国家基本建设大中型项目实行招标投标的暂行规定 …… 239
4.12 建设工程勘察设计管理条例 …… 242
参考文献 …… 246

绪论　创建知识经济时代的中国“设计法规”体系

中国成功入世后，各行各业都在研讨入世后的对策，中国设计业如何面对这严峻的挑战，已成为必须抓紧探讨的战略性问题。

过去，搞设计工作的人往往对专业技能十分重视，但对与设计有关的法规方面则不甚了解，缺乏自我保护和有效参与市场竞争的能力。加入WTO后，不仅要提高自身的设计水平，还应该加强相关的法规意识，必须承诺遵守WTO的规则，积极学习与了解先进国家的设计政策与法规，并结合中国国情尽快建立中国自己的设计与法规体系（下面文中所提及的设计与法规均简称为设计法规）。

1. 法与法规的基本概念

在古代文献中，“法”一般在八种意义上被使用：(1) 法则、法度、规章；(2) 刑法、法律；(3) 标准、模式；(4) 方法、作法；(5) 效法、遵守；(6) 数学上的乘数或除数；(7) 佛教用语，泛指宇宙的本原、道理和法术；(8) 姓[1]。除此之外，在中国古代，法（音废）、伐（音吠）音近，法借为伐，有“攻”、“击”之意，如《管子·心术》：“杀戮禁诛之谓法”即为一例。

而从西方法学史来看，主要经历了自然法、规则法等法的发展，对于“法”与“法规”的概念，其主要观念有以下几点。

① 法律法规必须以客观规律为基础，其对人们行为的规定不能有悖于客观规律，那些违反人们的体力和智力发展规律的法律规定是恶劣的。

② 法扎根于社会之中，本质上是一种社会秩序。

③ 法的功能和目的基于公共幸福的合理安排，就是人人在社会中“得其所哉”，即享受到他应该享受的权利和平等地承担义务。正因为如此，应纠正个人交往中的不正义行为和阻止对人们正当权利的侵犯活动。

④ 法律法规作为一种行为准则能使人们辨是非、知善恶。正因为如此，它应与人们的价值观念相一致。

⑤ 法规即法律规则，所谓法律规则是指以规范性法律文件形式对人的行为模式所做的带有普遍意义的明确规定，它有固定的逻辑结构，能昭示人们在某一条件下应该做什么和不应该做什么，以及由此产生的法律后果。

---

[1] 参见《辞源》。

⑥ 真正的和主要的法规不是由国家立法机关制定的法律规则，而是社会立法中的秩序或人类联合的内在秩序。社会的风俗习惯，甚至社会团体的规章制度，只要它们对社会秩序的形成起作用，就都是这种法规，因此，国家立法机关所制定的成文法并不是法律法规的主体和根本。

⑦ 法规不是作为一个规则体，而是作为一个过程和一种事业，在这种过程或事业中，规则只有在制度、程序、价值和思想方式的具体关系中才具有意义❶。

2. 建立知识经济时代的中国设计法规体系

设计法规体系具有很强的社会性、法制性、科学性和系统性。如图0所示，该体系的构成要素主要有

① 设计法规体系的目标。目标是通过某种活动可达到的预期结果，它是设计法规体系的最上位要素，该目标必须能维持自由、平等和秩序，满足人与社会的生存和发展需求。

② 设计和创新的管理与战略。该管理与战略围绕上述目标而实施，且基于法规而展开。

③ 为达到目标而采取的相关法规。

④ 设计、发明和创造活动。这是决定目标是否可以实现的关键因素；同时这些活动也受到法规与管理的直接影响，公正、合理、有强制力的法规及高效的管理机制将极大的调动人们设计创造活动的积极性。

⑤ 人与社会的生存发展需求。这是设计活动、设计法规与管理产生的源泉。

可见，只有将需求、设计、法规、管理和价值目标等方面结合起来，才能建立有效的设计法规体系。

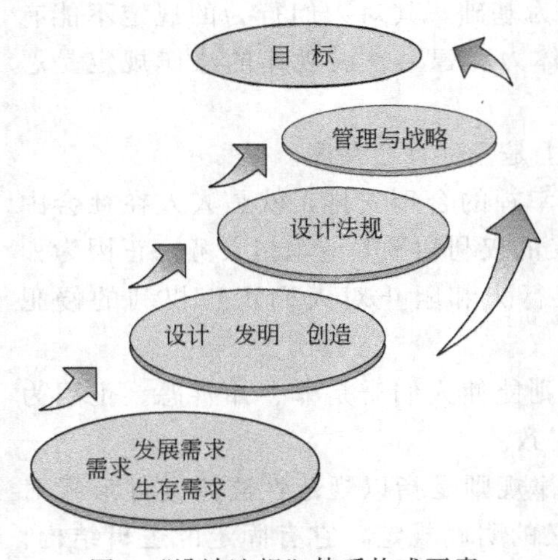

图0 “设计法规”体系构成要素

❶《自然法·规则法·活的法——西方法观念变迁的三个里程碑》，严存生，郭军明，《法律科学》1997.5。

第1章 "设计法规"概述

1.1 "设计法规"的概念与范畴

随着社会发展，设计法规的地位日趋重要。人们愈来愈强烈地感受到设计是一个社会问题，是一个企业、一个地区、一个国家兴旺发达的标志，设计师及其设计活动是生产者和使用者的桥梁，理应受到社会法制的规范，如图1-1。

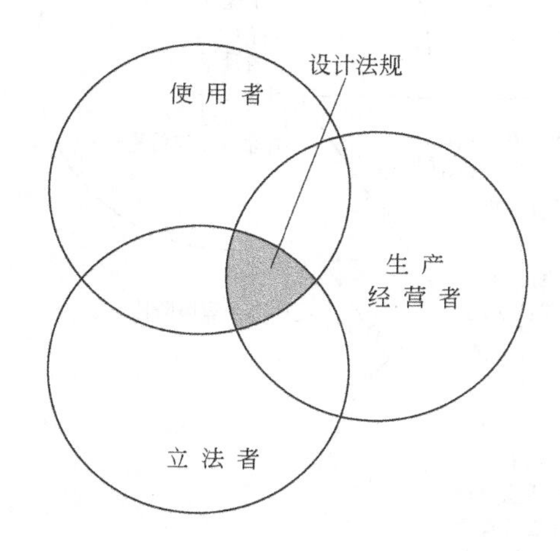

图1-1 "设计法规"的地位

国际工业设计协会联合会定义的宏观设计过程包括从设想到形成产品，再到工程生产使用，涉及的内容方方面面。同样，设计行业相关法规范围也很广，如专利法、版权法、商标法、反不正当竞争法、广告法、合同法、工程建设法、城建法、建筑法等。乍一看，这些法规放在一起，显得纷繁复杂，毫无头绪。其实，从法规的适用范畴来看，这些法规之间是相辅相成、互有联系的，是设计活动成功的前提。就这些法规的思考，作者提出以下关系图，如图1-2。

在此，可以将设计法规体系分为设计知识产权法规及工程设计与建设法规两大部分。其中，设计知识产权法规是基于设计活动的知识性特征而适用的设计法规，涉及到设计作为无形知识资产的生产、保护、转化、交易等运作，以及相关的一系列知识产权问题；而工程设计与建设法规则是设计活动投入工程生产建设中所涉及到的有关设计法规，如工程设计法规、招标投标法、标准化法、环境保护法等。

从图 1-2 可以清楚的发现设计各阶段、各法规之间也是相互联系和渗透的。比如，设计研究阶段设计师也要考虑到诸如零部件规格、人体尺度、加工装配等技术规范等生产问题，也应该辅助产品生产过程中有关工艺、技术、标准的调整和生产质量的跟踪；同时还要对产品包装、运输和传播等环节作主导性或辅助性设计、规划。又如，广告发布、技术引进和生产阶段也会涉及到版权、专利的问题。因此在设计诸阶段、各相关法规是相互渗透的，你中有我，我中有你，共同形成了一个完整的设计法规体系。

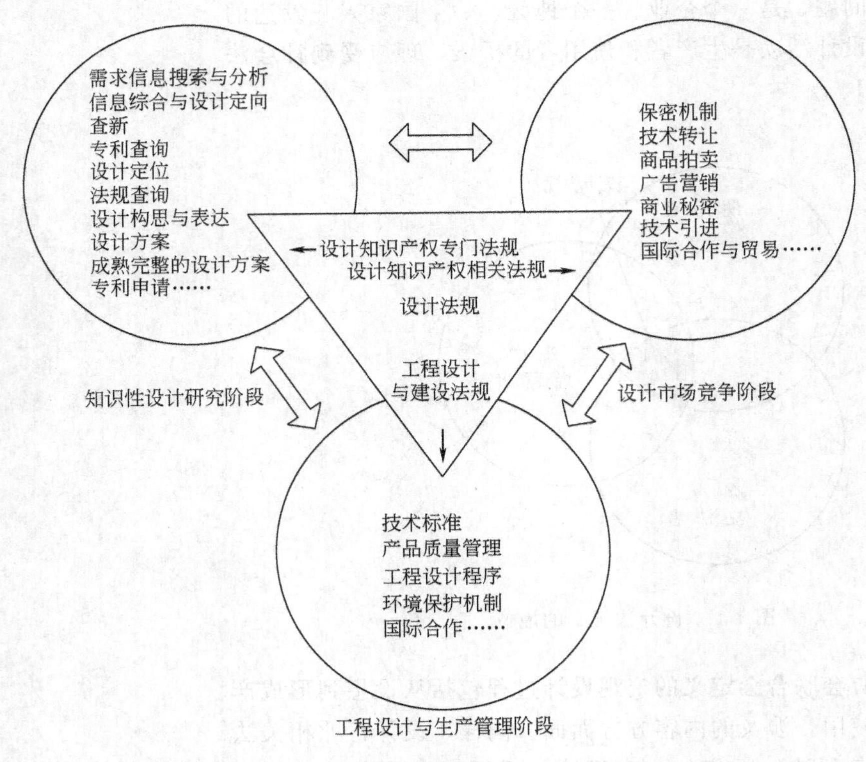

图 1-2 设计阶段与“设计法规”关系图

其中与设计相关的知识产权法规占有极其重要的地位，它主要涉及与设计有关的著作权法（版权法）、专利法、商标法等。在此，作者根据各法规不同的性质特点，又进一步将设计知识产权法规分为设计与知识产权专门法规、设计知识产权相关法规两部分，见图 1-3。前者设计与艺术产权法规（即指设计著作权法。因为与专利等工业产权相比，著作权更注重对艺术创作的保护）和设计工业产权法规（主要是设计与专利法、商标法、反不正当竞争法[1]）；后者则涉及广告法、反不正当竞争

[1] 这里需要指出的是：反不正当竞争法所规范的范围很广，远远不止知识产权保护。但实践中的确存在专利法、商标法、版权法保护不了的客体，为了弥补这一漏洞，反不正当竞争法的附加保护显得十分必要。后文《餐厅装饰风格与反不正当竞争保护》的案件就是一例。

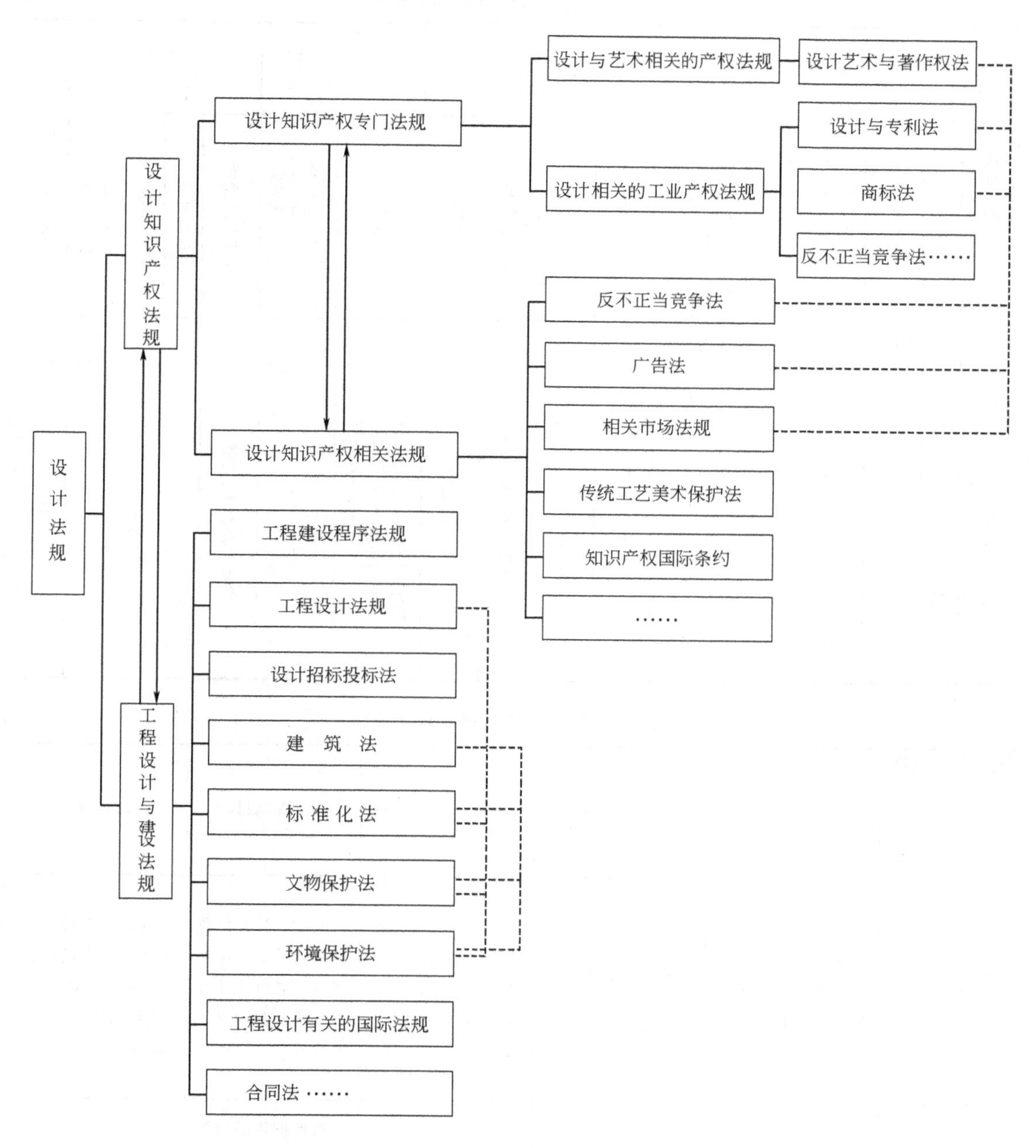

图 1-3 "设计法规"所涉及的法规范畴

法、相关市场法规（主要是合同法、拍卖法、公司法等）、传统工艺美术保护法（文化遗产保护）和一些国际条约（这是设计知识产权产品进入国际市场所必须遵守的规则，如《TRIPS 协议》、《世界版权公约》等）。

下面，以知识产权对设计的保护为例进行比较，以便对设计与知识产权法规有一基本了解，如表 1-1、表 1-2 所示。

表 1-1 设计内容与知识产权保护形式

设计内容	平面设计						产品设计					建筑与环境艺术设计		其他相关设计内容				设计论文与著作
	包装装潢	商标标识	装帧设计	广告创意	广告语、广告文案	网页设计	设计构思与方法	产品设计图纸	产品造型	产品结构功能	产品工艺与制造方法	建筑	环境艺术《景观室内、雕塑等》	服装、饰品设计	影视作品	多媒体数字作品	其他艺术品、工艺美术品	
	注：CI设计涉及到上述设计内容																	
知识产权保护形式	外观设计专利 版权	商标权、版权、外观设计专利	版权	商业秘密	版权	版权	商业机密	版权、商业秘密	外观设计专利、版权	发明专利、实用新型专利	专利、商业秘密	外观设计专利、保护制且可以重复再现的可受著作权，不受地理位置限	著作权法	版权、外观设计专利	版权			版权

表 1-2 设计知识产权保护实务比较

权项 / 比较	专利权			著作权（版权）	商标权
	发明	实用新型	外观设计		
保护内容	对产品、方法或其改进所提出的新的技术方案	产品的形状、构造或其结合所提出的适于实用的新技术方案	产品的形状、图案或其色、形、图案的结合，并适于工业应用的外观新设计	文学、艺术和科学领域内，具有独创性并能以某种有形形式复制的智力创作成果	具有显著性、合法性的文字商标、图形商标、文字和图形组合商标、立体商标等
保护范围与期限	保护范围以其权利要求书的内容为准，保护期为 20 年	保护范围以权利要求书的内容为准，保护期为 10 年	保护范围以《外观设计公报》视图中所表示的该外观设计为准，保护期 10 年	只保护作品思想的表现形式。署名权、修改权和保护作品完整权享有永久保护，发表权和著作财产权的保护从作品完成之日起，截至作者死亡后 50 年的年底	以核准注册的商标和核定使用的商品为限。其保护期 10 年，有效期满后可申请商标续展

1.2 "设计法规"的特征

1.2.1 约束性

设计的成功与否，既有人的因素，有物的因素，也有社会的、经济的、立法的制约，设计师的创作自由是相对的，必然要受到社会的、环境等因素的约束，受到国家、社会所制定的一切法规的约束。

例如，专利法就对获得专利权的新颖性设计有相对强硬的规定，其评判较为严谨和客观，对"新颖性"设计规定如下：应当同申请日以前在国内外出版物上公开发表过或者国内公开使用过的外观设计不相同和不相近似，并不得与他人在先取得的合法权利相冲突。

可见知识产权法规对新颖性设计的规定，是建立在客观事实基础之上的，而并非想当然，仅仅凭人的主观意识加以判断。这正是规范设计、加强设计法治所必须的，也是设计者与企业必须了解的。

就拿上述规定来看，特别是企业，至少应该注意这样一种情况：即使已经设计开发出符合新颖性要求的产品，但如果没有先申请专利就去展示、销售，就会丧失获得外观设计保护的机会。原因很简单，因为设计内容在专利申请日之前已经公开，丧失了新颖性。

1.2.2 促进性

设计法规对设计具有约束性，但同时也要看到设计法规对设计的促进作用，这是设计法规的重要特性。

这一点从中国各法规的立法宗旨就可以看出。

——《专利法》是"为了保护发明创造专利权，鼓励发明创造，有利于发明创造的推广应用，促进科学技术进步和创新，适应社会主义现代化建设的需要"。

——《著作权法》是"为了保护文学、艺术和科学作品作者的著作权，以及与著作权有关的权益，鼓励有益于社会主义精神文明、物质文明建设的作品的创作和传播，促进社会主义文化和科学事业的发展与繁荣"。

——《商标法》是"为了加强商标管理，保护商标专用权，促使生产、经营者保证商品和服务质量，维护商标信誉，以保障消费者和生产、经营者的利益，促进社会主义市场经济的发展"。

——《传统工艺美术保护条例》是"为了保护传统工艺美术，促进传统工艺美术事业的繁荣与发展"。

——《广告法》是"为了规范广告活动，促进广告业的健康发展，保护消费者的合法权益，维护社会经济秩序，发挥广告在社会主义市场经济中的积极作用"。

——《建筑法》是"为了加强对建筑活动的监督管理，维护建筑市场秩序，保证建筑工程的质量和安全，促进建筑业健康发展"。

……

1.2.3 规范性

设计法规对设计活动有很好的规范作用，且有一系列法定程序，但它也从属于主体法规。在设计表达、设计资格、设计成果归属、设计质量的规范等多个方面都需遵循法规。

(1) 设计内容的规范

例如，《商标法》明确规定缺乏显著特征的标志，不得作为商标注册；带有民族歧视性的，夸大宣传并带有欺骗性的，有害于社会主义道德风尚或者有其他不良影响的标志，不得作为商标使用。

(2) 设计资格的规范

例如，《广告法》规定“广告主委托设计、制作、发布广告，应当委托具有合法经营资格的广告经营者、广告发布者”。

《建筑法》规定“从事建筑活动的建筑施工企业、勘察单位、设计单位和工程监理单位，应当具有符合国家规定的注册资本，有与其从事的建筑活动相适应的具有法定执业资格的专业技术人员，有从事相关建筑活动所应有的技术装备；并且按照其拥有的注册资本、专业技术人员、技术装备和已完成的建筑工程业绩等资质条件，划分为不同的资质等级，经资质审查合格，取得相应等级的资质证书后，方可在其资质等级许可的范围内从事建筑活动”。

(3) 设计成果归属的规范

例如，《专利法》规定“执行本单位的任务或者主要是利用本单位的物质技术条件所完成的发明创造为职务发明创造。职务发明创造申请专利的权利属于该单位；申请被批准后，该单位为专利权人。非职务发明创造，申请专利的权利属于发明人或者设计人；申请被批准后，该发明人或者设计人为专利权人”。

(4) 设计质量的规范

例如，《建筑法》规定“建筑工程的勘察、设计单位必须对其勘察、设计的质量负责。勘察、设计文件应当符合有关法律、行政法规的规定和建筑工程质量、安全标准、建筑工程勘察、设计技术规范以及合同的约定。设计文件选用的建筑材料、建筑构配件和设备，应当注明其规格、型号、性能等技术指标，其质量要求必须符合国家规定的标准”。

“任何单位和个人修改注册建筑师的设计图纸，应当征得该注册建筑师同意”。

“建筑施工企业必须按照工程设计图纸和施工技术标准施工，不得偷工减料。工程设计的修改由原设计单位负责，建筑施工企业不得擅自修改工程设计”。

1.2.4 保护性

一方面，设计法规对设计权利进行保护；另一方面，对违规或侵权行为进行处罚。

例如，《著作权法》规定“美术作品、建筑作品、摄影作品、电影作品，以及工程设计图、产品设计图等图形作品和模型作品等"均可以受到著作权的保护；同时又规定"有剽窃他人作品等侵权行为的，应当根据情况，承担停止侵害、消除影响、赔礼道歉、赔偿损失等民事责任"。

《建筑法》第七十三条规定"建筑设计单位不按照建筑工程质量、安全标准进行设计的，责令改正，处以罚款；造成工程质量事故的，责令停业整顿，降低资质等级或者吊销资质证书，没收违法所得，并处罚款；造成损失的，承担赔偿责任；构成犯罪的，依法追究刑事责任"。

1.2.5 协调性

平面设计、产品设计、环境艺术设计等之间是相互联系和渗透的。各设计法规之间的关系同样如此，你中有我，我中有你，共同形成一个完整的设计法规体系，这就体现了设计法规的协调性。

例如，《商标法》规定"申请注册的商标，应当有显著特征，便于识别，并不得与他人在先取得的合法权利（包括著作权、专利权等）相冲突"。

《传统工艺美术保护条例》规定"制作传统工艺美术产品的企业应当建立、健全传统工艺美术技艺的保护或者保密制度，从事传统工艺美术产品制作的人员，不得泄露在制作传统工艺美术产品过程中知悉的技术秘密和其他商业秘密"。

……

上述条文规定无不体现出设计法规的协调性，这既符合设计活动的整体性特点，又能够全面带动设计行业的发展。

1.2.6 发展性

法律法规并非僵化不变的，而是随着社会、科技、经济、文化的发展而不断发展完善的，设计法规同样如此。

以《商标法》为例，《商标法》最近一次的修订，就顺应了目前国际商标的一个发展潮流——三维商标（或立体商标）设计的流行趋势，而将其作为保护对象。

习　题

一、多选题

1. 在现有法规中，与商业秘密保护相关的主要是

   A. 专利法；　B. 商标法；

   C. 合同法；　D. 反不正当竞争法。

2. 对于产品工艺与制造方法，有效的保护途径有

   A. 发明专利保护；　B. 实用新型保护；

   C. 外观设计专利保护；D. 商业秘密保护。

3. 对于产品包装设计，有效的保护途径有

   A. 外观设计专利保护；　B. 商标保护；

   C. 版权保护；　D. 商业秘密保护。

二、判断题

1. 中国专利法所称的外观设计，是指对产品的形状、图案、色彩或者其结合所作出的富有美感并适于工业应用的新设计。

2. 专利保护的范围以权利要求书的内容为准。

3. 版权不保护设计作品的构思，只保护作品的表现形式。

4. 设计作品著作权的产生无需履行任何手续，只要作品创作完成即自动获得著作权。

5. 外观设计专利的保护范围以表示在申请文件的图片或照片中的外形设计为准。

三、论述题

试举例论述设计法规的重要作用。

第2章 现代设计与知识产权

设计（Design）和知识产权（Intellectual Property）都是社会经济发展的产物，也是社会经济发展的巨大推动力，西方发达国家的成功经验充分说明了这一点。自从上世纪现代设计与知识产权观念引入中国后，已经日益受到中国政府、企业界和学术界的重视。

虽然现代设计与知识产权是不同的概念，属于不同的范畴，但两者却具有内在的一致性。

2.1 知识产权的概念

知识产权（Intellectual Property）是指人类对在科技、文化和艺术等领域内所创造的智力成果依法享有的专有权利，包括专利权、著作权、商标权、商业秘密（或技术秘密）等多项权利。

2.1.1 知识产权的产生与发展

（1）知识产权的产生[1]

知识产权（Intellectual Property）的名称是德国柏林大学教授柯勒在19世纪80年代提出的。这里主要是从精神需要、经济需要和社会需要三方面来探寻知识产权产生的原因。

① 知识产权的产生直接与人类的精神需要相关。这可以从科学研究、艺术创作的原始动机看出来。科学研究是认识自然、探索自然规律的智力活动。它首先是非功利性的，是对真理的追求，布鲁诺为坚持日心说而献出生命就说明了这一点。而人们最初艺术创作的首要目的是宣传自己的思想主张、表达情感或介绍自己的发现和成果。中国春秋时期的百家争鸣就是最明显的例子。

艺术创作，首先是一种精神需要，它体现了作者或研究者的观点、人格、能力。他们有权决定其智力成果是否公开，有权防止他人对其成果的歪曲、篡改，也有权表明自己的创作者身份。

知识产权的产生正是满足了他们的精神需要，著作权中精神权利的诉求，就是一个重要的反映（见著作权一章精神权利部分）。

② 知识产权的产生也有经济上的原因。其产生在经济上满足了人们的利益，物质与精神是密不可分的矛盾统一，这在知识产权中也有明显的体现。

远古时期，作品的复制并无商业价值。只有在复制品作为商品出现后，作品的复制才有商业上的意义。以版权为例，印刷术发明于中国，

---

[1] 参见《高新技术与知识产权》P13～17，陈传夫，武汉大学出版社，2000年。

唐宋以来，刻书、印书成为一种有利可图的行业。由于制作需要投资，因而出版商就开始从经济的角度主张某些权利了，如南宋时期刻印的《东都事略》一书中就有这样的声明："眉山程舍人宅刊行，已申上司，不许复板（这里'板'与'版'相通）"，这也算是最早的版权标记了，而宋代官府对违反"不许复板"的行为还曾有"追板劈毁"之类的制裁措施。由此看出，中国古代已出现版权的雏形了，并且涉及到出版者的经济利益。

再以专利的产生为例，专利制度的雏形最早出现在中世纪的欧洲，据记载，英王亨利三世于 1236 年赐给波尔市一个市民制作有色布的专利以 15 年的垄断权。由于工业革命的兴起，资本主义经济有了迅速发展，出现造纸、火药、纺织、冶金等新兴的工业部门，资本家为了提高竞争能力，一方面不断要求采用新技术、新设计发明以提高劳动生产率，另一方面则要求把新的设计发明作为自己的私有财产保护起来。在这样的背景下，英国在 1624 年颁布了一部正式完整的专利法[1]。

③ 知识产权的产生是社会发展的需要。一方面，保护知识产权人的专有权利，有利于鼓励和调动智力劳动者的积极性，为社会发展作出贡献。另一方面，在保护知识产权人的专有权利时，又给专有权适当的限制（时间、地域等限制），有利于公众接触、利用知识产品，促进科技文化的传播、发展，推动社会进步。

(2) 知识产权的发展

知识产权是一个动态的（dynamic）概念，其发展不断受到科技文化、经济制度与贸易规则等诸多因素的影响，知识产权随着科技文化的发展以及社会进步不断调整自己的范围。

从技术进步的角度来看，一方面，知识产权制度是保障社会技术进步的重要法律制度；另一方面，技术的进步又对知识产权制度提出新的挑战，推动知识产权法的调整和改进。[2]

举例来说，近几年美国专利局打破了传统专利法的限制，对商业管理方法，计算机软件等给予专利保护，有关商业管理方法、计算机软件能否获得专利保护的问题在美国已进行了长时间研究和讨论。而这一决定也在国际知识产权界产生了巨大的影响。

2.1.2 知识经济时代对知识产权的新需求[3]

当今人类正在步入一个以知识资源的占有、配置、生产、使用、消费为最重要因素的知识经济时代。在知识经济时代，谁拥有更多的知识，谁就拥有更多的财富。

---

[1]《企业知识产权保护与管理实务》，何敏，法律出版社，2002 年。

[2] 参见《高新技术与知识产权》P9，陈传夫，武汉大学出版社，2000 年。

[3]《知识产权·财富》，杨杨，《中国知识产权报》，2001-11-14。

知识产权对经济增长的重要性也比以往任何时候都明显，已被视为发展经济、创造财富的重要利器，成为各国在技术、贸易、人身健康、文化遗产、投资、环保、电子商务等的重要工具。这至少表现在以下方面[1]：

① 许多国家（特别是发达国家）用于研究和创造知识成果的投资日益增加；

② 国际贸易中，在货物买卖额无明显增加或有所减少的情况下，知识产权转让额一直在大幅度上升；

③ 在发达国家中，从事有形物生产的制造业、农业等行业的人力下降，从事信息与服务业的人力上升；

④ 知识产权立法或现有知识产权法的修订，先于其他财产法，知识产权转让方面的立法尤为迅速。

下面列举一些实际的数据。

1980 年前，一辆汽车成本的 85%是付给从事常规劳动生产的工人和投资者。而今在一个半导体芯片价格中，至多 3%归原料和能源的主人，5%归拥有设备和设施的人，6%归工人，85%以上则归专门从事商业设计、工程服务或拥有相关专利或版权的人。

在香港，内地产的一套 96 件瓷器售价是 420 元港币，而日本制造的一套 56 件瓷器，售价却为 5 000 元港币，日本瓷器价格竟高出 10 倍，原因何在？除成本之外，最关键的是科技附加值和知识产权附加值。

据统计，美国 IBM 公司近 15 年来的知识产权特许费收入增加百倍，去年的特许费收入高达 15 亿美元；日本丰田汽车公司拥有专利多达 1.7 万件，估计每年光靠出售知识财产即可收入 1 000 亿日元。更有人预计，到 2010 年知识产权的市场买卖规模将超过 5000 亿美元。由此看来，曾提出过“技术立国”的日本，已于近年提出“知识产权立国”，就毫不奇怪了。

总之，知识产权已经成为人类社会知识创业与“设计富国”的最佳工具。它使每一个人、每一家公司，都有可能达到知识创造的顶峰。知识产权将成为全球核心财富。这正是知识经济时代的新需求。

2.2 设计知识产权概述

设计知识产权日益成为设计界关注的问题。

2.2.1 知识的基本概念[2]

何谓知识？知识是人类正确的、系统的反映客观世界规律的认识。

（1）知识的特点

---

[1]《知识产权论》，郑成思，P39～42，法律出版社，2003。

[2]《知识发生、知识价值与知识产权》，《知识产权研究》P130～131，马跃、吴平，西安交通大学，1999 年。

知识作为知识经济时代最重要的经济资源和生产要素，具有无形性、非消耗性、可共享性、非稀缺性、易操作性和增值性等特点。

(2) 知识发生的条件

① 目标。目标是通过某种活动可达到的预期结果，是知识发生的第一个要素。目标的特点是客观性、未来性目标一旦确定，人的实践活动开始运行，与其相伴的知识活动也随即开始。

② 动机。动机是人们想要达到某种预期结果的主观愿望，是知识发生的第二要素。知识发生的动机有本能和社会两个基本方面。

③ 动力。动力是人们为达到某种预期结果而自愿付出努力的心理倾向，是知识发生的第三个要素，一般包括精神的和物质的两个方面。

④ 信息。信息是事物本质特征的外在表现，无论人们是否意识到，它始终是存在的。在知识发生的过程中，信息联结目标、动机、动力的各个方面，并可传递各种有价值的、可资借鉴的情报，从而加快知识发生的过程。

(3) 知识发生的过程

知识发生是复杂的心理过程，它具有网络的、发散的特征。有时预期与结果则相去甚远，即所谓“有心栽花花不发，无心插柳柳成荫”。

但是，知识的发生还是有规律可循的。大到科学理论，小到技术诀窍，或多或少经历了以下相同的过程：

① 观察阶段。对现实世界进行感性认识，收集信息，详细观察研究客体。

② 实践阶段。在前述基础上进行实践，在实践中深入观察研究客体。

③ 整理阶段。运用类别、归纳、统计等方法，对在观察与实践中获取的原始资料或数据进行整理，找出其中所蕴涵的规律。

④ 理性阶段。在上述基础上，运用演绎、系统论等方法建构理论，提出完整的、系统的、用以指导实践的知识或观点。

2.2.2 现代设计的知识性特征

现代设计是在近现代工业背景下产生的一门研究物质和精神文化生产的综合性应用学科。它运用自然、社会、人文等学科知识，协调技术与艺术等因素，围绕以人与环境协调发展为目的的造物设计进行思考和研究，并把研究的结果以有形或无形的形式表现出来[1]。

现代设计常常被形容为“艺术与科技的结合”，如果从知识、知识产权的角度看，现代设计就是一种创造性的知识行为。

从上一节有关知识的概述中，也可看到现代设计的这一特点。例如，知识的“无形性”、“非消耗性”、“可共享性”、“非稀缺性”和“增

[1] 《工业设计概论》，柳冠中，中国科学技术出版社，1994 年。

值性”等也是现代设计的重要特征；知识的“目标”、“动机”、“动力”、“信息”概念也是与设计活动息息相关的；而知识发生的过程与现代设计活动也是一致的。

一位台湾设计师曾撰文指出：“在知识的架构里，知识分为两个层次，一个是外显性的知识（Explicit Knowledge），即可以诉诸文字传授给他人的技能与客观事实，如报告分析、手册、操作、软件指令等；另一层次是内显性的知识（Tacit Knowledge），即人类拥有却无法轻易描述的技能、判断与直觉，如对策力、洞察力及Know—How。由这样的定义看，设计师是知识工作者，而且还是需要强调内显性的知识工作者（Tacit Knowledge Creator）。比如，美的创作就是一种‘内显性的知识’，需要不断的演练、比较与洞察，除实际的操作外，更要通过学习、交流其他的资讯与经验，才能具有创造美与价值的能力。例如，意大利某设计师曾根据实践经验去谈‘造型面的走势与处理’在汽车设计上的观念与应用，这便是一个如何塑造工业美的专业知识的例子。”

“从知识的角度来看：现代设计纠结了美学、工学、商学等的信息与需求，将市场的消费流行的情报与公司的策略转换成可视化的创意，就是一门‘知识’（Knowledge）的工作”。

“在知识经济时代，设计将属于知识综合创新系统、知识综合形象传播系统和知识综合应用系统”[1]。随着知识经济的来临，现代设计的知识性特征日益显著。

2.2.3 现代设计与知识产权的关系

设计与知识产权是相互促进的，这是两者的重要联系。这就是说，知识产权激励和保护设计创新，现代设计的发展呼唤知识产权；同时，自主的知识产权也离不开设计事业的贡献。

在这个问题上，日本就是一个典型的例子。日本刚开始实行外观设计专利制度时，是采取“国内公知制”的，允许模仿和抄袭外国的设计，只要该设计在国内没有为公众知晓，就能获得专利权。结果日本的出口产品有不少在外观设计上侵权，遭到许多国家的谴责，这使日本的设计与产品在国际上一度失去了信誉。为了扭转这一局面，日本立刻对专利制度进行改进，开始实行“世界公知制”，杜绝对外国设计的抄袭、盗用。而且为了鼓励和推广本国的优秀设计，由日本产业促进会每年评定一批好的设计，给予重奖，并进行宣传。同时，还允许在使用该外观设计的产品上作专门标记，与一般的设计加以区别。这些举措促进了日本设计水平的大幅度提高。

近几年，日本的经济持续低迷，知识产权制度的发展革新也因此又放在了重要位置。在日本，被称之为“亲专利”（Pro-Patent）、“知识

[1]《千年中国设计》，《中国名牌》，黄良辅。

产权立国”[1] 的时代已经来到。日本特许厅长官在其1999年的就职演说中指出：“为了在竞争激烈的世界市场上复苏日本经济，我们必须进一步加大研究与开发的力度，以及其他智力创造活动。知识产权是支持这种创造性活动的基石，建立这一制度对恢复日本经济的活力至关重要。”

日本的经验教训充分说明。在大力发展现代设计的同时，也要建立健全自主的设计知识产权，这是极其明智的选择。中国政府与国内企业界、设计界、国家知识产权局就设计知识产权问题正不断加强交流和联系，这表明发展设计知识产权的重要性和必要性。

综上所述，对于现代设计产业来说，知识产权问题是不可回避的。面对知识经济的到来，知识产权的取得、保护和运作已成为当今科技文化活动的时代标志。因此，没有知识产权保护和管理的设计创造活动不可想象，也是没有前途的。现代设计要成为新时代创新的重要力量，全面发展设计知识产权、实施设计知识产权战略是必由之路。

基于现代设计的知识性、创造性特征与知识产权所具有的内在一致性，还可以从以下几方面进一步探讨两者的关系。

(1) 从设计内涵看两者的关系

设计，就是把某种计划、规划、设想和解决问题的方法，通过视觉语言传达出来的过程[2]。由上文内容可以看出，“创造性”和“知识性”是现代设计的重要特征，这是设计与知识产权在内涵上的共同点。因此，两者具有内在的一致性和密切的关系。

(2) 从设计观念看两者的关系

设计观念的产生直接作用和影响着设计活动，而设计观念要从市场需求、技术条件、社会文化、经济、政治等多方面考虑，受其制约。这些因素又不可避免地要涉及到诸如信息的收集、分析、设计开发[交换]、销售、竞争等知识产权问题。

(3) 从设计程序看两者的关系

设计程序主要指产品设计的过程和次序，包括产品的信息搜索、设计分析与设计展开、辅助生产销售及信息反馈等。具体包括：

① 设计准备阶段，进行相关信息的调查、分析与综合，并探讨产品计划的可能性；

② 设计展开阶段，包括造型观念的确定、建立基本模型、方案的可行性评估、设计方案确定及技术实现等；

③ 辅助生产、销售阶段[3]。

实际上第①②阶段就是一个知识、信息的设计过程，涉及到无形的

---

[1] “知识产权立国”是指以知识产权为基础，使产品、服务高附加值化，增强国家的经济、社会活力的立国方针。其知识产权战略包括（1）创造战略；（2）保护战略；（3）使用战略；（4）人才战略。

[2]《设计辞典》，张乃仁 主编，北京理工大学出版社，2002年。

[3]《设计辞典》，张乃仁 主编，北京理工大学出版社，2002年。

知识、信息、技术的产生、运用、交换等无形资产运作。其中必定离不开知识产权的作用。

（4）从设计价值看两者的关系

在文化界以及设计界，设计价值问题越来越受人关注，比如在服装设计领域，知名设计师的品牌价值就极为高昂，这已是人所共知的事了。设计创造往往也是一种无形资产和品牌的创造和积累，是有价值的，而其中最为重要的就是知识产权的价值。举个例子，人们都知道可口可乐的标识、苹果电脑 iMac 的外形是出类拔萃的设计。但细想一下，这些设计的品牌价值其实主要表现为知识产权价值。中国企业就是因为不重视设计知识产权的价值，在涉外经营中吃过不少亏，损失十分惨重（诸如商标被他人盗用、自己的设计与技术被他人无偿使用等等）。

近十多年类似“微软”、“麦当劳”、“可口可乐”、“耐克”等跨国性特许专营已在各地热起来，这是一种新型的商业技术转让，也是知识产权管理的内容之一。某些已经取得成功经验的商业企业，将其商标、标识、专利、专有技术以及经营管理的方法或经验转让给另一家商业企业，它们的特点是经营同样的行业，出售同样的产品，提供同样的服务，使用同样的商标标识，店面装潢、用具、工作服、产品，服务方式也一样，且在中国取得了惊人的发展。

盖茨曾就他中国之行讲了一段令人深思的话[1]：“……虽然中国大陆的电脑销售可达 300 万台，但人们却并不支付电脑软件的费用，我想这种情况终有一天会改变的。他们使用我们的软件后肯定会上瘾，欲罢而不能，这样在下一个十年的某个时刻，我们就会通过某种办法明确我们应得的权益。

“可口可乐”的“商标信息”从美国输入到了中国，在中国一个又一个大城市，盖起了厂房，安装了流水线，用中国的劳动力、中国的水，加上他们的配方就迅速抢占了中国自己的地盘、中国的饮料市场、中国的顾客。这确实值得人们思考。中国企业必须加紧创造出自己特有的品牌，迅速占领国际市场。

综上所述，可以清晰的看到这样的联系：设计→知识产权→品牌价值。设计与知识产权的结合是创造品牌价值必不可少的重要因素。世界许多迅猛崛起的公司，都有一个设计知识产权战略，这就是，最佳创新×最佳知识产权×最佳广告×最佳设计，同时一步到位，覆盖整个市场[2]。

（5）从设计咨询看两者的关系

设计咨询，是为企业在制造和开发产品时所提供的咨询。咨询单位要对企业的现有产品进行务实诊断，发现存在的问题和差距，提供拓展

---

[1] 参见《知识经济与知识产权》，唐敏君，《知识产权研究》P43，西安交通大学，1999 年。

[2]《知识产权·财富》，杨杨，《中国知识产权报》，2001-11-14。

设计业务的策略，使企业的设计能力和状况得到全面改善。其咨询内容包括有：对该企业及其竞争对手的生产水平、技术能力、人事管理及消费市场等诸项进行调查、分析和比较，摸清市场和潜在市场的需求，并对有关设计案例和国内外设计资讯进行分析研究，然后向企业提出“设计诊断报告书”。为企业提供工业设计的技术、环保、整理设计资讯等方面的辅助，为企业进行工业设计的推广和宣传活动[1]。

需要指出的是，越来越多的企业正把知识产权咨询作为设计工作的一个重要步骤。以日本外观设计保护协会为例，日本外观设计保护协会是以企业为成员的民间专业机构，其会员为外观设计申请量较大的110家公司。协会下设总务部、计划调查部和业务部。该协会的一项主要业务就是：收集、加工有关公开的外观设计及获得专利的外观设计的情报，研究外观设计现状与发展趋势，为企业出谋划策。在中国，以海尔为代表的现代化企业也把知识产权作为设计开发的核心问题，其新产品无论是进入国内还是国际市场，都要进行知识产权咨询，加强与中国专利局或国际知识产权组织机构的联系。

正是因为这一新形势的需要，国内已有专业的知识产权咨询机构出现，其咨询内容主要就是收集、整理和分析现有的专利设计信息和情报，研究相关技术与设计的现状与发展趋势，为企业出谋划策。国内这种新兴咨询机构的发展状况值得关注。

(6) 从设计管理看两者的关系

设计管理是在产品的开发设计中，应用社会学、人文学、生态环境学、人机工程、产品语义学和产品预测等有关的专业知识，对产品开发、设计、制造、产品经销的全过程进行全面的管理工作，旨在提高整个产品开发和设计工作的效率，减少时间和物资的浪费，充分发挥设计师的创新能力，提高产品的设计品质，迅速、准确的完成预定的目标，设计、制造、生产出符合市场需求的产品。在设计管理工作中，企业、管理者和设计师进行合作，共同肩负管理责任[2]。

目前在设计界，设计管理是一个热门词，人们只有加强设计管理水平，才能提高整体的设计水平。这其中，知识产权的管理十分重要，只有加强设计的知识产权管理，才能充分尊重并激发设计主体的创造性，促进设计创新和设计产业化。这样才能真正实现工业设计的价值，推动工业设计业发展。特别是随着知识经济的到来，随着中国加入WTO并参与国际竞争，知识产权管理在企业、院校、科研机构、政府规划中的核心地位日益明显。

(7) 从产品开发看两者的关系

在下述方式中，凡涉及到产品的功能及其造型的设计，都离不开工

---

[1]《设计辞典》，张乃仁 主编，北京理工大学出版社，2002年。

[2]《设计辞典》，张乃仁 主编，北京理工大学出版社，2002年。

业设计的工作；而涉及到设计技术开发、设计技术引进、现有设计技术利用、设计技术改造等方面的内容，也离不开专利等知识产权管理与法规的工作。

① 独创方式。即由企业自行设计、研制、申请专利。此方式有利于企业产品更新换代，并形成优势。

② 引进方式。通过引进专利技术和关键设备来实现企业新产品的设计开发，其优点是可以节约研制经费，缩短研制时间，加快开发速度。

③ 综合方式。在引进技术并为本企业消化吸收的基础上，进行再创造。其优点是既可充分发挥所引进技术的作用，又可推动企业自身的科研事业。

(8) 从与发达国家的差距看两者的关系

中国古代曾经有辉煌的设计发明。“四大发明”和优秀的设计技艺，常常使人们引以为豪。中国北宋时期的陶瓷工艺设计也曾达到前所未有的巅峰。但在以后很长的岁月中，中国却在设计与技术创新上停滞不前。而“四大发明”已经极大地推动了国外的科技文化发展。为了激励创新，保护设计发明，促进经济发展，欧美国家先后建立了知识产权制度。18 世纪 60 年代在英国开始的产业革命，没有专利制度是难以发生的，当时的支柱产业——棉纺织业的水力纺纱机等许多设计发明都是在专利的保护下诞生和发展的。

历史发展到今天，像美国、日本这样的世界经济强国、设计强国同时又是知识产权大国。其产品进入国际市场特别是发展中国家的市场，往往都有一个非常重要的特点，那就是专利和技术先行，想占领哪一块市场就在哪里大量申请专利，“跑马圈地”，通过专利保护取得市场竞争的先机，并以专利作为支撑，形成企业标准，这些企业标准进行推广之后，成为事实上的国际主流标准和技术壁垒。正所谓“三流企业卖力气，二流企业卖产品，一流企业卖技术，超一流企业卖标准”。

例如，由东芝、松下、日本胜利、三菱电气、日立和时代华纳 6 家 DVD 核心企业（国际通称为 6C）组成的联盟，前年向中国 DVD 企业发出最后通牒——索要 DVD 核心技术的专利使用费用。据悉，6C 开出的条件是专利费按产品单价的 20%收取，每台约为 20 美元，中国 100 多家 DVD 企业将面对 2 亿 2 千万美元专利费的巨大压力。后来经过努力磋商，双方达成谅解，但中国 DVD 企业仍将付出每台约为 4 美元的专利使用费，该事件给中国企业造成的影响依然不小。皮之不存，毛将附焉？没有自主的知识产权，设计开发从何谈起？

先进国家在以专利垄断市场的同时，他们的文化产品，诸如影视、音乐、计算机软件也以版权的形式在世界横行，因此有学者指出：“伴随西方国家的经济、文化侵略，知识产权被带进中国。”“伴随着知识产品行销全世界，美国人不仅要把他们的知识产品送到地球的每一个角落，而且还要把他们的文化、思想以及价值观和行为规则统统带给其他国家。”❶

追溯历史、体察现状，可以看到与西方发达国家在设计知识产权上的差距，在中国古代设计发明辉煌的时候，人们没有利用知识产权来保护和发展促进其设计，实在令人痛惜。

2.2.4 设计知识产权研究的基本内容

当前应该结合中国设计与知识产权发展的实际，着重研究下列问题。

(1) 调查评估中国现有知识产权法规对设计的保护情况，发现和解决存在的问题

20 世纪 90 年代以来，中国通过了一系列有关知识产权的法律，如著作权法、专利法、商标法等，事实证明，它们是保护设计知识产权的主要法规。但是，现代设计有自己的特点，例如跨学科性、知识密集性、理性与感性的统一性、技术与艺术的结合性、设计开发的风险性等，中国现有知识产权法规还不能覆盖设计的所有主题。

2001 年在中国专利申请量居前十位的国外公司企业❷

序号 No.	国别 INID	企业名称 Name of Corporations	数量 Num
1	日本 JP	松下电器产业株式会社 Matsushita Electronic Co. LTD	1 479
2	韩国 KR	三星电子株式会社 Samsung Electronics	804
3	日本 JP	索尼公司 Sony Corporation	790
4	荷兰 NL	皇家菲利浦电子有限公司 Koninklijke Phillips Electronics N. V.	784
5	瑞典 SE	爱立信电话股份有限公司 Ericsson	647
6	韩国 KR	LG 电子株式会社 LG Electronics	478
7	日本 JP	三菱电机株式会社 Mitsubishi Electric Corporation	445
8	日本 JP	本田技研工业株式会社 Honda Industrial Corporation	395
9	美国 US	宝洁公司 P&G	375
10	日本 JP	精工株式会社 SEIKO Corporation	372

例如著作权法不保护设计的构思，而只保护设计构思的表达形式，这意味着那些在设计中极具价值的创意主题难以寻求有效保护；

❶《论 21 世纪中国知识产权的保护》，陈家宏，《知识产权研究》P4，西安交通大学，1999 年。

❷ 参见《中华人民共和国国家知识产权局年报》P29。据分析，宝洁公司在中国和美国的专利申请数量大体相等。表明他们正在中国非常积极的保护知识产权；而菲利浦公司在 2002 年美国的申请首次低于中国专利申请，说明菲利浦的研发重心从美国向中国转移。

又如中国现有专利法的规定，保护客体不具备实际用途，不能找到某种具体应用的原理与方法是不能获得专利权的；而外观设计专利虽然保护产品的外观设计，但又对产品类型有所限制等。随着高新技术的发展，相应的设计新形式也给传统知识产权法提出了许多新问题，如网络设计作品的保护，商业环境设计的保护、作品的数字化保护问题等。

需要指出的是，美国、日本等发达国家往往根据技术、经济的发展需要，修订现有法规，以更好保护设计与创新。例如，传统的商业方法通常被认为是智力活动的规则或方法，而不受专利法保护。但随着互联网时代的来临和电子商务的迅猛发展，网络环境中不断创新的商业方法由于与计算机软件或硬件相结合，从而使其能否成为专利客体这一问题日益凸现。在美国，商业方法专利的地位已经确定下来，日本和欧洲的立法也已经表明了授予商业方法专利权的必然趋势。又比如，日本专利、意匠过去不保护建筑物，但现在不取决于特定地理条件能够重复再现的建筑物也已成为保护对象。

更有甚者，近年来，以美国为首的一些发达国家极力主张尽可能扩大能够授予专利权的内容的范围。例如，美国到处宣扬“普天之下，但凡是人创造出来的东西，都可以获得专利”。美国对专利法中的“技术”一词深感不满，不同意“权利要求应当由技术特征组成”的规定，主张将它改为“权利要求应当由限定特征组成”，将专利法规定的实用性标准由“能够在工业中制造或使用”改为“具有特定的、实质性的和具体的用途”（have specific，substantial and credible utility）。这些主张都是对传统法规的重大冲击和突破，其发展动向值得高度重视[1]。

总之，只有充分了解、掌握现有法规，才有可能有效利用它解决问题；同时也可能对现有知识产权法的修改和制定必要的专门设计法规提供参考性建议，以期建立完善的、配套的设计法规保护体系。中国的专利法、著作权法、商标法已经历过数次修改，以前不受保护的建筑作品、立体商标等如今都受到保护，就说明了这一点。

当然，在这个问题上，也要充分考虑到立法与司法之间的协调及国内的实际情况。在目前国内设计、技术整体水平不高的情况下，片面强调设计保护的“超前性”是不合适的。

（2）有关案例的研究

通过对典型设计知识产权案例的分析，归纳出一些基本的理论学说，为以后修改设计法规和案例审理提供理论借鉴。20 世纪 90 年代以来，中国各级人民法院受理审结了一批与设计知识产权有关的、有典型意义的案例，其中有些案例在媒体上报道，已广为人知。例如，广东高

---

[1] 参见《新专利法详解》P178，国家知识产权局条法司，知识产权出版社，2001 年。

级人民法院曾总结出知识产权审判十大典型案例，在其中发现有超过半数是与设计的知识产权有关的[1]。对这些典型案例进行归纳总结，对已审结的有关设计案例进行分析总结是很有必要的。

例如，在美国 Apple Computer Inc 诉 Franklin，以及 CA 诉 Altari 等著名案件中曾总结出来一系列的理论，如判断软件侵权的 SSO（Structure，Sequence and Organization）准则、三段论侵权认定法、[2]有关反向工程的原则，以及程序界面视感（look and feel）等一系列理论，这些理论虽有不足，但已受到 IBM、苹果等大公司的欢迎，这的确值得有关人士学习借鉴。

（3）有关设计知识产权管理的研究

企业设计知识产权管理的核心就是创新与保护，其管理的对象主要包括：设计创造的无形资产，如专利、版权、商标等；体现企业内在发展动力的知识资产，如企业文化、经营理念等；体现企业人才资源的隐性知识资本，如企业员工具有的知识结构、工作技能、创新设计能力、合作能力等[3]。

在进行上述问题研究时，不仅要注重显性知识财产的管理，也要注重隐性知识资本的管理，这就要求在管理上注重以人为本的创新激励模式，加强设计的知识产权保护，以及设计知识产权的权利归属与利益分配原则的研究。关注不同法律、行政部门对设计产业保护的协作与协调问题，加强设计产业化的知识产权管理模式。

2.3 设计师应具备知识产权保护的战略意识和水平

面对当前形势和未来发展方向，设计师应注意加强知识产权保护的战略意识和水平。

2.3.1 高新技术与知识产权发展的新形势[4]

社会、科技、文化进步极大的促进了经济的发展，世界各国越来越看重于高新技术给经济和社会带来的巨大的效益，以及知识产权为此提供的法律保障。此外，一些研究人员已着手准备研究预计在高科技领域

---

[1] 这十大案例是：1. 有偿征集图案“美的”作商标合法；2. 闹钟外观借用动画形象“奥特曼”是侵权；3. 雅芳 3 000万美元软件官司一审和解；4. TMT 用经济补偿换回商标权；5. 小小玩具多重侵权被制止；6. 一个安装板侵犯 6 项外观设计专利被制止；7. “旭日升冰茶”包装和名称不可乱用；8. 跳槽泄密被判赔 900 万元；9. 用电脑移转商业秘密也违法；10. 仿冒知名服务是不正当竞争。《中国知识产权》2004-5-22

[2] 三段论侵权认定法指的是：在判断程序（或其他作品）中的结构、顺序及组织是否真的侵犯了原告作品的版权时，应分三步进行。第一步，抽象法。把原、被告作品中属于不受保护的“思想”本身删除，如果只是创作或设计的思想本身相同，即使这种相同表现为结构的相同，也不构成侵犯版权；第二步，过滤法。把原、被告作品中的，虽然相同但属于公有领域的内容删除，即使这些内容不再是“思想”本身，而是“思想的表达”；第三步，对比法。在抽象、过滤后所剩下的部分中，如果被告作品仍有实质性内容与原告作品相同，才可能认定侵权，这时才可以进行作品对比。参见《知识产权论》P223，郑成思，法律出版社，2003 年

[3]《企业知识产权保护与管理实务》P165，何敏，法律出版社，2002 年。

[4]《知识产权的新发展和研究的新领域》，王锡麟，《知识产权研究》P188，西安交通大学，1999 年。

将会取得重大进展的知识产权保护问题。预计在未来的30年内，人类还将在一些科技领域内取得重大进展，如：

① 以计算机技术和网络技术为主的媒体、通信、信息以及自动化领域；

② 以基因、遗传等生物工程技术为主的生物以及医药领域；

③ 新材料、新工艺、新产品领域；

④ 航天、海洋、核能民用开发领域；

⑤ 能源、环保、交通等传统产业的高新技术应用领域。

人类还将在开发海洋和月球中有重大的突破。这些高新技术自开发到推广，从工业化大量生产到进一步降低成本造福公众的过程中，必须提供知识产权法律保障，跨国跨地域的知识产权保护会涉及更多更复杂的权利所有人和社会公众的利益，这也将成为研究人员更加关注的新领域。

高新技术探索在中国的兴起，有力地推动了现代设计和经济的发展，同时也对设计知识产权提出新的挑战。数字技术的广泛应用，使不同的设计开发者可利用统一的软件开发出性质相同或相似的作品，传统设计作品的界限也正逐渐模糊。为此，中国有关主管部门、专家便提出要加强对其相关知识产权的研究。早在1986年，著名知识产权专家郑成思教授就倡导对这一问题的研究，并出版了《信息、新型技术与知识产权》一书。但到目前，中国的研究总体仍处在初始阶段。从现有文献看，有些属于介绍性，有些尚未提出结论。在专门领域的知识产权研究上，尚存不少空白，设计家、技术专家、法学家及管理专家相结合的研究比较少。

而在国外，一些高新技术及设计比较发达的国家，对这一领域的研究较为深入，大多设有专门的研究与咨询机构，研究人员涉及的专业范围很广泛。例如美国新技术应用版权作品委员会、日本外观设计保护协会等，这些机构从本国利益出发，研究高新技术、设计应用及其知识产权的发展情况，提供咨询报告。由于跨部门、行业的交叉研究，加上政府、企业和立法人士的相互接触，使研究成果及时被有关法律吸收。

2.3.2 现代设计师应具备知识产权保护的意识和水平

从设计师自身来说，面对新形势的发展，也应加强知识产权保护的意识和水平。无论是个人设计师，还是企业设计师，都要在设计活动中注意保护好自己的知识产权，同时又尊重他人的知识产权。

在中国某地举办的某次大专院校工业设计作品竞赛中，曾发生这样的尴尬事情：该设计竞赛的主题是“大学生学习、生活用品”，吸引了该地区开设有工业设计专业的7所大专院校的250多名学生参赛。结果入围的182件作品中竟然出现了多件作品与已获专利的设计相同或近似。初评评出的一等奖“随处可洗”洗衣机，经检索发现，已有两项原理相同的专利申请；二等奖中的“改造牙膏瓶瓶口”也“克隆”了他人的专利。

针对这种现象，评委会不得已只得重新评定获奖作品。评委对此表示，尽管这些“涉嫌仿冒”专利的作品从构思到制作，并没有明显的侵权意识，而且学生们确实不知道自己的作品已有人申请了专利。但这至少说明在校大学生缺乏专利意识。

当然，在这次设计竞赛中，评委会对所有参赛作品进行专利检索，是很值得称赞的。设计界需要这样的监督机制。没有严格把关，这些克隆作品就可能堂而皇之的成为获奖作品，涉嫌仿冒他人专利的学生则可能被看作优秀设计师，而受损的是专利权人。

这个事例说明，“只有在意识上树立了正确的知识产权观念的设计师才是真正应该获得奖励和尊重的优秀人才”[1]。

例如，个人设计师在受委托设计、参赛设计等活动中，应该积极主张自己的知识产权和应得利益，与侵权行为作斗争。比如，台湾的珠宝艺术设计师就常常自发组织一些座谈会，集中讨论设计行业的侵权行为，并为此提出有效的保护措施，相互交流心得经验，这也进一步加强了设计协会的凝聚力。

企业设计师在为企业完成设计任务时，也要注意设计知识产权的归属与保护。如果是职务设计作品或职务发明，就要尊重企业的知识产权，同时也要主张自己的既得利益，比如奖金等物质利益和署名权等精神权利。

设计师还应该在设计开发与商业化应用中充分利用知识产权制度。比如，设计师可以利用专利文献，了解和分析最近的设计与技术情况及发展动态，从中得到启发和有价值的技术信息，为自己进一步的创新设计打下基础。又比如，设计师可以利用知识产权制度的优越条件，将自己的版权、专利进行转让，或作价入股，或自行开发生产实施，从而获得可观的经济利益。

习　题

一、名词解释

1. 知识产权。
2. 设计管理。

二、多选题

1. 知识产权包括的内容主要有

A. 专利；　B. 商标权；

C. 版权；　D. 商业秘密。

---

[1]《设计作品多重复，学生当补专利课》，刘河，《中国知识产权报》。

2. 知识的特点有

A. 无形性；　B. 不变性；

C. 可复制性；D. 增值性。

三、判断题

1. 知识产权主要包括工业产权和版权。

2. 世界第一部专利法诞生于英国。

四、论述题

试论述设计与知识产权的关系。

第3章 艺术设计与著作权法

著作权是知识产权中的一个重要部分，其作用在1956年的国际作家作曲家协会联合会的章程中讲得非常清楚。该章程说："文学、音乐、艺术和科学作品的作者所起的精神作用使全人类收益、惠及后世、决定文明的走向。国家不仅应当考虑到作者的个人努力，也应考虑到社会利益，给予作者最大限度的保护。"

著作权，又称版权，是指作者、其他主体及其合法继承人在法律规定的有效期内依法享有对文学、艺术和科学作品的发表权、署名权、修改权、保护作品完整权、使用权和获得报酬权等各项专有权利。

3.1 艺术设计著作权作品

根据《中国著作权法实施细则》规定，"著作权法所称作品，指文学、艺术和科学领域内，具有独创性并能以某种有形形式复制的智力创作成果。"

3.1.1 艺术设计著作权作品的范围

中国《著作权法》规定作品包括：文字作品；口述作品；音乐、戏剧、曲艺、舞蹈作品；美术、摄影作品；电影、电视、录像作品；工程设计、产品设计图纸及其说明；地图、示意图等图形作品；计算机软件；法律、行政法规定的其他作品。

上述作品内容很多与艺术设计相关，主要有以下几方面。

(1) 文字作品

指小说、诗词、散文、论文等以文字形式表现的作品。"文字作品"就其范围来看，涉及到文学、艺术、科学、工程等各个领域；就其体裁来说，涉及小说、论文、手册、报告、诗歌、广告语等各方面；就其创作者来看，既可以是个人创作，也可以是合作创作。

(2) 美术、建筑、摄影作品

著作权法中的美术作品，是指以线条、色彩或其他方式构成的有审美意义的平面或者立体的造型艺术作品。如绘画、雕塑、陶瓷、装饰家具、平面艺术设计和建筑艺术作品等。

值得注意的是，这里的美术作品，实际上应该包括多种艺术设计品在内，只不过在现有的《著作权法》中，对艺术设计作品以及实用艺术作品问题没有明确规定。在未来的《著作权法》修改过程中，这是一个需要解决的问题。

在著作权法里，建筑作品包括：建筑物本身（仅仅指外观、装饰或设计上具有独创成分的建筑物），及建筑设计图与模型。如果一幢具有独创外观的新建筑被建成后，另有人使用了不同的材料和技术，建造与之外观相似的建筑，就可能被视为侵犯建筑物的版权，即使他使用的材料或技术享有专利或其他工业产权。

在现实中，很多建筑物可能是整个外观中仅仅有一部分含有独创的设计成分，则受版权保护的就只是这一部分[1]。

保护建筑作品，必须包括保护建筑物，要保护建筑物，又必须保护建筑设计图或施工图。建筑设计图转为立体建筑物，就涉及到版权中的复制权，而不是作为工业产权中的制造权（或实施权）来对待。这在许多国家的版权法中已得到确认。

在建筑艺术品中，如果设计师提供了全部建筑表现图，则建筑师建成的建筑物，视为建筑表现图的复制品，建筑师不享有版权。如果设计师仅仅提供了正面的建筑表现图，而建筑物的侧面与背面，则是建筑师设计的，则建筑师对建筑物侧面与背面的造型享有版权；建筑作品作为一个整体，设计师与建筑师为合作作者，享有共同版权。

设计师与雕塑师的关系也是如此。如果一雕塑作品的设计师画出设计图，并指导雕塑师按其设计构思的每一步去完成雕塑作品，则雕塑师不享有任何版权。如果设计师只提供正面设计图，其侧面、背面均是雕塑师以正面图为依据，按自己的判断去构思并制作，设计师又没有任何指导，则该雕塑作品是设计师与雕塑师的合作作品，二人享有共同版权。若设计师去世50年而雕塑师仍健在，则任何人虽可以复制该雕塑作品的正面，但不经雕塑师许可不得复制整个雕塑品[2]。

（3）电影、电视、录像作品

（4）工程设计、产品设计图纸及模型作品

（5）计算机软件作品

从中国著作权法的规定可知，作品要获得著作权法保护，必须符合某些实质性要求，人们将这种实质性要求简称为“著作权性”。

3.1.2 设计艺术作品的著作权性

（1）独创性

作品独创性是作品取得著作权的重要条件，也是著作权作品的本质属性。

依据中国著作权法的有关规定，独创性的界定应该与创作活动相联系。因为作品是创作行为的结果，所以作品的独创性与作者的创作之间存在着密不可分的关系。如果离开创作，孤立的探讨作品的独创性是没有意义的。

按照中国《著作权法实施条例》的规定，创作是指“直接产生文学、艺术和科学作品的智力活动”。具体来说，创作是作者将思想或感

---

[1]《知识产权论》P252～253，郑成思，法律出版社，2003。

[2]《知识产权论》P258，郑成思，法律出版社，2003。

情通过外在形式传达给他人的行为。在创作过程中，作者将素材加以综合、整理、加工、凝练，并将自己的创作意图与构思寓于其中，运用自己的表现技巧和方法，按照自己的意志产生出反映作者个人风格的作品。

一般认为，中国著作权法中作品的独创性必须包含独立性和创造性两大要素。

① 独立性。独立性强调的是一种创作状态，具体是指作者通过自己的独立构思，运用自己的技能、技巧和聪明才智，独立完成作品，而不是抄袭、剽窃或仿冒他人作品。

② 创造性。除了独立性，著作权作品还必须有一定的创造性。就拿某些智力技艺劳动或纯工匠式制作来说，它们都具有独立性，但它们产生出的作品显然不是著作权要求的作品。例如工匠仿制、摄影翻拍等，无论其使用的技巧何等高超，均不具有独创性，因为它不具有创造性，实际上是一种复制行为。

创作作为人类精神生产的主要形式，具有鲜明的个性特征。只有具有创造性的作品才是真正表现了作者人格的作品。黑格尔曾指出："只有通过心灵而由心灵的创造活动产生出来的作品才能称其为作品"。因此，从一定意义上讲，作品的创造性就是指作品的个性，只有富有个性的作品才谈得上作品的创造性。著作权保护的是有个性的智力成果或艺术设计创作。

(2) 可复制性

独创性的作品必须用特定的形式表达出来，才能为他人感知，若仅存在于大脑中，著作权法认为那只是一种构思（Idea)，并不予以保护。著作权保护的是"构思"的表达形式，如用声音表达出来的口头作品，用文字表达的文学作品，用图案、画面表达的美术作品等。正因为有了物质表达性，人们才可据此去操作、复制，作品才可以通过复制进行传播，一件作品如果不能被复制，也就不会被广泛传播，也就没有著作权保护的必要。

在高新技术环境下，通过电脑网络发表的作品，数字形式传播的作品都符合"可复制性"的要求，可以得到版权法的保护。

(3) 其他法定条件

中国著作权法规定下述各项不能成为著作权客体：

① 法律禁止出版、传播的作品；

② 公有领域的作品，包括超过了法律保护期限的作品；

③ 历法、通用数表、通用表格和公式；

④ 有关时事新闻、报刊、广播电台、电视台刊登或播发的评论员文章、社论等。

3.1.3 艺术作品独创性的保护原则

艺术设计著作权作品必须具有创造性，但如何保护艺术设计作品的创造性？一般认为，著作权保护的并不是作品的思想，而是作品的思想表现形式。这一规则在国际版权界普遍适用，即所谓“构思、理念与构思、理念的具体表达方式二分法”（idea/expression of idea dichotomy）理论。

版权保护的对象是创作人将其构思、理念加以具体化的“表达方式”，即 expression of idea（所谓表达方式，就是创作者将其无形、抽象的思想，以谚语、文字、声音、色彩、符号等表现于外部，使一般人能通过听觉、视觉或触觉等感官的反应觉察其存在），而非保护创作人的“构思、理念”（idea itself），一般认为思维、构想或概念（concept）是不受著作权保护的[1]。

这一著作权规则也是符合艺术创作理论的。因为艺术家的艺术体验和艺术构思，必须通过各种艺术媒介和艺术表现才能形成艺术作品，艺术以具体的、生动的艺术形象来反映社会生活和表现艺术家的思想情感。普列汉诺夫曾讲过：“艺术既表现人们的感情，也表现人们的思想，但是并非抽象的表现，而是用生动的形象来表现，这就是艺术的最主要的特点”。黑格尔美学的核心是“美是理念的感性显现”，认为艺术美的本质在于感性形式体现出理性内容。

可见，艺术表现在艺术创作中占有重要的地位，设计艺术的基本特征之一就是造型性，即运用一定的物质材料，塑造出人们可直观感受到的设计艺术形象。毕竟离开了造型表现，再好的设计构思与艺术体验也得不到实现，无法让其他人欣赏，只能仍然停留在艺术家或设计师的头脑之中。

在设计创作实践中，即使思想或内容相同的作品，由于表现形式的不同也可能会体现出不同的个性。如，在千禧龙年，珠宝设计师往往以龙为题，而又能设计出不同的造型……这些例子都说明，即使设计的内容主题相同，通过不同的设计表达，也能形成各具特色的作品。

因此，在著作权的判案实践中，独创性在很大程度上是指表现形式的独创性，对设计作品创造性的保护，就是对其创造性表现形式的保护。

3.2 艺术设计著作权

3.2.1 艺术设计的著作权内容

著作权包括人身权（Moral Rights，又称精神权）和财产权两大类。

（1）精神权的内容

① 发表权。发表权的涵义是，作者有权决定自己创作的作品是否

[1] 美国法院在多年判案中曾总结出“如果某事物只有惟一选择的表达方式，则应属于创作构思，因而不受版权保护”的重要理论。详见《知识产权论》，郑成思，法律出版社，2003。

发表，何时发表，以什么方式在什么地方发表。

构成著作权法“发表”的条件：一是由作者或作者授权后公开作品，未经著作权人授权的公开，不视为发表；二是作品必须被公众感知。即作品必须在一定范围内公开或者有一定数量的复本。因此，未经作者许可，擅自将作品公之于众，是非法发表，属于侵犯作者发表权的行为。

准确判断作品是否发表具有重要意义。因为著作权法严格规定了对“已发表”作品和“未发表”作品保护的区别。例如，使用他人未发表的作品必须经过版权人许可，并支付报酬；而使用他人已发表的作品则不必经版权人许可，只要支付报酬即可。又比如，中国著作权法规定的合理使用，大多是对“已经发表”作品的使用。由此可见，在判断是否侵权、确定赔偿方式等方面，“是否发表”是一个非常重要的因素。

② 署名权。署名权即以创作者身份，在作品上署名的权利。创作者有权决定在自己设计创作的作品原件或复制品上是否署名，署真名、笔名、艺名、别名或假名。

具有合作作者身份的作者享有同等的署名权。如何行使应由合作作者协商，如署名的顺序，任何一方不得单独擅自行使。

对于改编作品，其原作者应享有署名权。改编作品应在适当位置上说明原作者名称。

③ 修改权。所谓修改，是指作品创作完成后，为作品增加一些新的部分或者删除一些旧的部分所进行的改动。中国著作权法规定“修改权，即修改或者授权他人修改作品的权利”。即只有作者自己才有权修改作品，另一方面作者有权禁止别人未经作者许可的修改。

④ 保护作品完整权。保护作品完整权的实质是保护作品不受歪曲、篡改的权利。即未经作者授权，任何人不得改变作者的观点、作品的内容和形式，不得歪曲、篡改作品，以至破坏作品的完整性和损害作者的声誉。

目前这种侵权现象在广告行业非常突出。例如，某获奖摄影作品“俺爹俺娘”照片的作者要告汇仁肾宝侵犯版权，因为它不但未经作者授权擅自使用照片，而且将照片中的人物调换了。又例如，某眼镜店广告对希望工程中的“大眼睛”形象擅作改动，给她带上了一幅大眼镜。姑且不论这些广告是否对社会造成其他不良后果，首先它就是侵犯了摄影作品的作品完整权。

作者的这一精神权利的保护不受时间限制，但在行使时却又受到一定的限制。例如为了建筑物的扩建、重建、修缮而对原设计建筑作品做必要的改动，这是著作权法所允许的。

(2) 财产权内容

著作财产权，即以复制、表演、放映、展览、发行、摄制、汇编、信息网络传播等方式使用作品的权利，以及许可他人以上述方式使用作品，并由此获得报酬的权利。

① 复制权。即著作权人有权决定作品是否复制或许可他人复制。《中国著作权法》认为，复制就是用任何可能的方式将作品制作一份或多份的行为。日本著作权法对复制的定义为“进行有形的再制作”；法国则规定复制为“用各种可使公众间接得知的办法对作品加以有形固定。”由此可见，对复制这一概念也有不同的理解和规定。

一般来说，构成复制的条件应该是：有一定的复制方式；复制品本身不具有创造性。

传统的复制方式有：印刷、复印、临摹、拓印、录音、录像、翻录、翻拍等。随着高新技术的发展，不断涌现出新的复制方式，只要它符合上文提到的复制的条件。例如“数字化”已被公认为是一种复制行为。

这里需要指出的是，中国《著作权法》规定，按照工程设计、产品设计图纸及其说明进行施工、生产，不属于本法规定的复制，但在有的国家（如法国）则把上述情形也称为复制。

② 表演权。即公开表演作品以及用各种手段公开播送作品的表演的权利。

③ 放映权。是作者对自己的作品通过无线电波、有线电视系统传播而享有的权利。

“播放”与“表演”是有严格区别的两个概念。表演主要是为了“再现作品”，而播放主要是为了“传播作品”。

④ 展览权。关于展览权，各国有不同的规定，其分歧主要在客体。根据《中国著作权法》第10条规定，展览为“公开陈列美术作品、摄影作品的原件或者复制件。”而德国著作权法要求将展览权的客体限定在“未发表的造型艺术原件或复制物”的范围内，而WIPO认为“公开展出作品，主要是展出艺术作品的原件。”

需要注意的是，根据中国《著作权法》的规定，“美术等作品原件所有权的转移，不视为作品著作权的转移，但美术作品原件的展览权由原件所有人享有”。

⑤ 发行权。是指通过出售方式或赠予方式向公众提供作品的原件或复制件的权利。

⑥ 信息网络传播权。即以有线或无线方式向公众提供作品，使公众可以在某个人选定的时间和地点获得作品的权利。

⑦ 摄制权。即以摄制电影或类似方法将作品固定在载体上的权利。

摄制权与复制权有明确区别。摄制即根据情境、人物，塑造立体形象，表达主题，然后将这些形象以声音、画面、动作的方式记录下来。记录下来的内容与原作的内容基本相同，但表达形式不同，如剧本是文字表达形式，而据此摄制的电影是用动作、画面形式表达的。复制只是重复原作的表达形式，内容与原作也完全相同。将表演、景物机械的记录下来只能看成是复制，而不能视为摄制。

⑧ 汇编权。即将作品或者作品的片断通过选择或编排，汇集成新作品的权利。

⑨ 改编权。即改变作品，创作出具有独创性的新作品的权利。

⑩ 许可使用权。即著作权人享有的许可他人以复制、表演、改编等方式使用作品，并由此获得报酬的权利。在广告设计业中，侵犯作品使用权的例子不胜枚举。例如，陕西某房地产公司只因在广告宣传中，擅自使用了北京某景象图片有限公司享有著作权的两张图片，而被判赔偿 8 万元。又例如，北京某广告公司在给北京西单某有限公司设计的广告画面中，未经允许而使用了版权属于香港某图片社有限公司的图片，该广告还在北京某报上发表。结果某广告公司、西单某有限公司、北京某报被香港某公司一起告上法庭，既要在媒体公开道歉，还要赔偿经济损失。像这样的例子还有很多。

许可使用，即授权使用，有专有许可使用和非专有许可使用两种形式。

• 专有许可使用。即被许可人对许可使用的作品在一定期限和范围内享有特定方式的专有使用权。他有权排除著作人在内的一切他人以同样的方式使用作品。

• 非专有许可使用。指一般许可使用，著作权人可将自己的同一作品授权两个以上的人以同一方式使用。

著作权许可使用的方式，一般应采取书面合同的形式，并依照著作权法所规定的主要条款订立合同。根据中国《著作权法》第 24 条规定，合同主要条款有：许可使用作品的方式；许可使用的权利是专有使用权或非专有使用权；许可使用的范围、期间；付酬标准和办法；违约责任等内容。

著作权的内容是随着现代科技文化的进步而不断扩大的，例如作品的数字化权，已经引起世界的广泛关注。中国新修改的著作权法增加了信息网络传播权，这说明随着时代发展，中国著作权法规定的著作权内容将会更加广泛。

3.2.2 艺术设计著作权的归属

(1) 设计创作者的认定

著作权法的一个根本原则就是保护设计创作者的权利。确定作者的身份（authorship）也就成为著作权制度的基础。关于作者，中国著作权法有以下规定。

① 创作作品的公民是作者。著作权法所称创作，指直接产生文学、艺术和科学作品的智力活动。为他人创作进行组织工作，提供咨询意见、物质条件或其他辅助活动，均不视为创作。

② 由法人或者非法人单位主持，代表法人或者非法人单位意志创作，并由法人或者非法人单位承担责任的作品，法人或者非法人单位视

为作者。

③ 如无相反证明，在作品上署名的公民、法人或者非法人单位为作者。

（2）著作权是自动产生的

中国著作权法规定：中国公民、法人或者非法人单位的作品，不论是否发表，都享有著作权，而且根据著作权法实施条例，著作权的产生无需履行任何手续，只要作品创作完成即自动获得著作权。

（3）改编作品的著作权归属

中国著作权法规定，改编作品的著作权由改编人享有，但行使著作权时，不得侵犯原作品的著作权。

（4）合作作品的著作权归属

合作作品，是指两人以上合作创作的作品，合作作品应该具备“合意”和“合创”两个要素，即有合作创作的一致意愿，并且为完成共同的作品各自付出了创作性的劳动，做出了直接的、实质的贡献。为他人创作进行组织工作，提供咨询意见、物质条件，或者进行其他辅助活动，均不视为创作。

关于合作作品的著作权归属，中国著作权法有如下规定：

① 合作作品的著作权由合作作者共同享有，没有参加创作的人，不能成为作者；

② 合作作品是可以分割使用的，作者对各自创作的部分可以单独享有著作权，但行使著作权时不得侵犯合作作品整体的著作权。

（5）汇编作品的著作权归属

中国著作权法规定，汇编作品由汇编人享有著作权，但行使著作权时，不得侵犯原作品的著作权。

（6）职务作品的著作权归属

中国著作权法规定，公民为完成法人或者非法人单位任务所创作的作品是职务作品。

中国著作权法规定，职务作品的著作权由作者享有，但法人或非法人单位有权在其业务范围内优先使用。作品完成两年内，未经单位同意，作者不得许可第三人以与单位使用的相同方式使用该用品。

另外，有下列情形之一的职务作品，作者享有署名权，著作权的其他权利由法人或者非法人单位享有，法人或非法人单位可以给予作者奖励。

① 主要是利用单位的物质技术条件创作，并由单位承担责任的工程设计图、产品设计图、计算机软件、地图等职务作品。

② 法律、行政法规规定或者合同约定著作权由法人或者非法人单位享有的职务作品。

（7）委托作品的著作权归属

委托作品就是根据委托合同，由委托人委托他人设计创作的作品。

中国著作权法规定，委托作品的著作权的归属由委托人和受托人通过合同约定。合同未作明确约定或者没有订立合同的，著作权属于受托人。

（8）电影作品的著作权归属

电影作品的著作权由制片者享有，但编剧、导演、摄影、作词、作曲等作者享有署名权，并有权按照与制片者签订的合同获得报酬。电影作品中的剧本、音乐等可以单独使用的作品的作者有权单独行使其著作权。

（9）参赛设计作品的著作权

目前国内、国际的设计竞赛活动十分活跃，往往是企业面向社会征集标志设计、产品造型设计、建筑环境设计等作品，然后从参赛作品中选出最优设计方案，并给予设计者奖励。最后企业必然会对该设计方案加以改进和实施应用，为自己创造经济效益。

其实，参赛设计作品里也有一个设计著作权的问题，参赛者首先应保证其设计作品著作权的合法性。例如，中国某次手机游戏设计大赛的参赛规则中要求，参赛者对于参赛作品必须拥有合法著作权或使用权，不得侵犯任何第三方的合法权益，而且不得是处于商业运行的产品，否则，一旦发现立刻取消参赛资格。对于精明的企业来说，他们一般会在征集广告后面注明，获奖作品的著作权归企业所有，而设计者获得一定数额的奖金。这样做的目的，就是为了避免今后可能因权利不明确而引发纠纷。对于设计参赛者来说，只要他将自己的参赛作品寄给组委会，也就意味着默许了企业对著作权的要求，即如果自己的设计方案被采用，自己只能要求企业兑现奖金，而不能再行使该作品的著作权；当然，如果设计方案未被企业采用，著作权仍然是自己的，企业不能侵占。

目前，问题最多的是有些企业不尊重设计者的创造性劳动。例如，中国某知名企业曾在媒体上征集企业标志和吉祥物的设计方案，后来却在未给予设计获奖者任何酬劳的情况下，公开使用标志和吉祥物。设计者愤而告上法庭，最后该企业只好以赔偿了却此事。这一事件曝光后，该企业受到舆论界的广泛谴责，因为该企业领导者缺乏对他人知识性创作的尊重和基本的知识产权意识。

3.2.3 艺术设计著作权的限制

各国著作权法无一例外都对著作权加以限制，以利于作品的传播与利用，平衡作者权益与社会公众利益的关系。

著作权限制主要有以下几种方式。

（1）时间限制

著作权法规定了著作权的保护期限。就公民的作品来说，著作权保护期根据人身权和财产权的不同而不同。著作权中的署名权、修改权和保护作品完整权不受时间限制，享有永久保护，即使作者去世，其继承人、有关机构或国家均有义务对这些权利予以保护。而著作权中的发表权和著作财产权有时间限制，一般从创作完成之日算起，截止到作者死亡后第50年的年底。对于合作作品，截止于最后去世的作者死亡之后第50年年底。

（2）合理使用

合理使用，是指在法律规定的下列情况下使用（如复制、翻译、引用、改编等）他人受著作权保护的作品时，可以不经著作权人的许可，也不必支付报酬，但应写明作者姓名、作品名称，并且不得侵犯著作权人依法享有的其他权利。

① 为个人学习、研究或欣赏，使用他人已经发表的作品，例如为学习美术而临摹别人的作品是合理使用。

② 为介绍、评论某一作品或者说明某一问题，在作品中适当引用他人已发表的作品。

③ 为报道时事新闻，在报纸、期刊、广播电台、电视台等媒体中不可避免地再现或引用已发表的作品。

④ 报纸、期刊、广播电台、电视台刊登或者播放其他报纸、期刊、广播电台、电视台已经发表的社论、评论员文章。

⑤ 报纸、期刊、广播电台、电视台刊登或者播放在公众集会上发表的讲话，但作者声明不许刊登播放的除外。

⑥ 为学校课堂教学或者科学研究，翻译或者少量复制已经发表的作品，供教学或者科研人员使用，但不得出版发行。

⑦ 国家机关为执行公务使用已经发表的作品。

⑧ 图书馆、档案馆、博物馆、美术馆等为陈列或者保存版本的需要，复制本馆收藏的作品。

⑨ 免费表演已经发表的作品。

⑩ 对设置或者陈列在室外公共场所的艺术作品进行临摹、绘画、摄影、录像。

⑪ 将已发表的汉族文字作品翻译成少数民族文字在国内出版发行。

⑫ 将已经发表的作品改成盲文出版。

在实践中，要注意将合理使用与抄袭、剽窃侵权区分开。

3.2.4 个人设计作品与著作权

大多数设计艺术作品，例如产品艺术造型、包装装潢、服装、雕塑、建筑等，它们都属于著作权法所指的应用美术作品的范畴，只要具有著作权性，都是著作权保护的对象。

与工业产权（专利、商标等）相比，著作权有两个重要区别。

其一，著作权有更多的精神权保护。虽然专利也对设计人的署名权加以保护，但著作权除了署名权以外，还有保护作品完整权、修改权等精神权利，它更强调个人的精神利益，而工业产权往往涉及到企业的经济利益。比如，与专利相比，著作权较少强调作品是否适合工业应用，能否为企业带来经济效益。自古以来，不少作品的创作，其本身并不是因为商业目的，而是作者本人的有感而发和精神体现。从这一角度看，著作权作品往往体现出很强的艺术性。

其二，著作权是自动产生的，即作品一经创作完成，只要具有著作权性，其创作者就享有了该作品的著作权，而无须像工业产权那样需要申请或注册登记。

著作权的这两个显著特点无疑有利于保护个人设计师的利益，鼓励他们的艺术设计创作。

设计活动中有两个主体，一个是客户，一个是设计师。无论设计职业如何发展，设计是由设计师完成的，必将反映出设计者的思想、情感和技艺水平。丰富的设计个性风格和表达方式是设计的灵魂。因此，个人设计师的创作比较有灵活性，他们可以根据客户的要求，加入自己的思想风格，设计出双方都满意的作品。还有些个人设计师则完全是追求个性化的设计创作，作品也具有很强的主观性和独创性，这样的设计作品除了经济利益外，也很强调设计者自身的精神。如设计大师科拉尼（Luigi Colani）的设计作品多以展览方式待价而沽，极少考虑到商品化的可能，甚至以表现其设计哲学为主要目的。他所信奉的设计哲学是宇宙间没有直线（No Straight Line in the Universe）。

前一种情况实际上就是一种委托性质的设计，个人设计师应注意防止委托方（甲方）侵犯自己的著作权。据报道，美国某建筑设计师曾受迪斯尼公司委托，为其正在筹划的某世界公园的项目进行设计，后来迪斯尼在未与该设计师达成协议的情况下，擅自将其设计规划方案图纸应用施工，结果被该设计师发现，以欺诈、盗用等罪名将迪斯尼告上法庭，挽回了自己的损失。

当然，设计师也要注意自己的设计作品是否侵权，以免给委托方造成损失。例如前面提到的汇仁肾宝侵权的例子，据一项网上调查表明，近 80%的人认为此种侵权行为是违反道德和法律的，“广告假，东西也好不了”，“产品的品牌形象没有了，销售量能高吗?”设计侵了权，委托方也会受到损失。因此，在设计是否侵权方面，设计师与委托方都应提高警惕。同时也建议在双方签订协议时，应对设计方提出关于侵权责任的归属问题。

个人设计师要保护好自己的设计作品，还应该明确一点：著作权法虽然规定著作权自动产生，但只规定创作者应当享有哪些专有权利，却并不保证他享有这些权利，只是明确别人不能行使创作者的专有权。一旦发生侵权行为，著作权人只有依法通过民事诉讼等途径要求对方赔偿损失，停止侵权行为，只有著作权人诉讼获胜，他的著作权才真正体现出来。所以，设计师更应该了解著作权法规，做到主动出击，积极的、合理有效的保护自己的著作权。

在当今社会，虽然国际公司的无名姓设计、集团化设计是现代设计的主流，但个人设计师依然很活跃，艺术设计风格也不断走向多元化。随着知识经济的到来，社会消费模式、市场需求将呈个性化、多样化发展，个人设计师及其艺术设计作品也会日趋繁荣，相应的，其设计著作权的意义也必将更加重要。

3.3 艺术设计著作权的保护

中国《著作权法》46 条，具体规定有下列行为的应当承担停止侵害、消除影响、赔礼道歉，赔偿损失等民事责任。

① 未经著作权人许可，发表其作品的行为。

② 未经合作作者许可，将与他人合作创作的作品当作自己单独创作的作品发表的行为。

③ 没有参加创作，为牟取个人名利，在他人作品上署名的行为。

④ 歪曲、篡改他人作品的行为。

⑤ 未经著作权人许可，以展览、摄制电影、或类似方法使用作品，或者改编、翻译、编辑、注释等方式使用作品的行为（著作权法另有规定的除外）。

⑥ 使用他人作品，未按照规定支付报酬的行为。

⑦ 未经表演者许可，从现场直播其表演的行为。

⑧ 剽窃、抄袭他人作品的行为。

中国《著作权法》第 47 条规定有下列侵权行为的，应当承担停止侵害、消除影响、赔礼道歉、赔偿损失等民事责任；同时损害公共利益的，可以由行政部门责令停止侵权，没收违法所得，没收、销毁侵权复制品，并可处以罚款；情节严重的，行政部门还可以没收主要用于制作侵权复制品的材料、工具、设备等；构成犯罪的，依法追究刑事责任。

① 未经著作权人许可，复制、发行、表演、放映、广播、汇编、通过信息网络向公众传播其作品的；

② 出版他人享有专有出版权的图书的；

③ 制作、出售假冒他人署名的作品等行为。

习　题

一、名词解释

1. idea/expression of idea dichotomy（构思、理念与构思、理念的具体表达方式二分法）。

2. 合理使用。

二、简答题

1. 列举设计著作权作品形式及著作权内容。

2. 试分析设计著作权的归属。

三、多选题

以下属于侵犯著作权的行为有：

A. 没有参加创作，为牟取个人名利，在他人作品上署名的行为；

B. 使用他人作品，未按照规定支付报酬的行为；

C. 未经著作权人许可，发表其作品的行为；

D. 剽窃、抄袭他人作品的行为。

第4章 工业设计与专利法

专利的重要性是不言而喻的。就拿专利文献来说，它是各国专利局及国际性专利组织在受理和审批专利过程中产生的官方文件及其出版物的总称。目前，约有90个国家、地区及组织用大约30种文字出版专利文献，每年出版的专利文献总量约占世界每年各种图书期刊总出版量的1/4。据世界知识产权组织的统计，世界上每年设计发明成果的90%～95%皆在专利文献上记载，95%以上的新技术可以通过专利文献查到，并可以缩短科研时间60%，节省研究试验经费40%。

以上这些统计充分说明，世界上的许多设计、技术方案都申请了专利并获得保护。

4.1 专利的基本概念

什么是专利？“专利”一词，是从英文“Patent”翻译而来，其原意可理解为“公开的文件”，反映出专利的公开性，即设计发明人获得专利权的先决条件是将自己的设计发明公开[1]。

现在谈到的“专利”，一般有两种含义：一是指设计发明的专利权；再一个就是指获得专利权的设计发明。

专利权是指，按专利法的规定，由国家专利机关授予发明人、设计人或其所属单位，在一定期限内对某项发明创造在该国领域内所享有的独占权。包括专利产品的制造、使用、销售、许诺销售、进口，专利方法的使用及销售、许诺销售、进口依照该方法直接获得的产品等方面的专有权。未经专利权人的授权，他人不得以生产经营为目的实施其专利。专利权有如下几个特征。

(1) 独占性

独占性是专利制度的重要特征，其一方面表现为对同一个设计发明创造，中国只授予一项专利权；另一方面表现为专利权人全面占有、使用、处分和收益其所拥有的专利权。

(2) 法定性

即专利权的取得必须经过申请、审查、公告、批准等一系列法定程序。这和著作权不同，著作权的取得一般无需法定程序。

(3) 地域性

在一国批准的专利权只在这一国家有效，在其他国家内不能受到保护，要在其他国家享有专利权，必须依该国专利法申请并获准该国的专

[1]《企业知识产权保护与管理实务》，何敏，法律出版社，2002年。

利权。

(4) 时间性

专利权的保护有一定的时间限制，超过这一期限，专利权终止，相应的专利技术进入公有领域，人人都可以无偿使用。中国专利法规定，发明专利权保护期限为 20 年，实用新型和外观设计专利权保护期限为 10 年，均自专利申请日起计算。

依据中国《专利法》的规定，中国专利法的保护对象有三种类型，即发明、实用新型和外观设计。

4.2 发明

4.2.1 设计艺术与发明活动

设计活动是创造新事物的活动，在本质上与发明有共通之处。亦是一个发现和解决问题的创造性过程。美国工业设计师协会近年调查评价的结果就表明，设计人才应具备的重要素质中，创造性的解决问题的能力是被排在第一位的。世界著名创意怪杰 Bob Gill 也在他的著作《不守规则创意》一书中指出："创意的问题在问题本身"（The problem is the problem）。

这里引用一个发明的例子：日本开始生产聚丙烯材料时，聚丙烯薄膜袋销路不畅，推销员在酒店休息擦汗时，突然想到：如果酒店里每块洗净的湿毛巾，都用聚丙烯袋装好，一则毛巾不会干掉，二来用过与否一目了然。于是申请了发明专利，仅花 1 500 日元，而获利高达 7 000 万日元[1]。

现在设计界有人主张"设计艺术需要发明精神"。就是希望顺应设计与时代的发展，更好的将发明与设计艺术相结合。

4.2.2 发明专利的概念

中国专利法所称的发明，是指对产品、方法或其改进所提出的新的技术方案，这里的"技术方案"不仅应提出需要解决的问题，而且提出了解决该问题的完整的、具体的、而且能够实现的方案。

4.2.3 发明专利授权的实质条件

中国专利法规定，授予专利权的发明，应当具备新颖性、创造性和实用性。

(1) 新颖性

中国专利法规定，新颖性，是指在申请日以前没有同样的发明在国内外出版物上公开发表过、在国内公开使用过或者以其他方式为公众所知，也没有同样的发明由他人向专利局提出过申请并且记载在申请日以后公布的专利申请文件中。

例如，某公司在建造一新式住宅的过程中，完成了一种名为"壁式

[1]《工业设计方法学》，简召全，P51，北京理工大学出版社。

建筑物的构筑装置”的发明，并实施于该住宅之中。在该住宅建成并投入使用后，该公司就上述发明向中国专利局提出了发明专利申请。但专利局认为该发明在申请日前已在国内公开使用，丧失了新颖性，因此驳回了该公司的申请。

另外，根据专利法的规定，申请专利的发明在申请日以前的六个月内，有下列情形之一的，不丧失新颖性：

① 在中国政府主办或者承认的国际展览会上首次展出的；

② 在规定的学术会议或者技术会议上首次发表的；

③ 他人未经申请人同意而泄露其内容的。

(2) 创造性

根据专利法规定，创造性是指同申请日以前已有的技术相比，该发明有突出的特点和显著的进步。

所谓“进步”是指与最接近的现有技术相比前进了一步，通常表现在发明创造的应用能产生新的更好的效果。

评价创造性是相当复杂的，目前“非显而易见性”是判断创造性的重要标准，即与现有技术相比，对于该领域的技术人员来说，该发明是非显而易见的。

(3) 实用性

实用性是指该发明能够在产业上制造或者使用，并且能够产生积极的效果。

实用性是授予专利权的前提。根据专利法规定，申请专利的发明或者实用新型，应当在说明书中作出清楚、完整的说明，以使所属技术领域的技术人员能够实现。如果原始申请所公开的内容缺少实施该发明或者实用新型的必要技术手段，比如仅仅是缺乏具体实施方案的设想或创意，就看成是未完成的技术方案，不具备实用性。例如，只提出任务和设想，或者只表明一种愿望和结果，而未给出任何使所属技术领域的技术人员能够实施的技术手段；或者提出了解决手段，但对所属技术领域的技术人员来说，该手段仅是一个含糊不清、无法具体实施的方案；或者提出了解决方案，但所属技术领域的技术人员采用该手段并不能达到所要的目的……这些情形都不具备实用性。

(4) 不授予专利权的内容

中国《专利法》第25条规定，下列各项不授予专利权：

① 科学发现；

② 智力活动的规则和方法；

③ 疾病的诊断和治疗方法；

④ 动物和植物品种；

⑤ 用原子核变换方法获得的物质。

4.2.4 发明专利的申请和审批

(1) 发明专利的申请文件

根据中国专利法规定，申请发明专利时应向专利局递交请求书、说明书及其摘要和权利要求书等文件。

请求书应当写明发明的名称，发明人或者设计人的姓名，申请人姓名或名称、地址，以及其他事项。

说明书应当对发明作出清楚、完整的说明，以所属技术领域的技术人员能够实现为准；必要的时候，应当有附图说明。摘要应当简要说明发明或实用新型的技术要点。

权利要求书应当以说明书为依据，说明要求专利保护的范围。

(2) 发明专利申请的审查和批准

① 初步审查。也称形式审查，它是专利审批程序的第一个阶段，在这个阶段，专利局主要是对申请人申请专利的手续和申请文件的格式进行审查，审查不合格的可以限期补正。

② 早期公开。是指专利局收到发明专利申请后，经初步审查认为符合专利法规定的，自申请日起满 18 个月在专利局公开发行的专利公报上公布该专利申请，专利局也可以根据申请人的要求早日公布申请。

③ 实质审查。是以全面的检索为基础，确定专利申请是否具有新颖性、创造性和实用性。

发明专利申请自申请日起三年内，专利局可以根据申请人随时提出的请求，对其申请进行实质审查；申请人无正当理由逾期不请求实质审查的，该申请即被视为撤回。另外，专利局认为必要的时候，还可以自行对发明专利申请进行实质审查。审查员实质审查后，认为不符合专利法规定的，将通知申请人，要求其在指定的期限内陈述意见，或者进行修改。如果陈述意见或修改后仍然不合要求，申请被驳回。

专利申请人对驳回申请的决定不服的，可以自收到通知之日起 3 个月内，向专利复审委员会请求复审。如果对专利复审委员会的复审决定不服，可以自收到通知之日起 3 个月内向人民法院起诉。

④ 批准授予专利权。发明专利申请经实质审查没有发现驳回理由的，专利局应当作出授予发明专利的决定，发给发明专利证书，同时予以登记和公告。发明专利权自公告之日起生效。

专利法规定了专利无效程序。即自授权公告之日起，任何单位或者个人认为该专利权的授予不符合专利法有关规定的，可以请求专利复审委员会宣告该专利权无效。专利复审委员会对宣告无效请求及时审查和作出决定，宣告专利权无效或者维持专利权。当事人对专利复审委员会的决定不服的，可以自收到通知之日起 3 个月内向人民法院起诉。

4.2.5 发明专利权的内容

(1) 独占实施专利权

即专利权人既有自行实施专利的权利，又有权禁止他人未经许可的实施使用。中国专利法规定：发明专利被授予后，除法律另有规定的以外，任何单位或者个人未经专利权人许可，不得为生产经营的目的制造、使用、许诺销售、销售、进口其专利产品，或者使用其专利方法以及使用、许诺销售、销售、进口依照专利方法直接获得的产品。

这里有以下两个问题需要说明。

① 许诺销售是指销售前的准备活动。例如，将产品陈列在商店中，列入拍卖清单，在报纸、电视、网络上作广告等，都明确表明了销售意愿，属于许诺销售行为。专利方规定许诺销售，是为了及早发现、及早制止侵权行为。

② 保护“使用、许诺销售、销售、进口依照专利方法直接获得的产品”是对方法专利的延伸保护。例如，有一种制造橡胶的工艺方法获得专利，在未经专利权人许可的情况下，甲使用相同方法制造橡胶，乙将甲制造的橡胶销售给丙，丙采用乙售出的橡胶制造轮胎，丁用丙生产的轮胎制造汽车轮子。在这一系列实施活动中，甲未经许可而使用了专利方法，无疑侵权；乙和丙未经许可而销售、使用该专利方法所直接获得的产品（橡胶），也构成侵权；丁则不侵权[1]。

（2）许可他人实施专利权

即与他人签订书面合同，许可他人在一定时间、一定范围内使用专利权，许可人可收取许可使用费。

（3）专利转让权

专利权人有权将取得的专利权转让给他人，受让人由此成为专利权人。专利转让必须签订转让合同，并向专利局备案。

（4）专利标记权

即专利权人有权在其专利产品或者该产品的包装上标明专利标记和专利号。如注明“×国×年专利”字样。未经许可而使用他人专利标记或专利号的，属于假冒他人专利的行为。

4.2.6 发明专利权的保护

中国专利法规定，发明专利权的保护范围以其申请文件中权利要求的内容为准，说明书及附图可以用于解释权利要求。

中国专利法第57条规定，未经专利权人许可，实施其专利即侵犯其专利权，引起纠纷的，由当事人协商解决；不愿协商或者协商不成的，专利权人或者利害关系人可以向人民法院起诉，也可以请求管理专利工作的部门处理。

中国专利法第58条规定，假冒他人专利的，除依法承担民事责任外，由管理专利工作的部门责令改正并予公告，没收违法所得，可以并处违法所得三倍以下的罚款，没有违法所得的，可以处五万元以下的罚款；构成犯罪的，依法追究刑事责任。

---

[1]《新专利法详解》P77，国家知识产权局条法司著，知识产权出版社，2002年。

中国专利法第59条规定，以非专利产品冒充专利产品、以非专利方法冒充专利方法的，由管理专利工作的部门责令改正并予公告，可以处五万元以下的罚款。

中国专利法第60条规定，侵犯专利权的赔偿数额，按照权利人因被侵权所受到的损失或者侵权人因侵权所获得的利益确定；被侵权人的损失或者侵权人获得的利益难以确定的，参照该专利许可使用费的倍数合理确定。

中国专利法第62条规定，侵犯专利权的诉讼时效为两年，自专利权人或者利害关系人得知或者应当得知侵权行为之日起计算。

中国专利法第63条规定，有下列情形之一的，不视为侵犯专利权：

① 专利权人制造、进口或者经专利权人许可而制造、进口的专利产品或者依照专利方法直接获得的产品售出后，使用、许诺销售或者销售该产品的；

② 在专利申请日前已经制造相同产品、使用相同方法或者已经作好制造、使用的必要准备，并且仅在原有范围内继续制造、使用的；

③ 临时通过中国领陆、领水、领空的外国运输工具，依照其所属国同中国签订的协议或者共同参加的国际条约，或者依照互惠原则，为运输工具自身需要而在其装置和设备中使用有关专利的；

④ 专为科学研究和实验而使用有关专利的。

另外，为生产经营目的使用或者销售不知道是未经专利权人许可而制造并售出的专利产品或者依照专利方法直接获得的产品，能证明其产品合法来源的，不承担赔偿责任。

4.3 实用新型

4.3.1 实用新型的有关概念

目前世界上有包括中国在内的部分国家实行实用新型保护制度。而各国对实用新型的称呼略有差异，如德国和中国称“实用新型”，日本称“实用新案”，法国称“实用证书”，澳大利亚称“小专利”等。

中国专利法规定，实用新型是指对产品的形状、构造或者其结合所提出的适于实用的新的技术方案。所谓产品的形状，是指产品的外部立体表现形式，且具有相当的体积；所谓产品的构造，是指产品之部件或零件的有机组合或连接，这些部件或零件具有一定的空间位置关系。实用新型产品的构造可以是机械构造或线路构造等；所谓技术方案，是指对采用技术手段，解决技术问题并产生技术效果的具体内容、步骤的清楚完整的描述。

实用新型也称为“小发明”，它与发明的主要区别在于，发明既包括产品发明也包括方法发明，而实用新型仅指具有一定形状的物品发明。另外，相对于发明，实用新型的创造性水平较低。

实用新型对技术水平较低的发展中国家和工业发达国家的中小型企业十分重要。群众性的设计发明很多都是属于实用新型，意义十分重大。例如日本虽然只是资源小国，但很重视小发明、小创造，积极推行实用新型制度。正是在这些小发明的基础上，日本崛起了一批驰名世界的大企业。比如东芝公司，在第二次世界大战后就靠一项电暖炉的实用新型而恢复元气；日本三菱电机公司，最初是靠一种结构简单、用于减轻家庭主妇家务劳动的电被褥烘干机起家，而逐渐发展为国际知名企业的。日本实行实用新型保护制度，极大地促进了本国中小企业和传统民族手工业的发展，并在一定程度上也推动了日本工业设计的发展，这是一个成功的经验。

专利法保护的实用新型，必须符合以下几点要求：

① 必须是可移动的、占据一定空间的产品，而不是方法；

② 必须是有一定的形状与构造的产品；

③ 要具备针对产品的新的适于实用的技术方案。

4.3.2 实用新型专利授权的实质条件

中国专利法规定，授予专利权的实用新型，应当具备新颖性、创造性和实用性的实质性条件。与发明专利的实质性条件相比，实用新型专利除了创造性要求较低外，基本相同。

根据专利法规定，实用新型的创造性是指同申请日以前已有的技术相比，该实用新型有实质性特点和进步。其中所谓“实质性的特点”是指与现有技术相比有本质性的突破，不是现有技术的简单推导。

4.3.3 实用新型专利的申请和审批

（1）实用新型专利的申请文件

实用新型专利的申请文件包括请求书、说明书及其摘要、权利要求书、说明书附图，相比于发明，实用新型必须提交说明书附图。

（2）实用新型专利申请的审查和批准

实用新型专利申请经初步审查后，若没有发现驳回理由的，专利局即作出授予实用新型专利权的决定，发给专利证书，同时予以登记和公告。实用新型专利权自公告之日起生效。

实用新型专利的复审和宣告无效程序与发明专利基本相同。

4.3.4 实用新型专利权的内容

除了方法专利的实施权实用新型不保护方法外，实用新型专利权的内容与发明专利基本相同。

4.3.5 实用新型专利权的保护

中国专利法规定，实用新型专利权的保护范围以其申请文件中权利要求的内容为准，说明书及附图可以用于解释权利要求。

实用新型专利权保护的其他规定见“发明专利权的保护”一节的有关规定。

4.4 外观设计

4.4.1 外观设计的概念

中国专利法所指的外观设计，英文名是“industrial design”。但它与人们平常所说的、传统意义上的设计（Design）或工业设计（Industrial Design）并不完全相同。外观设计涉及艺术、美学领域，但其目的是确定厂商生产的产品或手工制造产品的外形。目前世界不少国家和地区（如英国、中国香港等）是将工业品外观设计作为一类独立的工业产权来保护，而不属于专利的范围。例如在中国香港，各种产品的外观设计均可注册，包括计算机、电话、激光唱片机、纺织品、珠宝和手表等，注册外观设计的拥有人有权阻止其他人制造、使用、出售或出租其外观设计产品。目前世界上只有中国、美国等较少数国家将外观设计作为专利的一种。

中国专利法中的外观设计，是指对产品的形状、图案或者其结合以及色彩与形状、图案的结合所作出的富有美感并适于工业应用的新设计。

4.4.2 外观设计专利授权的条件

中国专利法所说的外观设计应该具备以下条件。

(1) 以产品的形状、图案、色彩为设计对象

外观设计所谓“形状”，是指产品的外部轮廓。一般是由点、线、面连接与组合而呈现的外表，“图案”则是指在一定形状的表面上表现的线条的排列或组合、变形文字的排列或组合，以及用色彩或明暗变化表现的图形[1]。从规定来看，形状、图案、色彩分别处于外观设计的上位、中位、下位。其中，形状、图案可单独的成为外观设计专利保护的对象，而色彩必须与形状、图案相结合，才能得到外观设计专利保护。

(2) 以产品为载体

外观设计专利保护的是产品的外形设计，该设计必须以产品为载体。这就是为什么国际上又把外观设计称为工业产品外观设计的原因。如果没有这个因素，那么这种设计创作可以更确切的归属于艺术设计的范畴，对它的保护应该由著作权法而不是由工业产权法来规定。例如，在一张纸上创作出了一幅新的图形或图案，它只是一种能得到版权保护的艺术作品，只有把这种图案用到具体产品上，才能取得外观设计专利的保护。

外观设计专利只保护具体产品的外观设计，是基于这样的考虑：外观设计保护应限于设计人原来设想使用该设计的产品，这可以防止原设

[1] 《设计辞典》，张乃仁主编，北京理工大学出版社，2002年出版。

计人以后将该设计适用于他人开发的新的用途，这一限制将允许其他公司对已知外观设计开发新的用途并进行使用[1]。

（3）富有美感

外观设计的主要目的之一，就是为了吸引消费者的注意，驱动消费者的购买欲。早在20世纪30年代，美国著名设计师罗维就提出“设计促进销售”的口号，他强调必须赋予产品以美的形式，因为“丑货滞销”。所以专利法明确提出了外观设计必须富有美感的要求，即一般人认为是美观的，就可以认为符合要求。

不过，美感是一个极其抽象的概念，应该如何做评判，不同的人也许会有不同的看法，西方就有一句著名的谚语，“有一千个读者，就有一千个哈姆雷特”，正是说明了这个道理。

目前，世界上许多国家的产品审美标准并不明确，一般认为只要求产品不是丑陋的，不违反公共道德的，能为大家所接受的，就是符合美感的条件。

然而，在美感这一点上，专利局应该把好质量关，既然是外观设计专利，就不应该让设计低劣甚至毫无设计美感可言的所谓“专利”混进去滥竽充数，有损专利的声誉。近来，专利局大力开展全国性优秀外观设计评比，正是出于这一目的，这项活动也引起国内企业与专业设计公司、甚至在校学生（包括中学生）的广泛兴趣，他们的积极参与，必将有力推动国内整体设计水平的提高，也能使大众真正体会到设计之美感。

（4）适合工业上应用

外观设计必须是能应用于产业上并形成批量生产的新设计。“批量生产”一般包含两方面含义，首先在数量上应达到国际上一般规定的50件以上的界限，其次必须满足的条件是在同一设计前提下最小的变形及最低的成本（包括时间、效率）。因此，有些简单的手工编制产品也可以包括在内，反之，对于需要较长时间才能完成一件的工艺品不在此范围内。

（5）新颖性

中国专利法第23条规定，授予专利权的外观设计，应当同申请日以前在国内外出版物上公开发表过或国内公开使用过的外观设计不相同和不相近似。

外观设计不相同，就是产品类别和设计至少有一个不相同。这里所说的产品类别是指按照《国际外观设计分类表》中的分类。产品类别相同指产品的用途和功能完全相同。

外观设计不相近似，主要是以下三种情况：①产品不相似，设计相同或相似；②产品相似，设计不相似；③产品相同，设计不相似。例如，把一个汽车的外观设计，用到汽车模型上，就是不相似的外观设

[1]《知识产权教程》，世界知识产权组织编，专利文献出版社，1990年。

计。因为在《国际外观设计分类表》中，汽车和汽车模型的产品类型不相似。

至于外观设计中形状、图案、色彩（或其结合）是否相似的判断应当从整体外观上来考虑，而不能把外观设计的各部分割裂开来，孤立地去看。比方说，某外观设计的某些部分或所有部分已经在以前的外观设计中被采用并且被公开过，但只要当其各部分组合成整体时能产生一种特异的美感作用，仍应视为具有新颖性。例如，一张壁毯的图案设计同已公知的同类产品的图案相比，有若干处的形状、条纹或色彩是相同的，但整个图案则有明显的区别，给人以新的美感，就应视为具有新颖性。

另外，与发明专利和实用新型专利一样，一项外观设计如果在申请日前六个月内，有下列情况之一的，不丧失新颖性：

① 在中国政府主办或承认的国际展览会上首次展出的；

② 在规定的学术会议或者技术会议上首次发表的；

③ 他人未经申请人同意而泄露其内容的。

(6) 不得与他人在先取得的合法权利相冲突

他人的在先权包括著作权、商标权、肖像权、名称权等。例如，他人在先完成的美术作品，即使没有公开发表，按照著作权法的规定也是享有著作权的。如果有人通过某种途径获知该作品，并且未经作者同意而在其外观设计专利中采用该作品，就构成了权利冲突[1]。

(7) 不属于外观设计保护范围的物品[2]

根据 2001 年 10 月 18 日“中华人民共和国国家知识产权局局长第十二号令”发布施行的《审查指南》第一部分第三章第 4.4.3 节“不给予外观设计专利保护的客体”中规定：

以下属于不符合专利法实施细则第二条第三款规定而不给予外观设计专利保护的客体实例。

① 取决于特定地理条件、不能重复再现的固定建筑物、桥梁等。

在这里特别强调的是，随着经过第二次修改后在 2001 年 7 月 1 日颁布的新《专利法》以及为之配套的《专利法实施细则》和《审查指南》的实施，对于本条款的限定应该理解为：除了上述“取决于特定的地理条件”和“不能重复再现”这样两个限定条件以外的其他固定建筑物，已经纳入外观设计的专利保护范围，可以作为外观设计专利保护的客体，给予外观设计专利保护。

② 因其包含有气体、液体及粉末状等无固定形状的物质而导致其

---

[1]《新专利法详解》P161，国家知识产权局条法司著，知识产权出版社，2002 年。

[2]《审查指南》P1～75，专利文献出版社。

专利法实施细则第二条第三款规定：“专利法所称外观设计，是指对产品的形状、图案或者其结合以及色彩与形状、图案的结合所做出的富有美感并适于工业应用的新设计。”

形状、图案、色彩不固定的产品。

③ 产品的不能分割、不能单独出售或使用的部分，如袜跟、帽檐、杯把等。

例如，一种适于幼儿使用的双把手水杯，保护双把手时应与杯子一同申请进行保护。

④ 对于由多个不同特定形状或图案的构件组成的产品而言，如果构件本身不能成为一种有独立使用价值的产品，则该构件不属于可授予专利权的客体。例如，不能用相同的插接件插接成具有特定形状或图案的组件的插接件不能单独使用，不能构成独立产品，不给予外观设计专利保护，仅仅当这样的插接件和其他可与其插接的插接件一起作为插接组件玩具，以一件外观设计专利申请提出，才能给予外观设计专利保护。

⑤ 不能作用于视觉或者肉眼难以确定其形状、图案、色彩的物品。

⑥ 要求保护的外观设计不是产品本身常规的形态，如手帕扎成动物形态的外观设计。

⑦ 以自然物原有形状、图案、色彩作为主体的设计。

如果对自然物进行加工，完全改变了自然物的原貌而形成一种新产品，例如：用曲柳木薄片贴面的组合框、用竹皮纵断面制成的竹合板、用海贝经加工研磨后形成的特定造型。

⑧ 纯属美术范畴的作品。

例如，绘画、雕塑等，不给予外观设计专利保护。但是，对于那些可重复再现的工艺美术品来说，如一些小摆设、小雕像以及一些手工编制的工艺品都是可以批量生产的，则属于外观设计专利保护的范畴。

⑨ 仅以在其产品所属领域内司空见惯的几何形状和图案构成的外观设计。

例如，一些常见的基础图案不给予外观设计专利保护。

⑩ 一般文字和数字的字形以及字音、字义不能作为要求保护的外观设计的具体内容。

4.4.3 外观设计专利的申请和审批

（1）外观设计专利的申请

申请外观设计专利保护，应当提交请求书以及该外观设计的图片或照片等文件，并且应当写明使用该外观设计的产品及其所属的类别。申请外观设计专利所提交的图片或照片，不得小于 3cm×8cm，也不得大于 15cm×22cm。如果在外观设计专利申请的同时，请求保护色彩，应当提交彩色和黑白的图片或照片一份。

申请外观设计专利保护，必要时应当写明对外观设计的简要说明。外观设计的简要说明应当写明使用该外观设计的产品的设计要点、请求保护色彩、省略视图等情况。简要说明不得使用商业性宣传用语，也不能用来说明产品的性能和用途。

另外，专利局认为必要时，可以要求外观设计专利申请人提交使用外观设计的产品样品或者模型。样品或模型的体积不得超过 30cm×30cm×30cm，重量不得超过 15kg。

(2) 外观设计专利申请的审批

中国外观设计专利审查程序采用先推定授权、后确权的程序，即初步审查程序加无效程序所构成的审批方式。其特点是审查周期短、授权速度快。

该审查程序具体就是：对一项外观设计提出专利申请后，经初步审查合格，专利局就对申请人发出授予专利权的通知。在申请人办理有关授权登记的事宜后，颁发其专利证书，并在《外观设计公报》中向全世界公告。在公告后至保护期届满的期间内任何人均可对该专利提出无效专利权的请求。

如果专利局经无效审查后，无效请求成立，专利局将宣告该外观设计专利的无效。无效审查程序依靠全社会公众监督进行，尤其要依靠那些与该项外观设计的设计者同行业的专业人士及与该外观设计专利有利害关系的人进行。

4.4.4 外观设计专利权的内容

① 独占实施专利权。即专利权人既有自行实施专利的权利，又有权禁止他人未经许可的实施使用。中国专利法规定：外观设计专利被授予后，任何单位或者个人未经专利权人许可，不得为生产经营的目的制造、销售、进口其外观设计专利产品。

② 许可他人实施专利权。

③ 专利转让权。

④ 专利标记权。

4.4.5 外观设计专利权的保护

中国外观设计专利的保护范围以表示在申请文件的图片或者照片中的该外观设计专利产品为准。目前，国际上外观设计保护形式有两种，一种比较绝对化，即他人产品的外观形态与专利权人设计的外观形态相近似，就属侵权行为。第二种比较宽松，即同一外观设计，只有使用在同一类别的产品上，才算侵权，使用在不同类别的产品上，就不属侵权。中国外观设计专利实行的是第二种保护方式。在这种情况下，就应该注意外观设计专利与著作权的交叉保护，即可以用著作权保护其设计不被任意移植到其他工业品上，扩大保护外观设计专利保护不到的范围(见 6.1.3 节)。

4.4.6 产品创新设计与外观设计专利保护

产品外观设计是形象思维与抽象思维相结合的创新性智力活动，属于知识商品。对于发展中国家来讲，产品外观设计的保护尤为重要，因为它能够刺激这些国家艺术和民间的创造力，鼓励创新精神并促进工业发展。

在专利中，外观设计是企业运用知识产权战略的重要载体。欧美工业界对外观设计的商业评价历来很高。美国研究部门的研究表明，投资于外观设计一个美金，就会得到一千五百美金的利润回报。很显然，外观设计在工业设计与产品创新中的地位是非常重要的。

例如，苹果公司于1999年推出的iMac计算机，它以半透明绿色外壳这一独特并且极具亲和力的外观设计，而大受欢迎。苹果又乘胜追击，共推出五款不同颜色的iMac，公司股价还因此回升。但是，随着iMac的成功，在PC阵营出现了仿效者，韩国PC厂商eMachine推出eOne个人计算机，也采用蓝色半透明外观设计，结果在市场上甚至一度挤下iMac。于是，苹果在1999年8月对eMachine公司提起诉讼，理由是该公司新上市的eOnePC机非法复制了iMac的外观设计。

据世界最新统计，中国目前外观设计专利数量已位居世界第一。

下面是国内一起外观设计保护的案例：1999年5月21日，某公司以××公司生产销售的“××燕窝王”、“××鸡精礼盒”两种产品侵犯其外观设计专利为由，向人民法院提起诉讼。该案日前由广东省高级人民法院终审判决，由××公司赔偿12 187 462.46元，成为中国当时外观设计专利侵权赔偿的最高记录。

在目前的世界经济分工中，中国是各种消费品生产大国，玩具、家电、服装、五金件等产品的产量占世界前列，这些产品的外观设计保护可有效地促进产品的更新和销售。因此，充分利用外观设计专利，值得工业设计界和知识产权界的高度关注，也必将使外观设计及产品创新设计得到更多的认同。以TCL公司为例，在没有掌握核心技术的情况下，为提高手机产品的附加值，该公司从外观设计入手，实行“小专利大效益”战略。TCL曾率先推出国产第一款翻盖手机，并申请了外观设计专利。随后又推出2系列、3系列手机，由于造型优美独特，受到广大消费者的青睐。可以说，外观设计专利保护为TCL的创新设计赢得了市场。

4.4.7 目前中国外观设计专利制度的缺陷

(1) 技术、功能与外形的区别化问题

中国当初制定专利法，将外观设计归入专利保护，主要是考虑外观设计与发明、实用新型在工业产权上的共性，而忽略了外观设计自身的独特性。从目前世界发达国家的保护情况来看，这是有缺陷的。

按照中国现有专利法的规定，外观设计与发明、实用新型是有区别的。一般来说，发明与实用新型都着眼于技术功能，要求产生新的技术效果。而外观设计专利保护的范围，一般仅限于富有美感的产品的外表特征，至于内部构造和技术功能决定的外表特征不属于外观设计专利的保护对象。

可见，虽然实用新型和外观设计都涉及产品的形状，但实用新型是注重产品的形状所涉及的技术功能，而外观设计只是保护产品外表的形状、图案、色彩或其组合。相对而言，专利中的实用新型属于技术领域，而外观设计属于美学领域。

此外，实用新型是一种发明构思，它的保护内容是以记载技术特征的权利要求书（文字文件）为准，说明书和附图可以用来解释权利要求；而外观设计专利的保护内容是以直接表示在图片或照片（图片文件）中的指定产品的外观设计来确定的，因为文字描述显然不可能将一个产品的整体形状、图案、色彩准确的、简洁的加以描述。

可见，专利法为了将发明、实用新型和外观设计区分开，在定义、规则以及审批授权等多方面加以差别化。然而，现代产品设计的外观越来越和功能联系紧密，实用新型和外观设计会出现交叉的情况。例如，外部造型美观大方，并且又能减少空气阻力的流线型汽车，对于这样的产品，既可以申请外观设计专利，也可以申请实用新型专利。又比如，汽车轮胎的新花纹设计，如果从技术功能角度考虑，因其增加摩擦有利于刹车，可以申请实用新型专利；也可因其外观美感而申请外观设计专利，这都完全取决于设计人、申请人自己的选择。

再从工业设计的专业角度来看，以功能和式样、技术和美学的差别将发明、实用新型与外观设计专利进行区分，这其实与工业设计的整体观念、系统观念并不一致。国际工业设计组织提出："工业设计，其目的在于决定产品的正式品质。所谓正式品质，除外形及表面特点外，最重要的，是在于决定产品的结构与功能之关系，并获得一种使生产者与消费者都能满意的整体"。

例如，过去的美国汽车行业长期以来不称汽车设计为设计（design），而只是简单的称这个以外观造型为中心的活动为"式样"（styling）。这成为当时企业看法的基本表现，企业往往要求设计师（公司）提供新的产品造型，并没有其他要求。然而从 20 世纪 80 年代开始，这种态度发生了戏剧性变化，除了产品和包装等的外形设计之外，企业开始要求设计师（公司）为它们解决工程技术方面的问题，在设计一个产品的同时，必须考虑它的技术特征、技术应用方式。

可见，从工业设计的角度看，发展功能性外观设计，才是外观设计的根本，仅仅满足表面化美观的外观设计，是不够的。这样的外观设计不是真正意义上的工业设计，是"低等"的设计。对这一点，不但设计界有切身体会，就是在知识产权界和商界，也普遍存在"轻外观、重发明"的现象。这一方面说明国内的设计水平整体偏低（虽然外观设计专利数量庞大），另一方面也说明中国的外观设计专利制度的确存在问题。

中国专利法在定义、规则以及审批授权等许多方面，对外观设计和实用新型、发明加以差别化，是出于专利制度的考虑，然而，从工业设计角度看，这样的差别化是不恰当的。对于这一点，设计师一定要心中有数，在设计活动中切不可将外观设计与发明、实用新型割裂开。

值得注意的是，一项有关欧共体外观设计与实用新型的法律指示草案已经公布，该草案通过著作权、外观设计与实用新型的特别法来共同保护欧共体国家的外观设计与实用新型创作。在德国，外观设计还能以实用新型的形式获得保护。这种整体化管理制度也许值得我们借鉴。

当然，对外观设计单独立法，也是解决这一问题的一种途径。事实上，目前世界上许多国家也是这样做的。

（2）外观设计审查的问题

目前，中国外观设计专利制度存在的另一个主要问题是：不进行实质审查。这虽然是由本国国情决定的，但其弊端也是显而易见的，即大量重复的、缺乏新颖性的外观设计也能获得专利。与此相比，日本等国家的外观设计实行的是实质审查。其中，日本在审查时，需要对申请人申请的外观设计产品进行检索，而检索的范围是世界各国的发明、实用新型、外观设计公报、各类产品说明书、期刊杂志，此外还要检索网上信息。

随着中国加入世贸组织，国外外观设计法对中国设计的影响将逐渐表现出来。中国目前工业设计水平较低，各类产品仿冒现象严重。依照日本等国现行的外观设计审查标准，中国产品在该国获得外观设计的数量很少。比如，在中国外观设计中占很大比例的包装袋、标贴等，在日本是不能获得外观设计保护的。

日本特许厅对外观设计专利申请采取全面审查制，即对申请案进行创造性、新颖性和工业性的审查工作。担任外观设计专利审查工作的审查员，必须是美术、工业设计专业或学习美术史的大学毕业生，而且必须经过国家的考试（最高级考试）先担任助理审查员，由有经验的审查员进行指导，为期5年。然后通过正式考试，合格后才能成为审查员。此外还要到研究所学习法律，包括民法、特许法（发明法）、实用新型法、意匠法（外观设计法）和商标法、刑事诉讼法以及巴黎公约等法律知识❶。

日本外观设计实质审查所需的信息量很大，检索项目包括国内外的意匠公报，杂志，产品说明书，发明、实用新型公报等，此外还要检索网上信息。以上大量资料来源于各种途径，有的是由审查员定购、收集的，如杂志、产品说明书；有的是企业赠送或由特许厅通过企业、行会购买的。这些资料通过辅助人员的分类、摘检作成卡片，再经过计算机扫描输入计算机，编制成完备的检索系统（D—TERM），供审查员检索使用。

与日本相比，中国目前外观设计的审查工作显然还做得不够，既没有保证设计的新颖性，也没有创造性和美感的适当把关，的确是需要改进的。

---

❶《日本外观设计的“拿来”与发展》，谢小勇，《中国知识产权报》2002-10-10。

4.4.8 改进中国的外观设计专利制度

根据当前的情况与问题，有学者提出以下几点改进建议。

(1) 外观设计专利单独立法，甚至设立独立的外观设计局

目前世界上大多数国家（尤其是欧美发达国家）都是将外观设计单独立法予以保护，这样更明确了外观设计保护的范围及内容，也使消费者能够准确识别和判断。可以说，中国外观设计专利单独立法是大势所趋。

(2) 建议外观设计引入新颖性检索制度

如果一项外观设计专利具有新颖性检索报告的证明，可有效确保该专利的有效性和可靠性，对该专利的转让、实施、开发将产生巨大的帮助。如果对外观设计进行新颖性检索，还可以促进专利信息的推广和应用，为中国外观设计水平的提高打下基础。

为此，建设外观设计文献数据库及相应检索软件的开发已是当务之急。建成的数据库至少应包括用于检索的各种著录项目字段，如外观设计名称、公告号、分类号，申请人，设计人等。

此外，还应考虑图形特征分类[1]。许多对外观设计进行实质审查的国家，都有自己本国的外观设计产品形状表述的分类，如日本的D—term。或者采用设计要点分类也是可行的[2]。事实证明，这样的分类能大大提高检索效率。

(3) 注册制[2]与“秘密外观设计”制相结合

注册制主要是针对纺织、服装、冷饮、家具等行业，这些行业的产品市场周期短，往往设计一完成即尽快上市，并希望获得外观设计保护。对此，传统的审批程序已不利于这类产品的保护。如果采取注册制，只要申请文件符合基本条件，而且缴纳了相应费用，这类设计就可以直接得到注册证书享受相应的保护。这种程序用以保证审批的速度，它专为那些经常更新产品形状和装饰的工业企业的产品而设立。

而设立“秘密外观设计”制的目的，则正好与注册制相反，它主要是针对一些大型企业，他们在产品设计时就申请了外观设计，但是不希望该设计过早地为公众所知。目前，日本等国已设立了“秘密外观设计”，以保证外观设计的公开与企业产品的公开同步进行。日本外观设计法第 14 条规定：外观设计注册申请人可指定自外观设计权的设定注册之日起三年内的期间，请求在该期间内对其外观设计保密。

这样的细化保护制度，也是中国外观设计专利需要借鉴的。

---

[1]《利用互联网检索外观设计专利文献》，惠燕，《外观设计与知识产权保护》，知识产权出版社，2002 年。

[2]《我国应建立符合本国特色的外观设计专利保护制度》，吴冬，《外观设计与知识产权保护》，知识产权出版社，2002 年。

（4）实行局部外观设计保护

从国际看，德国、美国、日本、韩国等发达国家已先后对产品的局部设计进行保护，这大大增加了产品的保护范围。

例如，假设有人在传统冰箱的外形上设计了一个独特的把手，该把手的设计并不能获得中国外观设计专利，因为按中国专利法的规定，冰箱把手不是完整的产品，只是冰箱上不可分割的单独部件，不能在市场单独销售。但是在日本、美国等国家，他可以申请产品的局部外观设计，这样，不论以后冰箱如何变革，只要冰箱的把手与他所获得的外观设计相像，就侵犯了他的权利，需要支付费用。

相信不久的将来，在中国也会实行局部外观设计保护。

（5）加强行业协会的作用。以日本外观设计保护协会为例，日本外观设计保护协会是以企业为成员的民间专业机构，其会员为外观设计申请量较大的110家公司。该协会设会长、理事长、理事、常务理事（现会长为日立公司担任）。协会下设总务部、计划调查部和业务部。

该协会主要业务内容有：收集、加工有关公开的外观设计及获得专利的外观设计的情报，为外观设计申请专利进行申请前检索，研究外观设计现状与发展趋势等。就中国目前的情况看，加强行业协会的作用，无疑是推动工业设计与外观设计保护水平的有效手段。

综上所述，目前中国外观设计专利制度明显存在缺陷，其改进势在必行，还需要密切关注。

4.5 专利权的有关原则

4.5.1 专利权的归属原则

在中国，可以说任何有行为能力的人都可以申请专利，申请被批准而取得专利权的人称为专利权人。对于专利权的归属，中国专利法有如下规定。

① 执行本单位的任务或者主要是利用本单位的物质技术条件所完成的职务发明创造，申请专利的权利属于该单位。职务发明创造的申请被批准后，专利权即为该单位所有。专利权的所有单位应当对职务发明创造的发明人或设计人给予奖金，发明创造实施后，根据其推广应用的范围和取得的经济效益，对发明人或设计人给予奖励[1]。发明人或设计

---

[1] 中国《专利法实施细则》第6章规定，被授予专利权的国有企事业单位应当自专利权公告之日起3个月内发给发明人或设计人奖金。一项发明专利的奖金最低不少于2 000元，一项实用新型或外观设计专利的奖金最低不少于500元。被授予专利权的国有企事业单位在专利有效期内，实施专利后，每年应当从实施发明或实用新型所得利润纳税后提取不低于2%，或者从实施外观设计所得利润纳税后提取不低于0.2%，作为报酬支付发明人或设计人。或者参照上述比例，发给发明人或设计人一次性报酬。

国有企事业单位许可其他单位或个人实施该专利的，应当从许可实施所收取的使用费纳税后提取不低于10%作为报酬支付发明人或设计人。

人虽未获专利权，但有在专利文件中写明自己是发明人或设计人的权利。

专利法所称发明人或设计人，是指对发明创造的实质性特点做出创造性贡献的人。在完成发明创造过程中，只负责组织工作的人、为物质条件的利用提供方便的人或者从事其他辅助工作的人，不应当被认为是发明人或设计人。

② 非职务发明创造，申请专利的权利属于发明人或设计人，申请被批准后，专利权归申请专利的发明人或设计人所有，任何单位或个人都不得压制非职务发明创造。

所谓非职务发明创造一般是在工作时间以外完成的，并且没有利用单位的物质技术条件。此外，工作人员退职、退休一年后作出的发明创造也是非职务发明创造。

③ 两个以上单位或者个人合作完成的设计发明，一个单位或者个人接受其他单位或者个人委托完成的设计发明，除另有协议的以外，申请专利的权利属于完成或者共同完成的单位或者个人。申请被批准后，专利权归申请的单位或者个人所有。

4.5.2 先申请原则

先申请原则，是指两个或两个以上的申请人就同样的设计发明分别提出专利申请时，专利权将授予最先提出专利申请的人。先申请原则鼓励发明人尽早向社会公开其发明，从而有利于发明创造的尽早推广应用。

目前世界上只有美国实行先发明原则，其含义是指谁先做出设计发明谁才有权取得专利。从理论上讲，先发明原则是合理的，因为既然是专利，它就应当属于最先研究开发出该专利技术的人。但从专利实务的角度，先发明原则却有许多难以克服的弊端。例如，为证明谁的设计发明在先，要耗费许多精力和费用，程序也相当复杂。

美国之所以要坚持这一原则，从深层次讲是因为这样可以对其重要的设计发明加以保密，不至于为获得专利而不得不尽早去申请和公开，有利于长期控制该技术。

4.5.3 单一性原则

该原则是指一件专利申请，只能就一项发明创造申请一项专利，不允许将两项以上的发明创造作为一件专利申请。实行这一原则的目的是便于对专利申请进行分类、检查和审查，在授予专利权后，也便于专利权的转让和许可。

中国专利法就此原则有以下规定。

① 一件发明或者实用新型专利申请应当限于一项发明或实用新型。属于一个总的发明构思的两项以上的发明或者实用新型，可以作为一件申请提出。

② 一件外观设计专利申请应当限于一种产品所使用的一项外观设

计。属于同一类别并且成套出售或者使用（即产品属于《国际外观设计分类表》的同一类，产品的设计风格相同，并且习惯上是同时出售或同时使用）的产品的两项以上的外观设计，可以作为一件申请提出。

外观设计所规定的“一种产品”，是以国际外观设计分类表中规定的产品名称为依据。按照中国专利法的一般的概念，产品的一部分如果不能单独出售，也不能互换使用，如帽檐、手提包上的背带、台灯的底座、操作台的桌面等，是不能作为一件独立产品的；而对于产品可以出售的零件，如笔尖、表盘、表针等既可以作为独立的一件产品登记，也可以和钢笔、手表合在一起作为一件产品处理。

此外，还可以根据物品的性质来鉴别它是不是“一件产品”。例如牙刷和牙刷盒，按普通观念，它们应是两种不同的产品，从国际分类表看也是如此，表现为两个不同大类的物品，因此不能作为一件申请提出。但是，在设计时，把牙刷盒制成和牙刷能活动连接的形式，使用时牙刷盒变成延长的刷把；不使用时，牙刷可放入盒内，这类的配套设计应该可以作为一件产品申请。

4.6 专利文献的使用

中国专利文献是拟订科研课题、制定科研规划、掌握国内外科技水平的重要参考文献，也是新产品开发、技术更新换代的主要依据。它集技术、法律、经济信息为一体，记载着解决一项技术课题（如方法、产品、用途、工艺过程、外观设计）的设计构思或技术方案，系统地记录了技术发展的全过程，记述设计发明的全部技术特征和保护的范围，反映了世界设计发明的水平。

4.6.1 中国专利文献的检索工具

中国专利文献的检索工具主要包括：中文版的《国际专利分类表》和《国际外观设计分类表》、《发明专利公报》、《实用新型专利公报》、《外观设计专利公报》、中国专利公报的年度索引、中国专利只读光盘系列以及网上专利信息等。

检索中国专利文献，主要通过产品分类或关键词、申请人（专利权人）和申请号 3 个途径进行检索。

就分类来说，发明或实用新型利用中文版《国际专利分类表》以确定所查课题的国际专利分类号（即 IPC 号），而外观设计专利使用国际外观设计分类（又称为洛迦诺分类）。

4.6.2 专利情报的特点

与其他情报来源相比，专利文献具有以下特点。

① 最全面、完整、丰富。包括了全世界除技术秘密外绝大部分有工业利用价值的技术进展。

② 最系统。所有文献均严格按国际专利分类法分类，便于检索

查找。

③ 来源最稳定、连续。由各国专利局出版发行，除战争、天灾等特殊情况外，从无间断。

④ 技术内容清楚、具体。由于专利制度要求“以公开换取权利”，因而其内容能让普通技术人员理解。

⑤ 技术公开快，甚至超前。由于绝大多数国家奉行“先申请者获专利权”的原则，人们抢先申请专利，有些技术也许现在还不实用，但未来可能成为热门。

⑥ 利用方便。不仅有系统、完整、规格划一的印刷品，还有定期提供的胶卷、光盘等出版物。许多国家的专利文献现已能在国际互联网上查找。

4.6.3 专利情报在设计工作中的利用

面对如此重要的技术情报来源，企业应该从哪些方面加以利用呢？

首先，利用专利资料可以了解国内外相关企业的技术投入动向。根据专利技术类型，可以推断哪些企业从事有关类型产品的生产。根据一段时间该企业申报专利的数量，可以判断该企业在有关技术和生产方面的投资规模。这样，对本企业了解国内外的竞争环境十分有用。比如，通过统计竞争对手有关设计、技术或产品的专利分布数，结合其市场占有率的情况，将市场占有率与专利分布数进行比较，可以看出竞争对手设计专利战略意图，进而采取相应对策。实践证明，当某一企业于某一时期在某一技术领域有特别多的专利申请时，就预示着它改变市场战略的迹象。

其次，根据有关文献，可以充分的了解同行在技术创新方面的动向和拥有的各种技术手段，这不仅在改进本企业生产技术时有很好的参考价值，而且有利于本企业研究开发部门更有针对性的进行设计与技术创新，避免重复工作并少走弯路。海尔集团通过专利检索，系统的收集了世界上 25 个国家 1974～1986 年的关于冰箱的专利技术，共 14 000 多项。对这些技术进行分析研究后得知，美国的冰箱发展方向是左右开门大容积化，日本冰箱的发展方向是多功能化，欧洲冰箱的发展方向是大冷冻节能化。在这种情况下，海尔决定以冰箱的变频化、变温化、智能化、居室化、衣柜化和医用专门化为自己的发展方向。这样就领导了冰箱技术的新潮流，占领了技术制高点，成为世界冰箱方面一流企业。海尔有这样的名言：“站在巨人的肩膀上，你可以不是巨人，但你可以比巨人还高”。海尔的成功经验就是：利用专利检索，有效利用专利情报，预测未来，占领设计制高点。

当然，由于专利文献数量十分巨大，同时也由于文献的法律性质，使许多科技人员在利用时存在不少困难。因而，如果由熟悉专利工作的专门人员去进行文献的收集、查找、分类、分析和翻译、编辑工作，将为各部门技术人员有效利用专利文献打开方便之门。这正是许多大型企业的知识产权部门设立专利情报科或文献情报组的作用。

习　题

一、名词解释

1. 专利与专利权
2. 相同的外观设计
3. 不相近似的外观设计

二、简答题

1. 简述发明、实用新型、外观设计专利的定义与区别
2. 发明、实用新型、外观设计专利授权的实质条件是什么？
3. 简述发明、实用新型、外观设计专利的申请和审批过程。
4. 简述专利的归属原则。

三、判断题

1. 建筑物不属于外观设计保护的范围。
2. 中国专利权的保护期限为 20 年，自申请之日起。
3. 目前中国专利局仅对实用新型与外观设计实行初步审查，不进行新颖性检索，导致大量重复或无效的“专利”产生。

四、多选题

1. 中国外观设计专利的保护期限为

   A. 5 年；B. 10 年；C. 15 年；D. 20 年。

2. 中国专利法所说的外观设计应具备的条件有

   A. 以产品的形状、图案、色彩为设计对象；

   B. 以产品为载体；

   C. 富有美感；

   D. 适合工业上应用，能批量生产。

3. 目前世界同时实行先发明和专利实质审查的国家或地区有

   A. 美国；B. 日本；C. 德国；D. 香港；E. 英国。

第5章　商　标　法

商标是设计与知识产权中的重要组成部分。中外著名企业都深知商标是现代市场营销组合中最具个性化、差异化的产品组成要素，在品牌文化创立中有着极其重要的特殊功能。

5.1　商标的特征

世界知识产权组织对商标所下的定义是，“将一个企业的产品或服务与另一个企业的产品或服务区别开的标记”。

（1）商标具有与商品或服务的天然联系性

商标之所以被重视，首先是因为它与商品或服务相联系，离开了商品或服务，商标就失去了它赖以存在的物质基础。

（2）商标是区别不同商品与服务的标记。

商标必须是可见的，必须显著的与众不同。商标与商品或服务的质量、信誉联系在一起，是广大消费者识别商品或服务质量、信誉的标记。

（3）商标是企业的无形资产

商标是现代市场营销组合中最具个性化、差异化的产品组成要素，在品牌文化创立中有着极其重要的特殊功能。商标设计是对厂商性质、产品性质、营销战略、市场影响、顾客心理等多方面因素的综合考虑和高度抽象，并加以艺术处理的结果。因此，商标是一种重要的知识商品和无形资产。它的价值通过使用该商标的产品或服务的价值而实现。

5.2　商标的种类

商标的基本功能是为了指明商品与服务的来源，但出于管理与使用等目的，商标又划分为不同的种类。

5.2.1　文字商标、图形商标、组合商标、立体商标

这是根据商标的构成形式要素进行划分的。

（1）文字商标

这是指以文字构成的商标，不附载任何其他的符号。文字可以是汉字、拼音字、数字、外文字母、少数民族文字等。

（2）图形商标

指仅仅以图形构成商标标志。然而就实践来看，这种类型的商标并不多见。这种商标，形象鲜明生动，但表意不明确，不易称呼。

（3）组合商标

组合商标就是由文字和图形组合构成的商标。它的文字往往能反映企业名称和经营者的其他信息，图形则给人以直观的印象，便于公众记忆与识别。这种商标图文并茂，使用较多。

（4）立体商标

立体商标是中国新修订《商标法》增加的内容。立体商标也称三维商标，通常是由具有立体感的图形和文字所构成，例如“麦当劳”的金色拱门、可口可乐的流线型瓶体、人头马独特的酒瓶、派克金笔的专用笔托造型等，都是世界著名的立体商标。

根据来自著名的法国制酒企业人头马（Remy Martin）等公司的官员介绍，在欧洲十分崇尚立体商标，且大有取代作为产品外包装的外观设计之势。因为，外观设计的保护有期限，而商标的保护是无限期的[1]。

5.2.2 注册商标、未注册商标

中国商标法采用自愿注册与强制注册相结合的原则，即企业使用的商标注册与否，完全由企业自主决定，但国家规定的人用药品和烟草制品等极少数商品必须使用注册商标，否则不得在市场销售。

（1）注册商标

注册商标，即经过商标主管机关核准注册的商标，只有注册商标才依法享有商标权，受法律保护。

（2）未注册商标

未注册商标，即未向商标主管机关申请注册的商标。企业要取得商标权的就要申请商标注册，不要求取得商标专用权的，法律也允许使用未注册商标，但它不受商标法保护[2]。

未注册商标具有便利性、试用性、易变性，这些在一定程度上是它的长处。但未注册商标还具有不确定性和脆弱性，易于受到侵害，难以得到保护，甚至最终可能会失去该商标，这些都是未注册商标的致命弱点。例如，中国甘肃出版社的《读者文摘》杂志，因为没有及时申请商标注册，让国外畅销杂志“Reader’s Digest”抢了先，结果不得不将《读者文摘》更名为《读者》。

5.2.3 商品商标、服务商标

（1）商品商标

商品商标是表明商品出处的标志，它能把不同企业生产的相同或类似产品区别开来。中国《商标法》规定：“自然人、法人或其他组织对其生产、制造、加工、拣选或者经销的商品，需要取得商标专用权的，应当向商标局申请商品商标注册。”

---

[1] 创新与保护——专利经营启示录．马秀山．科学出版社，2001年。

[2]《商标法》第31条规定，禁止抢注已经使用并有一定影响的商标。这在一定程度上可看作是对未注册商标提供了保护。

(2) 服务商标

自然人、法人或者其他组织对其提供的服务项目，需要取得商标专用权的，应当向商标局申请服务商标注册。服务商标是指服务的提供者为将自己的服务与他人的服务区别开来而使用的标志。对消费者来说，服务商标是服务内容、服务方式的一种象征，服务商标能让消费者识别服务的来源。对经营者来说，服务商标既是对自己所经营的服务的广告宣传，也表明服务的质量和特点，是对自己所提供服务的质量的一种保证。

根据服务项目和服务方式的不同，可以将服务商标的适用范围划分为以下几个主要方面：

① 信息移动服务（例如广告、通讯、商业信息代理等）；

② 货币移动服务（例如金融、保险、信用卡服务等）；

③ 使物质移动的服务（例如搬迁、邮寄货物等）；

④ 使人移动的服务（例如旅游、航空、铁路客运等）；

⑤ 以物的租赁为内容的服务（例如租赁、典当等）；

⑥ 智力服务（例如法律咨询、会计事务、工程设计等）；

⑦ 教育、娱乐服务（例如学校、戏剧表演、游乐场馆、健身等）；

⑧ 食宿服务（例如餐馆、饭店、宾馆等）；

⑨ 提供特殊或者专门的技术服务（例如美容、修理等）。

服务商标所指的服务并非仅限于营利性的服务，还包括非营利性服务。例如曾引起不小争议的“××阿姨”广告，就是侵犯了“希望工程”这一非营利性服务的商标。

5.2.4 集体商标、证明商标

(1) 集体商标

集体商标是指以团体、协会或者其他组织名义注册，供该组织成员在商事活动中使用，以表明使用者在该组织中的成员资格的标志。

集体商标的使用有利于创立集体信誉，取得规模经济效益，有利于中国传统名优产品保护和开拓国内外市场。例如“云雾”、“乌龙”、“铁观音”等名称，历史悠久，家喻户晓，是传统名优茶叶的标志。这些名称已经在同一地方为多家使用并集体注册，形成了集体商标，外地企业不得使用。这样就有利于创立集体信誉，保护传统市场。

(2) 证明商标

证明商标是指，由对某种商品或者服务具有监督能力的组织所控制，而由该组织以外的单位或者个人使用于其商品或者服务，用以证明该商品或者服务的原产地、原料、制造方法、质量或者其他特定品质的标志。证明商标的一大特点是注册人自己不得使用该商标，只能由符合一定条件并履行一定手续的他人使用。

证明商标的特殊用途在于其能够证明使用这类商标的商品或服务达到了统一的质量要求。这种质量要求由注册人负责检测与监督。例如国际羊毛局具有对纯羊毛产品做出检测、监督的能力；在中国也有“绿色食品”、“旅游定点”等证明商标，由相应的绿色食品、旅游定点认证机构保证商品质量和服务质量。

证明商标与集体商标都是由多个生产经营者或服务提供者共同使用的商标。但前者表明商品或服务的质量达到规定的特定的品质，后者表明商品或服务来自同一组织。

集体商标具有专用性，只有该组织的成员才可以使用，且不得转让。而证明商标不具备专用性，也就是说，任何具备条件的企业均可向注册人申请使用。证明商标注册后还可以转让给其他依法成立，具有检测和监督能力的组织。

5.2.5 驰名商标

驰名商标，按照中国商标法的有关规定，是指在市场上享有较高声誉并为相关公众所熟知的注册商标。驰名商标是相对普通商标而言的。

认定驰名商标应考虑以下因素：

① 相关公众对该商标的知晓程度；

② 该商标使用的持续时间；

③ 该商标的任何宣传工作的持续时间、程度和地理范围；

④ 该商标作为驰名商标受保护的记录；

⑤ 该商标驰名的其他因素。

驰名商标一旦形成，即转化为巨大价值的资产，不仅给商标所有人带来巨大的经济利益，而且会给国家和地区带来源源不断的财富。驰名商标具有普通商标所不可比拟的信誉价值，认定驰名商标的意义就在于对它提供更高水平的保护。普通注册商标的保护范围只限于在相同或类似的商品上对与注册商标相同或近似的商标的使用，而对驰名商标的保护范围则延及相同或近似的商标在非类似商品上的使用。[1]

例如杭州某酒厂曾生产注册商标为“天下景”的葡萄酒，其外包装的正面和两侧的图形、字体、色彩与美国菲利普莫里斯公司生产的“万宝路”卷烟包装盒基本相似，就连封口上印的商标都与“万宝路”卷烟封口相近似。虽然酒与烟不属类似商品，但为了保护驰名商标，杭州工商局依法责令该酒厂停止销售该种葡萄酒，收缴“天下景”葡萄酒的全部外包装，并对该厂予以罚款。

在商标实务中，中国不仅对在中国注册的公约成员国的驰名商标予以特殊保护，同时，中国的驰名商标也得到了公约成员国的保护。例如，北京的“同仁堂”商标曾被一厂商在日本抢先注册，北京市药材公司以“同仁堂”是驰名商标为由，请求日本特许厅撤销不当注册的商标，日本方面在核实有关证明文件后批准了这一请求。

---

[1] 参见中国《商标法》第13条。

当前，中国已进入了一个品牌竞争的时代。人们通常所说的名牌，是对有一定信誉的商标的约定俗成的称谓，它并不是一个严格的法律概念，在目前还难以得到像驰名商标那样的法律保护。驰名商标是无可非议的名牌，而名牌却不一定是驰名商标。只有驰名商标才能依法受到扩大范围的保护，因此创立驰名商标是名牌寻求扩大范围的法律保护的有效途径。

5.3 商标注册的条件

商标应具备以下条件才可在申请注册后成为注册商标，取得商标权保护。

5.3.1 显著性[1]

中国商标法规定，商标无论使用文字、图形还是其组合，无论是二维的或三维的商标，都应当具有显著性，以便于识别。

商标要达到显著性，途径有二：一是在设计时注意简练突出，富有自身特色，做到易记、易懂、易读、易看、易听、易写。例如，“KODAK”（柯达），发音铿锵有力，节奏感强；“CoCa-CoLa”（可口可乐）则具有响亮悦耳的音韵美，这些都是成功范例。二是通过使用取得显著性。即商标本身缺乏设计和显著性，但经过长期使用，使公众对商标及其标记的商品或服务产生了认同，进而产生显著性。如“Jeep”、“555”等。

根据中国商标法的有关规定，实践中常见的缺乏显著性的情况主要有以下几点[2]。

① 仅以变通形式、过于简单的几何图形构成的商标，不易产生感官印象，不具备商标识别作用。

② 过于复杂的文字、图形或其组合的商标，也不具备商标识别作用，缺乏显著性。

③ 仅使用商品的通用名称、图形、型号的商标缺乏显著性，但经过使用取得显著特征，并便于识别的除外。例如，某丝绸分公司申请注册的商标为“苏绣”。商标局经过初审认为，“苏绣”是以苏州为中心的刺绣产品的通用名称，不宜由某一企业作为商标专用，并驳回了注册申请。

④ 仅以变通字体的阿拉伯数字构成的商标，当然也有少数商标实例除外。

以数字作为商标在许多国家认为其缺乏显著特征，因为数字为全人类所共有而不应归某一生产者所独占，因而不给注册。而且数字商标使用在习惯于以数字做型号或货号的商品上，其数字易与其对应商

---

[1] 参见《商标法》9.11.12 条。

[2]《商标法律理解与适用》，工商行政管理法律理解与适用丛书编委会 编著，工商出版社，1998 年。

品的型号、货号、批号等相混淆，更缺乏显著性。例如"333"（火炉用具）、"1019"（香水、唇膏）等商标。有一些国家的法律规定数字可作为商标注册，但以该商标已经广泛使用或已出名成为名牌为条件，如认为"555"（香烟）就具有显著性。

⑤ 仅用常见的姓氏以普通字体构成的商标，且指定使用于日常生活用品与日常服务的，缺乏显著性。但姓氏商标以特殊形式的字体表现的，或者指定使用于非日常生活用品与非日常服务的不受此限。比如"孙氏"（计算机维修服务）。

⑥ 民间约定俗成的表示吉祥的标志，且指定使用于日常生活用品或者日常服务的商标，缺乏显著性。但使用在非日常生活用品或非日常服务中，或者非标志化的吉祥用语，均不受此限。

⑦ 常用于商贸中的语言或者标志构成的商标，以及用普通形式的本商品的包装、容器或者装饰性图案作商标的，均缺乏显著性。

⑧ 直接表示商品的质量、主要原料、功能、用途、重量、数量及其他特点的商标缺乏显著性，但经过使用取得显著特征，并便于识别的除外。例如，日本石原产业株式会社向中国商标局申请注册"稳杀得"商标，使用该商标的商品是除草剂。商标局经审查认为："稳杀得"文字商标含有叙述性，意指使用这种化学制剂，对于"杂草"或"病虫害"的杀伤力稳妥可靠，与使用该商标的商品有直接联系。"稳"直接涉及商品质量，"杀"说明商品用途和功能。因此不能核准注册该商标。

⑨ 非独创性的广告用语，比如"长生不老"（药品）、"一流高手"（煤气灶具）等，缺乏显著性，不具备商标识别作用。

⑩ 以三维标志申请注册商标的，仅由商品自身的性质产生的形状、为获得技术效果而需有的商品形状或者使商品具有实质性价值的形状，不得注册。

5.3.2 合法性[1]

根据中国商标法规定，商标不得使用下列文字、图形。

① 同中华人民共和国的国家名称、国旗、国徽、军旗、勋章相同或近似的，以及同中央国家机关所在地（中南海）特定地点的名称或者标志性建筑物（紫光阁、新华门、人民大会堂等）的名称、图形相同的。

② 同外国的国家名称、国旗、国徽、军旗相同或者近似的。

例如，北京某包装有限公司向商标局申请注册的商标，为椭圆形外框，除文字外，内有一个十分醒目的鹰图，双翅张开，鹰嘴叼绥带，双爪与翅平行，各持一枝橄榄叶，胸部为竖条盾牌结构。商标局在审查时认为该商标与墨西哥国徽近似，具体表现在：墨西哥国徽的

[1] 参见《商标法》第10条、16条。

外框为圆形的外框，其显著部分亦为鹰图，鹰的基本造型与申请商标相差无几，区别只在细微之处。据此商标局驳回了其商标的申请。

③ 同政府间国际组织的名称、旗帜、徽记相同或者近似的。

例如，上海某电容器厂曾注册使用EEC牌商标，结果被商标局以“EEC”与欧共体缩写名称相同为由而驳回。

④ 同“红十字”、“红新月”的标志、名称相同或近似的。

⑤ 与表明实施控制、予以保证的官方标志、检验印记相同或者近似的。如政府职能部门的检疫、检验标志等。

⑥ 商标中有商品的地理标志，而该商品并非来源于该标志所标示的地区，误导公众的，不予注册并禁止使用。但是，已经善意取得注册的继续有效。

地理标志是指标示某商品来源于某地区，该商品的特定质量、信誉或者其他特征，主要由该地区的自然因素或者人文因素所决定的标志。

⑦ 带有民族歧视性的。

⑧ 夸大宣传并带有欺骗性的。如“长寿”香烟。

⑨ 有害于社会主义道德风尚或者有其他不良影响的。

这主要包括在政治上具有不良影响的；以中国各党派、社会团体、政府机构的名称、简称及标志作为商标易在社会上产生不良影响的；以宗教派别的名称、偶像作商标，有伤宗教感情，易产生不良影响的；侵犯他人姓名、肖像、笔名、版权、外观设计等民事权利的；抄袭他人具有独创性的商标违反诚实信用原则的等。

⑩ 县级以上行政区划的地名或者公众知晓的外国地名，不得作为商标。但是，地名具有其他含义或者作为集体商标、证明商标组成部分的除外；已经注册的使用地名的商标继续有效。

5.3.3 无争议性

根据中国《商标法》第28条规定，“申请注册的商标，同他人在同一种商品或者类似商品上已经注册的或者初步审定的商标相同或者近似的，由商标局驳回申请，不予公告。”

是否属于“同一种商品”，主要是按照商品的功能、用途、性能、原料、销售渠道等的相同程度来判断。

是否属于“类似商品”，主要是看其功能、用途、原料、销售渠道等是否具有一定的共同性，而且使用相同、近似的商标容易引起消费者误认误购的。例如大衣、浴衣、夹克等，它们在功能、用途、原料、销售渠道等方面都具有一定程度的共同性，如果使用相同、近似的商标，很容易使消费者误认为是同一企业生产的商品。因此这些商品是类似商品。又如人用药品与农药、兽药虽然同在《商标注册用商品和服务的国际分类表》的第5类，但由于它们的功能、用途均不相同，也不会引起误认误购，所以不构成类似商品。

至于商标的相同、相似性，主要是视觉上的判断，这有些类似于专利法中外观设计的判断。“相同商标”是指构成商标的可视性标志，包括文字、图形、字母、数字、三维标志和颜色组合，以及这些要素的组合，在视觉上无差别或差别细微。近似商标是指构成商标的可视性标志，在视觉感知、读音、含义或者整体结构上有一定差别，但又难以使人区分开来，容易造成消费者误认误购的商标[1]。

申请注册的商标与他人在同一种商品或者类似商品上已经注册的商标相同或近似，这种现象在现实中比较常见。这除了偶然巧合以外，大都是抄袭仿照他人的商标而引起的。

不过，就这条规定来看，如果申请注册的商标与已经注册的商标（非驰名商标）在商品分类上不相同和不近似，那么即使该申请注册的商标（在外形上）是抄袭已经注册的商标，它仍然可能授权。

5.3.4 无冲突性

（1）不得与他人驰名商标冲突[2]

① 就相同或者类似商品申请注册的商标是复制、摹仿或者翻译他人未在中国注册的驰名商标，容易导致混淆的，不予注册并禁止使用。

如果申请注册的商标是复制、摹仿或者翻译他人未在中国注册的驰名商标，但是在不相同和不相似的商品上使用该商标，并且不容易导致消费者混淆的，这样的商标可以注册。比如他国的某驰名商标是在计算机产品上使用，而国内有人将商标在广告类服务上注册，那么这个商标是有可能被授予商标权的。

② 就不相同或者不相类似商品申请注册的商标是复制、摹仿或者翻译他人已经在中国注册的驰名商标，误导公众，致使该驰名商标注册人的利益可能受到损害的，不予注册并禁止使用。

（2）不得与他人在先权利冲突[3]

这里的在先权利是指在申请商标以前他人已经合法取得的权利，包括外观设计专利权、著作权、企业名称权、肖像权等。

在5.3.3节提到过，如果申请注册的商标（在外形上）是抄袭已经注册的商标，但与已经注册的商标（非驰名商标）在商品分类上不相同和不近似，它仍然可能授权。这时，已经注册商标的权利人要想阻止这种授权，就可以考虑通过在先版权的保护途径。

（3）禁止恶意抢注

中国商标注册实行先申请原则。实践中，有些商标具有独创的设计，也有一定的使用时间和范围，并通过大量的广告宣传投入而具有

---

[1]《中华人民共和国商标法释义》P85～87，徐玉麟主编，中国法制出版社，2002年。

[2] 参见《商标法》第13条。

[3] 参见《商标法》第9条。

一定的影响力，但商标使用人可能因疏忽或其他原因，未及时将该商标进行注册，结果让同行业的其他人抢先注册。

为此，中国《商标法》第 31 条规定，申请商标注册不得以不正当手段抢先注册他人已经使用并有一定影响的商标。

据此可以判断下述商标存在的种种问题：

① 稳杀得（杀虫剂）——直接表示商品质量、用途。

② PDA（电子商务）——商品通用名称。

③ EEC（电器）——与国际组织（欧共体）名称相同。

④ 男霸天（酒）——违反社会公德。

⑤ 透心凉（雪糕）——直接表示商品质量。

⑥ VOLVO（音箱）——与驰名商标近似。

⑦ 谢谢你（卫生纸）——日常用语。

⑧ 追求巅峰、满足享受（香烟）——常用广告宣传用语，缺乏显著性，且对商品功能、作用直接描述。

⑨

（奶制品）——该商标下部虽有英文“Bonne Maman”，但文字在商标中所占比例太小，且不清晰，从整体上看该商标是一个图形商标。这种图形是奶制品经常使用的包装容器，不具备商标的显著特征，不能为某一企业独家注册使用。

⑩

（糖果、月饼）——该商标是中国民间喜庆、恭贺的常用图形，将非独创的且为许多商家使用的图形作商标，缺乏商标应有的显著性。

⑪

（高尔夫球杆）——英文“titanium”译为“钛”，化学元素符号为“Ti”，用于高尔夫球杆商品上表示原料特点。

⑫

曼哈頓

（快餐馆）——曼哈顿是美国的地名（纽约市的一个区），是联合国总部的驻地，为公众知晓，不得作为商标注册。

⑬

（服装）——SOFT TOUCH（柔软接触）是描写织物质地柔软的常用词语。“SOFTOUCH”在读音上与“SOFT TOUCH”完全相同，形式上仅将前后两个“T”叠合。因此，该商标比较直接的服装商品的质地柔软，为表示商品特点的词语，不能作为商标进行注册。

⑭

（饮料、食品）——“大饿霸”是“大恶霸”的谐音，易产生不良社会影响，不能作为商标注册。

⑮

（洗衣机）——该商标名称直接表明了洗衣机商品的功能，不能注册。

⑯

（服装）——“Lady’s”的中文含义是“夫人”、“女士”，为社交及日常生活称谓用语，如果该商标用于服装商品上，会让人以为该商品是女士服装，专为女性设计，直接表示商品的使用对象，不能作为商标注册。

⑰

（化工用品）——以“圣佛”和“释迦牟尼”像作为商标，对于佛教界来说是不能接受的。在商标法中，属于以宗教派别的名称、偶像作商标，有伤宗教感情。

5.4 注册商标的有关程序

企业或个人要取得商标权，应当按照中国商标法的规定，经过申请、初步审查、审定公告和核准注册的程序。另外，商标的申请注册过程中或核准注册后，还可能有异议、争议、撤销、续展、注销、转让和使用许可等程序。

5.4.1 申请

申请人提出商标注册申请，必须向商标局提交《商标注册申请书》一份，商标图样5份（指定颜色的，应当交着色图样5张、黑白墨稿1份），还应当按规定的商品分类表填报使用商标的商品类别和商品名称。中国使用的是《尼斯协定》制定的《商标注册用商品和服务的国际分类表》，把全部商品划分为34个类，把服务项目划分为8个类，共42个类。

申请提交的商标图样必须清晰、便于粘贴，用光洁耐用的纸张印制或者用照片代替，长或者宽应当不大于10cm，不小于5cm。

以三维标志申请注册商标的，应当在申请书中予以声明，并提交能够确定三维形状的图样。

以颜色组合申请注册商标的，应当在申请书中予以声明，并提交文字说明。

申请注册集体商标、证明商标的，应当在申请书中予以声明，并提交主体资格证明文件和使用管理规则。[1]

5.4.2 初步审查

中国商标局收到申请书件，要对其进行初步审查，它又分为形式审查和实质审查两个阶段。

形式审查是对申请手续的审查，看申请是否符合法定的条件和程序，它是实质审查的前提。

实质审查是在形式审查通过之后，对申请内容的审查，主要是看：申请注册商标是否具有显著性、合法性，是否与他人在同一种商品或者类似商品上已经注册的或者初步审定的商标相同或者近似，是否与他人驰名商标冲突，是否与他人在先权利相冲突等。

经初步审定的商标，在商标局定期出版的《商标公告》上进行公告；对于不符合有关规定的，驳回申请；如果经审查认为可以修正的，商标局会发给申请人《审查意见书》，建议申请人修正申请。

对于驳回的商标申请，申请人不服的，可以自收到驳回通知之日起15日内向商标评审委员会申请复审。如果对商标评审委员会的决定不服的，可以自收到复审决定通知之日起30日内向人民法院起诉。

5.4.3 审定公告、异议

经初步审定的商标，在商标局定期出版的《商标公告》上进行公告。但初步审定公告并不意味着申请人已经取得了商标专用权，它只是商标注册申请的一个中间环节。其目的在于广泛征询社会意见，以有利于商标局作出正确审定。

自审定公告之日起三个月内，任何人都可以对公告的商标提出异议。异议这项程序主要是征询社会对初步审定商标的意见，实行商标

[1] 参见《商标法实施条例》第13条。

审查工作的社会监督，有助于及时纠正商标审查工作中的偏差。

异议，依照《商标法》的规定，就是对商标局初步审定的商标提出不同的意见。要求商标局对初步审定的商标不予注册，当事人若对异议裁定的结果不服，还可以向商标评审委员会请求复审。例如，某烟草公司对菲利普某产品有限公司在烟草制品上申请注册的“DE—NTC”商标提出异议，在商标局裁定异议不成立之后，又向商标评审委员会申请复审，其理由是：“NIC”是“NICOTINE”（尼古丁）的缩写，与“DE（除去、减少）”组合，对本商品带有欺骗性夸大宣传。被异议人答辩称：词典中无“DE—NIC”一词，“DE—NIC”属于独创的臆造词，无任何含义；该商标已在美国获准注册，并经中国商标局审定，证明其具有显著性。商标评审委员会经复审认为：“DE—NIC”一词作为烟草制品上的商标，对本商品已有明显的表述，并足以使消费者对其尼古丁含量产生误解。据此，终局裁定异议成立，“DE—NIC”商标被撤销，不予核准注册。

5.4.4 核准注册

初步审定的商标在初审公告期满（三个月）无异议的，或经裁定异议不能成立而当事人又不提请复审或复审不成立的商标，由商标局核准注册，并在《商标公告》予以公告。申请人在见到公告后缴纳注册费、印花税，商标局即发给《商标注册证》，至此，申请人取得注册商标专用权。而经裁定异议成立的商标，不予核准注册。

中国《商标法》规定，商标注册人有权标明“注册商标”或注册标记，即“R”，注册标记一般应当标注在商标的右上角或者右下角。

5.4.5 注册商标的争议与撤销

注册商标的争议和注册不当商标的撤销，是商标注册后的确权程序，其目的在于防止已经注册的商标与他人在先取得的商标权相冲突，纠正由于审查的疏漏而取得的商标注册。

（1）注册商标的争议

注册商标的争议是指注册在先的商标权人对注册在后的商标提出争议，认为后注册的商标与其在先注册的商标在同一种或类似商品上相同或近似，要求限制后注册商标的使用范围或者撤销该商标。中国《商标法》第41条规定，一个商标自核准注册之日起5年内，其他商标注册人可以向商标评审委员会提出商标争议申请。

争议成立的注册商标，其商标权视为自始即不存在。争议不成立的，注册商标的商标权将予以维持。

（2）注册不当商标的撤销

中国《商标法》第41条规定，已经注册的商标，违反本法第10条（合法性）、第11条、12条（显著性）、13条、15条、16条、31条规定的，或者是以欺骗手段或者其他不正当手段取得注册的，商标局或者商标评审委员会可以撤销该注册商标。

依照中国《商标法》第41条规定撤销的注册商标，其商标权视为自始即不存在。

5.4.6 注册商标的续展、注销、转让和使用许可

(1) 注册商标的续展

是指一个注册商标在其注册有效期满时，申请延续商标专用权。注册商标有一定的有效期限（中国为10年），自核准注册之日起计算。如果有效期满后，商标注册人需要继续取得商标专用权的，可在商标有效期满前6个月内申请商标续展注册。未申请续展的，注销其注册商标。

(2) 注册商标的注销

注册商标的注销是指，商标局根据商标注册人的申请，或者依据注册商标有效期满而未续展的事实，终止其注册商标专用权，并收回《商标注册证》。

(3) 注册商标的转让

是指商标注册人按一定的条件将注册商标所有权转移给其他人。转让注册商标后原商标注册人的商标所有权即行消失，而受让一方即获得该商标的所有权。要转让注册商标的，转让人和受让人应当签订转让协议，并共同向商标局提出申请。受让人还应当保证使用该注册商标的商品质量。转让注册商标经商标局核准后，予以公告，受让人自公告之日起即享有该商标专用权。

(4) 注册商标的使用许可

是指商标注册人在持有商标专用权的情况下，通过签订商标使用许可合同，允许其他人使用其注册商标。被许可人根据使用许可合同取得的只是该注册商标的使用权，商标所有权仍为许可人所有。许可人应当监督被许可人使用其注册商标的商品质量，被许可人应当保证使用该注册商标的商品质量，而且必须在使用该注册商标的商品上标明被许可人的名称和商品产地。商标使用许可合同应当报商标局备案（许可使用合同签订之日起3个月内将合同副本报送商标局备案）。

5.5 商标权的保护

5.5.1 商标权

商标权，又称为商标专用权，是指经商标局核准注册的商标只准许商标注册人专有的使用权处置权，以及禁止任何其他人使用[1]的权利。

商标权的内容有以下几点。

① 处置权。即商标注册人有权依据法律规定，自主的支配自己的商标，包括把注册商标转让给其他人；许可他人使用；还可以把商标折

[1] 商标的使用，包括将商标用于商品、商品包装或者容器以及商品交易文书（销售发票、合同等）上，或者将商标用于广告宣传、展览以及其他商业活动中。

合成货币作为对其他企业的投资等。处置商标的权利范围应该以核准注册的商标和核定使用的商品为限。

② 使用权。即商标注册人可以依据法律的规定稳定的使用自己的注册商标，其权利范围应该以核准注册的商标和核定使用的商品为限。

③ 禁止权。即商标注册人有权禁止其他人在同一种或者类似的商品上使用与其注册商标相同或近似的商标，同时禁止其他人用不正当的手段损害其注册商标的声誉。

5.5.2 侵犯商标权的行为

中国《商标法》第52条规定，有下列行为之一的，均属侵犯注册商标专用权的行为：

① 未经注册商标所有人的许可，在同一种或类似商品上使用与其注册商标相同或近似的商标；

② 销售侵犯注册商标专用权的商品的；

③ 伪造、擅自制造他人注册商标标识或者销售伪造、擅自制造的注册商标标识[1]；

④ 未经商标注册人同意，更换其注册商标并将该更换商标的商品又投入市场的[2]；

⑤ 给他人的注册商标专用权造成其他损害的[3]。

5.5.3 商标权的保护措施

商标权的保护，其根本目的是保护注册商标专用权人的合法权益。中国商标法是通过对侵犯商标权的行为采取惩治措施来保护商标专用权的。

中国《商标法》第53～56条规定，有第52条所列侵犯商标专用权行为之一，引起纠纷的，有以下救济途径：

① 由当事人协商解决；

② 不愿协商或者协商不成的，商标注册人或者利害关系人可以向人民法院起诉；

③ 也可以请求工商行政管理部门处理。工商行政管理部门处理时，认定侵权行为成立的，责令立即停止侵权行为，没收、销毁侵权商品和专门用于制造侵权商品、伪造注册商标标识的工具，并可处以罚款。当事人对处理决定不服的，可以自收到处理通知之日起十五日内依照《中华人民共和国行政诉讼法》向人民法院起诉；侵权人期满不起诉又不履行的，工商行政管理部门可以申请人民法院强制执行。进行处理的工商行政管理部门根据当事人的请求，可以就侵犯商标专用权的赔偿数额进

---

[1] 商标标识是商标的物质表现形式，是指附着有商标的物质实体，如印有商标的瓶贴、外包装盒等。

[2] 即所谓的“反向假冒”行为。

[3]《商标法实施细则》第50条指出以下两种侵权行为：(1) 在同一种或者类似商品上，将与他人注册商标相同或者近似的标志作为商品名称或者商品装潢使用，误导公众的；(2) 故意为侵犯他人注册商标专用权行为提供仓储、运输、邮寄、隐匿等便利条件的。

行调解；调解不成的，当事人可以依照《中华人民共和国民事诉讼法》向人民法院起诉。

对侵犯注册商标专用权的行为，工商行政管理部门有权依法查处；涉嫌犯罪的，应当及时移送司法机关依法处理。

县级以上工商行政管理部门根据已经取得的违法嫌疑证据或者举报，对涉嫌侵犯他人注册商标专用权的行为进行查处时，可以行使下列职权：

① 询问有关当事人，调查与侵犯他人注册商标专用权有关的情况；

② 查阅、复制当事人与侵权活动有关的合同、发票、账簿以及其他有关资料；

③ 对当事人涉嫌从事侵犯他人注册商标专用权活动的场所实施现场检查；

④ 检查与侵权活动有关的物品；对有证据证明是侵犯他人注册商标专用权的物品，可以查封或者扣押。

侵犯商标专用权的赔偿数额，为侵权人在侵权期间因侵权所获得的利益，或者被侵权人在被侵权期间因被侵权所受到的损失，包括被侵权人为制止侵权行为所支付的合理开支。

侵权人因侵权所得利益，或者被侵权人因被侵权所受损失难以确定的，由人民法院根据侵权行为的情节判决给予五十万元以下的赔偿。

销售不知道是侵犯注册商标专用权的商品，能证明该商品是自己合法取得的并说明提供者的，不承担赔偿责任。

5.6 商标使用的管理

5.6.1 注册商标使用的管理

中国商标法规定，使用注册商标有下列行为之一的，由商标局责令限期改正或者撤销其注册商标：

① 自行改变注册商标的文字、图形、字母、数字、三维标志、颜色组合，或者这些要素的组合的；

② 自行改变注册商标的注册人名义、地址或者其他注册事项的；

③ 自行转让注册商标的；

④ 连续三年停止使用的。这里的商标使用，既包括商标注册人在核定使用的商品上或其包装上使用，也包括在广告宣传或展览中的使用，还包括许可他人使用。

另外，对于使用注册商标，其商品粗制滥造，以次充好，欺骗消费者的，由各级工商行政管理部门分别不同情况，责令限期改正，并可以予以通报或处以罚款，或者由商标局撤销其注册商标[1]。

---

[1] 对商品质量的问题，中国有专门的《产品质量法》予以规范。而对于是否需要通过《商标法》监督商品质量的问题，国内目前还存在争议。

依照上述规定被撤销的注册商标，其商标权自商标局作出撤销决定之日起终止。

注册商标当事人对商标局撤销其注册商标不服的，可以向商标评审委员会申请复审，对商标评审委员会的决定不服的，可以在收到通知之日起30日内向人民法院提起行政诉讼。

5.6.2 未注册商标使用的管理

未注册商标不享有商标权，但是其使用关系到消费者的利益和注册商标专用权的保护，因此也要对它加以管理。

使用未注册商标，有下列行为之一的，由工商行政管理机关予以制止，责令限期改正，并可予以通报或者处以罚款：

① 用未注册商标冒充注册商标；

② 未注册商标违反《商标法》第10条的禁用条款；

③ 未注册商标的商品粗制滥造，以次充好，欺骗消费者。

另外，国家规定必须使用注册商标的商品，如未经核准注册在市场上销售，工商行政管理机关责令限期申请注册，可以并处以罚款。

习　　题

一、名词解释

1. 商标；
2. 注册商标的争议；
3. 注册商标的注销；
4. 证明商标；
5. 驰名商标；
6. 集体商标。

二、问答题

简述商标注册的有关程序。

三、选择题

根据中国现行商标法规定，下列哪些行为将受到商标局责令限期改正或者导致注册商标被撤消？

A. 自行改变注册商标的文字、图形或者其组合的；

B. 自行改变注册商标的注册人名义、地址或者其他注册事项的；

C. 自行转让注册商标的；

D. 连续3年停止使用的。

第6章 设计知识产权法规的联系与发展

6.1 著作权、外观设计专利、商标权的交叉保护

6.1.1 著作权与商标权的交叉保护

商标是可视性标志，包括文字、图形、字母、数字、三维标志和颜色的组合，以及上述要素的组合，如果其标志本身具有一定的美感和独创性，具备了著作权性，还可以受到著作权的保护。

这样一来，如果商标权人和标志的著作权人是同一主体，该商标就相当于受到商标权和著作权的双重保护，出现了商标权与著作权之间的交叉保护[1]；如果商标权人与著作权人不是同一主体，就必然导致双方就同一标志所享有的权利发生冲突，即商标权与著作权的冲突。

商标权与著作权的交叉保护有利于商标权人加强对自己商标的保护。在许多建立了版权制度多年的国家，商标权人往往又兼商标标志的版权人，他们很懂得利用版权与商标权的交叉保护来保护自己的商标。有这样的实例：甲乙两家公司曾合作开发某产品，而甲公司中途踢开乙公司独自经营，并抢先把原先合用的（已有一定知名度但尚未注册的）商标申请注册。这时的乙公司如果改变产品，要增加新开发投资；如果仍生产原产品，又不能再用原有商标，得另创牌子。面对不利局面，乙公司可有如下出路：证明原先合用的商标图形的版权是由两家公司共有的，或仅属乙公司独有，则甲公司使用该商标，就是侵犯了乙公司的版权。

当然，最稳妥的做法是：在商标标志上标明版权保留的标记，如果他人冒用该商标，即使是使用在非类似商品上，商标权人也可以选择版权途径起诉。因为，冒用者必然复制大量带有该标志的商标标识，这种复制侵犯了版权人的复制权。依版权法禁止侵权人发行复制品（即商标标识）时，也就禁止了冒牌或抢注商标商品的销售，使他人冒用商标的行为无法得逞。

当出现商标权与著作权冲突的情况时，受法律保护的是在先权利。“武松打虎”就是一个著名案例。

1954年，画家刘某创作了组画《武松打虎》，1980年山东省某酒厂对刘某的组画中的第十一幅进行修改后，作为装潢用在其所生产的酒瓶

[1] 需要注意的是，虽然就同一客体享有双重（或多重）权利，但对某一特定侵权人诉讼时，权利人只可以选择主张一种权利。

上。之后，该厂又于1989年将该图案向商标局申请商标注册并获批准。1996年，刘某的继承人发现上述情况后，认为某酒厂未经《武松打虎》著作权人（即该继承人）同意或许可，擅自对该画加以修改并使用，破坏了组画的完整性，侵害了著作权人的使用权及获得报酬权。1996年12月，法院判决被告停止在其产品的外包装装潢中使用《武松打虎》图案，并赔偿原告经济损失费20万元。1997年2月，商标评审委员会作出终局裁定认为，被告将“武松打虎”图作为商标注册的行为侵犯他人合法在先的著作权，撤销被告注册商标。

这个案例给人的启示是，任何一个商标首先有一个版权问题。申请注册的商标如果是取自他人的作品，就有可能存在侵犯他人在先权利（著作权）的问题，最好事先与著作权人签订许可协议，否则有可能被他人以不当注册为由而请求撤销该商标。

6.1.2 外观设计专利与商标权的交叉保护

产品的装潢、标签可以申请外观设计专利，而它们同时又可以构成商标的基本图案或三维标志。这时就出现了外观设计专利与商标权的冲突或交叉保护的问题。如果商标与外观设计都属于同一个人或同一个企业，就形成了两种权利的交叉保护。但如果分属不同的主体，则其中一个可能会构成侵犯他人的在先权利，这就形成了两种权利之间的冲突。

外观设计专利与商标权的交叉保护是非常有益的。中国商标法规定，注册商标不得与他人在先取得的合法权利相冲突，但并未规定不得与自己的在先权利相冲突。所以，可以在取得外观设计专利的基础上（外观设计授权时间很快），考虑进一步申请获得商标权，以得到双重保护。更为关键的是，外观设计专利只保护十年，而商标权通过续展可以无限期保护。

把别人的注册商标作为外观设计申请专利一般是不行的，但将与他人外观设计专利相同或近似的图案注册商标，并应用在与外观设计专利不同类的产品上一般是可以的，通常不会构成侵犯外观设计专利，但有可能构成侵犯他人的版权，也就是说外观设计专利权人可以通过著作权对自己的专利权加以保护，这也是下面要讲到的外观设计专利与著作权的交叉保护。

6.1.3 著作权与外观设计专利的交叉保护

专利法所称的外观设计，是指对产品的形状、图案或者其结合以及色彩与形状、图案的结合所作出的富有美感并适于工业应用的新设计。在该设计被用于产品外观之前，它应该是存在于原始设计作品（非工业品）之中的，该作品应当得到著作权的保护。由此可见，是先产生了著作权作品之后，外观设计专利才能出现。1902年颁布的法国版权法就规定：一切工业品外观设计（包括已经受到工业产权法保护的外观设计），均受版权保护。

如果外观设计专利权人和设计作品的著作权人是同一主体，则可以形成外观设计专利与著作权的交叉保护。这对专利权人非常有利。因为外观设计专利的保护范围以表示在图片或者照片中的该外观设计专利产品为准，而并不涉及到其他类产品上。但版权的保护是不考虑该作品的载体的，也不论是三维到二维还是二维到三维的复制，均属侵权。这样，当著作权人与外观设计专利权人为同一人时，权利人完全可以用著作权保护其设计不被任意移植到其他工业品上，扩大保护了外观设计专利保护不到的范围，更有利于外观设计的保护。

所以，当外观设计专利权人与设计作品著作权人不是同一主体时，专利权人应该争取获得设计作品的著作权，形成外观设计的交叉保护，否则他无权妨碍著作权人许可他人在另一类产品上使用其设计，这对外观设计专利权人是很不利的。

6.2 商业秘密

6.2.1 商业秘密的定义

商业秘密在古代社会即已存在，中国民间的所谓“祖传秘方”实际上就反映了一种商业秘密意识。

“商业秘密”（Trade secret）一词是从“技术诀窍”（Know-how）发展而来的，关于它的概念还有不同观点。WIPO称技术秘密为“有关使用和适用工业技术的制造工艺和知识”；美国《统一商业秘密法》认为商业秘密包括“特定信息，包括配方、样式编辑、产品、程序、设计、方法、技术或工艺等”。

根据中国《反不正当竞争法》第10条规定：“商业秘密是指不为公众所知，能为权利人带来经济利益，具有实用性并经权利人采取保密措施的技术信息和经营信息”。

以下是商业秘密涉及到的主要内容[1]。

① 技术秘密。技术秘密的表现形式为，以图纸、技术资料、技术规范等载体形式提供的关于产品设计、工艺流程、配方、质量控制等方面的技术知识。有些技术秘密本身可以取得专利，其所有人为长期保密才未申请专利。当然，有些技术秘密是不能取得专利的，排除在专利保护范围之外的技术就属于这一类。应当注意，上述图纸、配方、材料等只是技术秘密的物质载体，技术秘密应理解为寓于这些有形物质中的无形构思和观念[1]。

② 经营秘密。经营秘密是指与经营者的销售、采购、金融、投资、财务、人事、组织、管理等经营活动有关的内部信息、情报。具体包括：

进货渠道、客户名单、原料供应商名单、来往函件、产品开发

[1]《企业知识产权战略》，P245～246，冯晓青，知识产权出版社，2002年。

计划、广告宣传计划、销售网络组织、售后服务计划、生产成本计划、新产品预算方案、人才培训计划、投标标底等。

商业秘密的重要性是不言而喻的，国际社会的保护力度不断加强，立法日趋严厉。如1994年，美国某汽车公司高级职员与他的研究小组成员，携带着“小型节能车”（欧洲子公司正准备推向市场的重要产品）设计方案的大量关键秘密资料，跳槽到德国某汽车公司，后来美国某汽车公司对此提出诉讼并获胜诉，德国某汽车公司赔偿了1亿美元，这一涉及商业秘密的官司在世界影响很广。

6.2.2 商业秘密的构成条件

构成商业秘密的要件主要有以下三方面。

① 新颖性。商业秘密必须是不为公众所知的信息。商业秘密的新颖性与专利的不同，它主要是相对公众而言。

② 实用性。商业秘密必须具有实用价值，主要表现为：一能为权利人带来现实的或潜在的经济利益。二使权利人在市场竞争中占有优势。

③ 保密性。信息只有处在保密状态，才可以受到保护。保密性一般表现为采取一定的保密措施，包括制定保密计划，与有关人员订立保密协议等。

可口可乐就是最好的例子。虽然可口可乐早已成为国际著名饮料，但其原液的完整配方却很少有人知道。其实，可口可乐90%以上的配料是公开的，它们是：糖、碳酸水、焦糖、磷酸、咖啡因等混合物，然而能使可口可乐饮料独具特色的核心部分配料“7X货物”却是极其保密的，虽然它所占的比例不到百分之一。据说，竞争者已经根据可口可乐饮料，花费了80多年的时间来试图分析出这个“7X货物”，但都未成功。据估计，可口可乐总公司知道其配方的人员不超过十人，并且有一套严格的保密管理办法。目前世界各地的分销店只负责最后装瓶，原液都由可口可乐总公司提供[1]。

6.2.3 商业秘密的特点

中国现有的著作权与专利法还不能对设计成果进行全面保护。例如，著作权只能保护“（设计）思想”的表达形式，而不能延伸到“（设计）思想”本身；专利保护完整的设计与技术方案，但对诸如设计构思、管理方法等不作保护。正因为如此，人们才又从商业秘密的途径来保护自己的设计与技术内容。商业秘密保护与著作权和专利相配合，可以大大提高保护的效率与效果（这对企业来说尤为重要）。

以下是商业秘密与专利、版权保护的比较情况，如表6-1、表6-2[2]。

[1]《创新与保护——专利经营启示录》，马秀山，科学出版社，2001。

[2]《高新技术与知识产权法》P254，陈传夫，武汉大学出版社，2000年。

表 6-1 商业秘密与专利保护的比较

比较的方面	是否要求公开	对创新水平的要求	获得保护的费用	保护的期限	丧失保护的可能性	保护起始时间	是否排斥同类创新	律师费用	刑法保护	手续	国际保护	风险	主题
专利	是	很高	高	10～20年	小	申请之日	是	高	是	申请审查公告	由国际公约或双边协定确定	低	窄
商业秘密	否	不一定	低	可能更长	相对较大	创新之日	否	高	是	合同或其他措施	由国际公约或双边协定确定	较高	宽

表 6-2 商业秘密与版权保护的比较

比较的方面	客体	对工艺、流程、方案过程等	对新产品	对新材料	对技术本身	是否考虑商业价值	是否考虑实用性	保护期限
版权	思想的表达	不保护	不保护	不保护	不保护	考虑	不考虑	较短
商业秘密	任何有商业价值的信息	保护	保护	保护	保护	考虑	考虑	无期限限制

如果说专利保护是强保护的话，版权保护就是一种弱保护。通过比较可见，商业秘密保护可以弥补版权与专利保护的不足。特别是现代经济、技术发展迅猛，商业秘密所具有的特点使它更加显得重要。

① 覆盖的领域和主题更加广泛。版权、专利法并不能覆盖新技术的全部领域和主题，比如发明专利要求具有新颖性、创造性、实用性，而且智力活动的规则与方法不受专利保护。这样，一些很好的技术产品或工艺方法、设计构思和方法并不能获得专利权。这一现象在技术开发的中间阶段——阶段性成果表现的最为明显。这时就可以寻求商业秘密的保护。

② 保护时间更加充分。专利保护期从申请之日起算，中国规定发明专利保护为 20 年，实用新型和外观设计为 10 年，期满后不再延长。专利的保护期有限，对于远景市场潜力大的设计与技术成果，就显得保护不够。另一方面，专利申请到批准大约需要半年到两年的时间（发明专利可能要两年以上），而当今新技术、新产品开发周期更新非常快，可能在专利批准之前，就已经更新换代了。

相对于上述情况，商业秘密保护无疑具有一定优势，其保护的效力在项目开始时便已发生，也没有固定的保护期限。

③ 注重对企业知识人员的管理。同传统产业相比，现代化企业中人的因素更重要，尤其是知识型员工和管理者。现代高技术是智力密集产业，企业的关键技术或信息往往掌握在少数人手中，一旦他们离开公

司，并带走关键技术和资料，企业就将面临被其他竞争对手攫取果实并挤出市场的危险。

对于这些情况，专利和版权保护往往无能为力，而商业秘密保护无疑是企业较好的选择。

6.2.4　商业秘密的保护

由于商业秘密具有经济性、实用性的特点，能给权利人带来经济效益，并能使权利人在激烈的市场竞争中取得竞争优势；一旦泄露，必将对权利人的经济利益造成重大侵害。因此，加强对商业秘密的保护是十分重要的问题。

商业秘密的保护手段和方法主要有：

①《反不正当竞争法》保护[1]；

② 合同法保护。

各国合同法对商业秘密的保护主要体现在雇佣劳动合同和技术合同之中。西方国家企业为了防止本企业商业秘密外泄，在招收雇员时首先要与其订立雇员合同，要求雇员在工作期间甚至离岗后一定时期内应保守与该企业有关的商业秘密。在技术合同中也应订立保密条款，明确保密的对象、范围。

这实际上就涉及到“竞业禁止”的问题。竞业禁止又称竞业避免，是西方国家企业保护商业秘密的一种重要策略。竞业禁止是指本企业职工在任职期间和离职后一定时间内不得与本企业进行业务竞争。

③ 其他知识产权的间接保护。例如，有时商标法可以对隐含在名牌商品中的技术秘密提供间接保护，以“可口可乐”饮料为例，即使有人分析出饮料配方，也不一定能打开销路，因为他不能使用可口可乐驰名商标。又例如，对设计、技术图纸的擅自发表或使用侵犯了商业秘密所有人的著作权，可依著作权法予以制裁，比如工艺美术师曾××的“金銮殿”工艺品侵犯某首饰厂版权一案，就是这样的例子。

需要指出的是，目前，中国对侵犯商业秘密行为的处罚主要依据《反不正当竞争法》第20条的规定，“经营者违反本法规定，给被侵害的经营者造成损害的，应当承担损害赔偿责任，被侵害的经营者的损失难以计算的，赔偿额为侵权人在侵权期间因侵权所获得的利润。”由此可见，侵权行为的损害赔偿额有两个确定标准：一个是被侵害者的损失，另一个是侵权人在侵权期间获得的利润，在前者难以计算时，就使用后者。这一规定对侵权者的惩罚力度实际上是很弱的。

相比之下，国外对此类行为的处罚就严厉得多。据媒体报道，以下案件就曾轰动硅谷：某公司的行政总裁和6名员工因盗窃其前任公司的商业秘密，而需承担相应的刑事责任。这一长达7年的刑事诉讼案创下了两个纪录：这是首次科技从业人员因侵犯知识产权而被判入狱的案例

[1] 参见《反不正当竞争法》第3、10、20条。

（有五名员工被判处1～2年不等的徒刑）；前任公司在民事诉讼方面的索偿金额也是有史以来最高的，（法院判处这7人赔付总额为800余万美元的赔偿金，判处该公司赔偿前任公司1.95亿美元的赔偿金）。这种可能倾家荡产的打击无疑在最大程度上打击了故意侵权的嚣张气焰，并减少知识产权纠纷的发生概率。

6.2.5 设计业务中［的］商业秘密保护的具体措施

① 应当知道自己的所有信息，都可能有价值，不要把宝贵的设计信息，无偿奉送给他人。

② 对属于商业秘密的文件实行统一标记。

③ 谈判时应当签订保密合同，即使谈判本来想要建立的合作关系没有建立，谈判中提供的有关信息，对外仍然应当保密。

④ 与可能接近商业秘密的人签订保密协议，研究开发人员应填写研究开发记录。

⑤ 要注意避免由于人才流动，使自己的商业秘密流散到竞争对手手中，要以合同为依据，约束企业员工和流动走的员工。

⑥ 注意供应商、承包商、服务代表等中介人的商业秘密保护。供应商向企业提供有关原材料、部件原型，他们对企业产品的某些方面十分了解，尤其是材料、制造方面；承包商为企业进行来料加工、批量生产，他们很可能拥有关键性的设计图纸、工艺说明、规格要求等重要商业秘密；服务代表也分享部分客户、商品反馈等信息。这些都是有价值的商业秘密，应该加强保护措施，例如，可将产品的不同部分分别交给不同的承包商生产，与各中介人签订保密合同等[1]。

⑦ 在外国企业挖人才的时候，注意捍卫自己的商业秘密权，因人才流动导致商业秘密泄露的，可以依据反不正当竞争法，起诉外国竞争者侵权，要求赔偿损失，停止侵权行为。

⑧ 在保护自己利益的同时，又要尊重他人权益。在和外国企业从事设计与技术合作时，对双方认可的保密信息，不能以没有明示合同为由，随意泄露，否则要吃官司。

⑨ 不要随便挖对方的敏感人才，免得陷入商业秘密诉讼。

⑩ 制作传统工艺美术产品的企业应当建立、健全传统工艺美术技艺的保护或者保密制度，切实加强对传统工艺美术技艺的管理。从事传统工艺美术产品制作的人员，应当遵守国家有关法律、法规的规定，不得泄露在制作传统工艺美术产品过程中知悉的技术秘密和其他商业秘密。

⑪ 广告经营者为同类产品广告主同时或先后提供广告代理服务，应当保守各广告主的商业秘密，不得为自身业务发展的需要泄漏广告主的商业秘密。

---

[1]《高新技术与知识产权法》P268，陈传夫，武汉大学出版社，2000年。

6.3 设计知识产权法规的发展趋势

(1) 设计知识产权法规更加系统化

这主要表现在:

版权、外观设计、专利、商标对设计保护的一体化发展;减少版权、专利、商标权的冲突,加强统一性及交叉保护。

(2) 保护手段更加有效

这主要表现在:

① 现有法规的发展完善,比如针对不同设计内容,保护对象的细化,保护范围的扩展;

② 更新、更有效的专门设计法规的出台,比如可以借鉴其他国家,引入主题体验设计[1]、商业外观概念[2],制定专门的设计保护法规;

③ 知识产权协调人、专利律师等设计知识产权专业人士的涌现,设计知识产权保护协会、艺术与设计版权管理协会、专业的设计与知识产权咨询机构、知识产权法庭等组织机构的发展;

④ 国际化保护的发展,诸如“世界专利”、“国际标准”、“国际认证”等概念的深入。

(3) 企业与政府将进一步加强设计与知识产权的战略管理力度

加强设计的知识产权保护,关注不同部门对设计产业保护的协作与协调问题,加强设计产业化的知识产权管理模式。

其管理的内容主要涉及设计创造的无形资产,如专利、版权、商标等;以及体现企业内在发展动力的知识资产,如企业文化、经营理念等;体现企业人才资源的隐性知识资本,如企业员工具有的知识结构、工作技能、创新设计能力、合作能力等。

习　　题

一、多选题

1. 著名的“武松打虎”一案涉及到的知识产权有

   A. 专利权;

   B. 商标权;

   C. 著作权;

   D. 商号权。

2. 以下涉及到商业秘密的内容有

   A. 投标标底;

---

[1] 主题体验设计,即一个题目的设计,在一个思想、一个地点和所构思的一种思想观念状态,从一个诱人的故事开始,重复出现该题目或在该题目上构建各种变化,使之成为一种独特的风格,而根据消费者的兴趣、态度、嗜好、情绪、知识和受教育程度,通过市场营销工作,使顾客在商业活动中感受到美好的体验,创造一项顾客拥有美好回忆、值得纪念的产品及商业娱乐过程的活动。

[2] 美国《商业外观法》(Trade Dress Law)将“商业外观“定义为:包装商品或服务的各要素的组合。这些要素组合在一起给消费者创造了整体视觉形象。

B. 进货渠道、原料供应商名单；

C. 客户名单；

D. 产品开发计划、广告宣传计划；

E. 销售网络组织。

3. 商业秘密的构成条件有

A. 新颖性；

B. 实用性；

C. 保密性；

D. 期限性。

二、名词解释

1. 商业秘密；

2. 竞业禁止。

三、简答题

1. 试指出商标、外观设计专利、版权的交叉保护与冲突。

2. 试比较商业秘密保护与专利、版权保护。

3. 简单列举商业秘密的保护途径。

第7章 设计与知识产权相关法规概述

7.1 广告法规

7.1.1 国际广告设计的道德规范[1]

由于文化、历史、地理环境、风俗习惯和宗教信仰的不同，各国人民对色彩、数字及标志图案的好恶是千差万别的，在广告法规和文化道德禁忌等方面，具有不同的内容。广告设计者必须掌握各国消费者的不同道德要求和喜好，在广告创作中正确运用色彩、数字、语言和图案标志，以设计出合乎国际消费者道德要求的广告作品。

一些国家和地区对色彩、数字、标志图案的喜好和禁忌如下。

- 香港——颜色：白、黑、灰色不大受欢迎，红、黄和鲜艳的色彩则很受欢迎。
  ——数字：4、13、37、49、164和奇数认为是不吉利的。
  ——图形：圆形和方形带有积极的意义，三角形则是消极的。
- 日本——颜色：黑、深灰及黑白相间的颜色颇受欢迎；其中又以红、白相间与金银相间的颜色为较好的色彩。
  ——数字：1、3、5、8是积极的数字；4、9是消极的。
  ——图形：与民族文化冒犯的形态要避免使用，例如如来佛状的罐和瓶等。松、竹、梅的图案是理想的标志图形，而皇家顶饰上用的十六瓣菊花在商业上不宜采用。
- 新加坡——色彩：红、蓝、绿极受欢迎，黑色则相反。
  ——数字：避免使用4、7、6、13、37和69。
  ——图形：反对在商业上用如来佛的形态及侧面像。禁用宗教语句。
- 马来西亚——色彩：喜欢红、橙等鲜艳色彩。黄色为王室所用，一般人不穿黄色服装。黑色被单独使用是消极的。
- 泰国——色彩：对色彩有浓厚的感情，喜爱使用鲜明的颜色。习惯用不同的颜色表示一周内的不同日期，如星期一为黄色，星期二为粉红色，星期三为绿色，星期四为橙色，星期五为淡蓝色，星期六为紫红色，星期天为红色。丧事只用黑色，婚礼只用白色。
- 中东——色彩：棕、黑（特别是由白布衬托的黑色）、绿、深蓝

[1] 参见《国际广告》，孙有为编著。

与红相间色及白色是带有积极意义的。粉红色、紫色和黄色是消极色彩。

——标志图形：喜欢圆形和方形。六角星、宗教形象、翘起的拇指以及《古兰经》中的词名应避免使用。

• 丹麦——色彩：红、白、蓝三色是积极的色调。

——数字：13是消极的。

——标志图形：心形图案是受欢迎的。

• 德国——色彩：红色、红黑色相间或褐色应避免使用。

——数字：13是消极的。

——标志图形：类似纳粹或其军事集团的符号和商标在法律上是禁止的。宗教性标志和锤子镰刀图案也应避免使用。特别是墨绿色应绝对避免使用，它容易使人联想起当年的纳粹分子。

• 荷兰——色彩：蓝色和橙色代表国家色，十分使人悦目，特别是橙色，在节日里被广泛使用。

• 法国——色彩：对色彩富有想像力，对色彩研究与运用十分讲究。喜爱红、黄、蓝等色。视鲜艳色彩为时髦、华丽、高贵，鲜艳色彩备受欢迎。

• 意大利——色彩：紫色是消极的颜色。食品和玩具包装喜欢鲜艳醒目的颜色。服装、化妆品和高级包装用浅淡的色调。

——数字：17是消极的。

——标志图形：标签上印有修女图案认为是不雅的。

• 美国——色彩：对色彩一般不分好恶。多数人喜爱鲜艳的颜色，但少女服装喜爱红色。美国西部地区男女老少均喜欢靛蓝色。商品的包装倾向于采用一种特定的色彩或配色，以色彩辨别商品。美国在许多方面倾向于强烈的单色，有的地方喜欢棕色的居多。

7.1.2 广告经营者的广告活动规范

根据中国《广告活动道德规范》的规定，广告经营者广告活动规范主要有以下几点。

① 广告经营者在广告创意、设计、制作中应当依照有关广告管理法律、法规的要求，运用恰当的艺术表现形式表达广告内容，避免怪诞、离奇等不符合社会主义精神文明要求的广告创意。

② 广告经营者在广告创意中使用妇女和儿童形象应当正确恰当，有利于树立健康文明的女性形象，有利于维护未成年人的身心健康和培养儿童良好的思想品德。

③ 广告经营者在广告创作中应当坚持创新与借鉴相结合，继承中华民族优秀传统文化，汲取其他国家和地区广告创作经验，自觉抵制和

反对抄袭他人作品的行为。

④ 广告经营者为同类产品广告主同时或先后提供广告代理服务，应当保守各广告主的商业秘密，不得为自身业务发展的需要泄漏广告主的商业秘密。

⑤ 广告经营者应当注重广告在社会主义精神文明建设中的作用，坚持商业广告创意设计中的社会主义思想文化导向，积极参与公益广告活动，倡导正确的道德观念和社会风尚。

⑥ 广告经营者应当注重提高经营管理水平和服务质量，依靠不断提高服务质量和商业信誉与广告主建立稳定的业务关系，自觉抵制和纠正下列不正当竞争行为：

• 利用物质引诱或胁迫等不正当手段获取其他广告经营者的商业秘密；

• 采用给予广告主经办人好处或竞相压价等手段争夺广告客户；

• 采用暗中给予媒介经办人财物等不正当手段争取有利或紧俏的时间和版面。

7.1.3 广告主的广告活动规范

根据中国《广告活动道德规范》的规定，广告主广告活动规范主要有以下几点。

① 广告主应当自觉维护消费者的合法权益，本着诚实信用的原则，真实科学地介绍自己的产品和服务。

② 广告主应当自觉遵守国家广告管理法律法规和其他有关规定，与其他广告主进行公平、正当的竞争，不得以不正当的方式和途径干扰、损害他人合法的广告活动。

③ 广告主发布商业广告，应当自觉遵守和维护社会公共秩序和社会良好风尚，不应以哗众取宠、故弄玄虚、低级趣味等方式，片面追求广告的感官刺激和轰动效应，对社会造成不良影响。

④ 广告主应当按照国家有关规定，积极参加各类公益事业，响应政府主管部门的号召，参与公益广告活动，树立良好的企业形象。

⑤ 广告主实行广告服务招标，应当尊重投标者的劳动成果，自觉履行招标承诺，自觉抵制和纠正以虚假招标形式引诱投标者投标，以及窃用投标者的广告策划和创意的不公平交易行为。

⑥ 广告主应当自觉抵制和纠正下列不正当的广告宣传：

• 依据科学上没有定论的结论来否定他人的产品和服务，借以突出自己的产品和服务；

• 片面宣传或夸大同类产品或服务的某种缺陷，以对比、联想等方式影射他人；

• 未经有关部门认定假冒商标的情况下，在各种声明、启事中涉及他人的商标；

• 擅自使用他人知名商品和服务标志作为陪衬宣传自己的产品和

服务，不正当的利用和享用他人的商品声誉和商业信誉；

• 使用含糊不明，易使消费者产生歧义的承诺；

• 采用隐去主要事实、断章取义、偷换概念的手法使用有关数据、统计资料、调查结果、文摘和引用语，误导消费者。

7.1.4 广告发布者的广告活动规范

根据中国《广告活动道德规范》的规定，广告发布者广告活动规范主要有以下两点。

① 广告发布者发布商业广告应当考虑民族传统、群众消费习惯以及广告受众的区别等社会因素，合理安排发布时段、版面，依照各类广告的发布的标准，认真履行广告审查义务。

② 广告发布者应当严格执行国家有关广告服务价格的管理规定，根据媒介的发行量、收视率等科学依据制定合理的收费方法和收费标准。广告经营者采用招标等特殊方式确定广告价格的，招标方案和办法应当合法、公正、不得利用不正当手段哄抬广告服务价格。

7.1.5 广告的客户监督

客户监督是国际广告活动中的重要一环。在广告设计创作的各个不同阶段都必须听取广告主的意见。尤其在广告创作产生作品之后，更要经过广告主的审核才可付诸实施。

广告主对广告创作的监督，主要通过以下几个方面来进行。

① 对广告创造性的监督，主要检查广告创作是否具有创意，作品的思想是否表达了广告产品的内容，是否强调了产品利益，是否具有吸引力和号召力等。

② 对广告预算计划执行的监督，主要检查广告创作过程中是否严格地执行了广告预算，各项费用开支是否合理。

③ 对广告发布和广告效果测试监督，主要检查广告的发布情况、发布效果和广告效果是否达到合同要求，是否达到预期目的。

7.1.6 部分产品的广告管理

① 化妆品广告。根据中国《化妆品广告管理办法》的有关规定，化妆品广告禁止出现下列内容：

• 化妆品名称、制法、成分、效用或者性能有虚假夸大的；

• 使用他人名义保证或者以暗示方法使人误解其效用的；

• 宣传医疗作用或者使用医疗术语的；

• 有贬低同类产品内容的；

• 使用最新创造、最新发明、纯天然制品、无副作用绝对化语言的；

• 涉及化妆品性能或者功能、销量等方面的数据的。

② 酒类广告。根据中国《酒类广告管理办法》的有关规定，酒类广告中不得出现以下内容：

• 鼓动、倡导、引诱人们饮酒或者宣传无节制饮酒；

• 饮酒的动作；

• 未成年人的形象；

• 表现驾驶车、船、飞机等具有潜在危险的活动；

• 诸如可以“消除紧张和焦虑”、“增加体力”等不科学的明示或者暗示；

• 把个人、商业、社会、体育、性生活或者其他方面的成功归因于饮酒的明示或者暗示；

• 关于酒类商品的各种评优、评奖、评名牌、推荐等评比结果；

• 不符合社会主义精神文明建设的要求，违背社会良好风尚和不科学、不真实的其他内容。

③ 烟草广告。根据中国《广告管理条例》第十条的规定，禁止利用广播、电视、报刊为卷烟做广告。根据中国《烟草广告管理暂行办法》的有关规定，烟草广告中不得有下列情形：

• 吸烟形象；

• 未成年人形象；

• 鼓励、怂恿吸烟的；

• 表示吸烟有利人体健康、解除疲劳、缓解精神紧张的；

• 其他违反国家广告管理规定的。

另外，烟草广告中必须标明“吸烟有害健康”的忠告语。忠告语必须清晰、易于辨认，所占面积不得少于全部广告面积的10%。

④ 药品广告

根据中国《药品广告审查标准》的有关规定，药品广告不得包括以下内容。

• 药品广告中不得含有不科学地表示功效的断言或者保证。如“疗效最佳”、“药到病除”、“根治”、“安全预防”、“安全无副作用”等。

• 药品广告不得贬低同类产品，不得与其他药品进行功效和安全性对比，不得进行药品使用前后的比较。

• 药品广告中不得含有“最新技术”、“最高科学”、“最先进制法”、“药之王”、“国家级新药”等绝对化的语言和表示；不得含有违反科学规律，明示或者暗示包治百病，适合所有症状等内容。

• 药品广告中不得含有治愈率、有效率及获奖的内容。

• 药品广告中不得含有利用医药科研单位、学术机构、医疗机构或者专家、医生、患者的名义、形象作证明的内容。

• 药品广告不得使用儿童的名义和形象，不得以儿童为广告诉求对象。

• 药品广告不得含有直接显示疾病症状、病理和医疗诊断的画面，不得令人感到已患某种疾病，不得使人误解不使用该药品会患某种疾病或者加重病情，不得直接或者间接怂恿任意、过量使用药品。

• 药品广告中不得声称或者暗示服用该药能应付现代紧张生活需

要，标明或者暗示能增强性功能。

• 药品商品名称不得单独进行广告宣传。广告宣传需使用商品名称的，必须同时使用药品的通用名称。

⑤ 房地产广告

根据中国《房地产广告发布暂行规定》的有关规定，房地产广告应注意以下事项。

• 房地产广告不得含有风水、占卜等封建迷信内容，对项目情况进行的说明、渲染，不得有悖社会良好风尚。

• 房地产广告中对价格有表示的，应当清楚表示为实际的销售价格，明示价格的有效期限。

• 房地产广告中的项目位置示意图，应当准确、清楚、比例恰当。

• 房地产广告中涉及的交通、商业、文化教育设施及其他市政条件等，如在规划或者建设中，应当在广告中注明。

• 房地产广告中涉及面积的，应当表明是建筑面积或者使用面积。

• 房地产广告涉及内部结构、装修装饰的，应当真实、准确。

• 房地产广告中不得利用其他项目的形象、环境作为本项目的效果。

• 房地产广告中使用建筑设计效果图或者模型照片的，应当在广告中注明。

• 房地产广告中涉及物业管理内容的，应当符合国家有关规定；涉及尚未实现的物业管理内容，应当在广告中注明。

7.2 包装设计中涉及的知识产权问题

与经济发达国家相比，中国现在的包装法律研究明显滞后。中国目前尚无一部完整的包装法，对包装设计的研究仅停留在技术层面，很少涉及包装设计中的法律问题，尤其是知识产权问题。

包装设计的保护主要有以下四种途径：外观设计专利保护，版权保护，商标保护和反不正当竞争保护。这主要涉及到商标权、专利权、版权、制止不正当竞争权。

(1) 包装设计与外观设计专利保护

外观设计专利无疑是涉及包装设计的产品外观设计的首要保护途径，其优点是授权时间较快，保护力度较强。不过，包装设计要申请外观设计专利，最好能确保严格达到授权条件（详见4.4.2节），以免以后被侵权人无效。

(2) 包装设计与版权

包装设计的图案、造型，也可以作为中国版权法的美术作品获得保护。其优点是无需申请注册，设计完成即自动享有版权，保护期限较长(50年)；其缺点是保护力度较弱，如果有人采用了与之相近似的包装装潢，只要能举证证明是自己独立创作的，则不算侵权。所以，版权人最好还是申请专利或商标，以取得交叉保护。

（3）包装设计与商标权

商标是能够区别商品或服务的可视性标志，包括文字、图形、字母、数字、三维标志和颜色组合，以及上述要素的组合。因此，包装装潢（如标贴、酒瓶等）也可以作为平面商标或立体商标得到保护。其优点是可以无期限保护（可通过续展程序），保护力度较强。

包装设计要取得商标权，要注意合法性、显著性等授权条件（详见5.3节）。

（4）包装设计与反不正当竞争

商品包装与待售的产品本体一起作为用于市场交换的商品而存在，利用包装参与市场竞争，是市场竞争的一种常用手段。

根据中国《反不正当竞争法》第5条第2项规定，“擅自使用知名商品特有的名称、包装、装潢，或者使用与知名商品近似的名称、包装、装潢，造成和他人的知名商品相混淆，使购买者误认为是该知名商品”是不正当竞争行为。

据此，反不正当竞争权对包装设计的保护仅限于知名商品的易识别的包装装潢，其缺点无疑是保护范围狭窄，但优点是保护力度强，且没有时间限制。

因此，可以考虑这样的保护策略：首先就包装设计申请外观设计专利，在专利保护期内扩大商品知名度，待其成为知名商品后，还可以得到反不正当竞争权的交叉保护，并且在专利保护期满后，提供无限期保护[1]。

另外，包装设计中使用虚假的文字说明，伪造或冒用优质产品的认证标志、生产许可证标志等，也涉及《反不正当竞争法》的内容。

7.3 知识产权与民间创作（文化遗产）保护

7.3.1 民间创作的国际保护[2]

民间创作[3]是每个民族的重要文化遗产。现代社会的发展，可能会导致对这一文化遗产的不适当的利用。人们往往注意对民间创作加以商业化，而没有对它的起源的社会文化给予应有的尊重。

按照发达国家的知识产权保护规则，没有特定权利主体的文化现象，以及存在超过一定时间的文化成果都被视为公有领域，人人都可以随意使用。然而，自20世纪50年代起，非洲、南美等地的一些不发达

---

[1]《谈外观设计的法律保护》，钱亦俊，《外观设计与知识产权保护》，知识产权出版社，2002年。

[2]《世界知识产权教程》，世界知识产权组织编，专利文献出版社，1990年。

[3] 联合国教科文组织于1989年11月通过的《保护民间创作建议案》认为“民间创作（或传统的民间文化）是指来自某一文化社区的全部创作，这些创作以传统为依据、由某一群体或一些个体所表达并被认为是符合社区期望的作为其文化和社会特性的表达形式；其准则和价值通过模仿或其他方式口头相传。它的形式包括：语言、文学、音乐、舞蹈、游戏、神话、礼仪、习惯、手工艺、建筑术及其他艺术。”

国家首先提出了以知识产权保护民间文学艺术表达（被作为文化遗产）的主张，以对抗对其不适当的利用，目前，已有50多个国家通过版权制度来进行保护。

以突尼斯为例，突尼斯是世界上第一个使用国内知识产权法保护民间文学艺术（民间文化）的国家。该国1967年颁布的《文学艺术版权法》中有关于民间艺术的专门条款。该法明确规定："民间艺术属于国家遗产，任何以营利为目的的使用民间艺术的行为都应经过国家文化部的允许，对于其内容，应经过突尼斯保护作家权益机构根据本法进行审核。同样，从民间艺术中吸取灵感创造的作品，同样需要经过国家文化部的允许，对于民间作品的全部或部分著作权在其中发生了转移，同样需要国家文化部的特殊许可。"突尼斯法律还规定，以营利为目的使用民间文学作品，除征得文化行政部门的许可外，还需缴纳使用费。公益性的使用和个人使用无需缴纳使用费，但也需获得许可。对未经许可使用文化遗产的行为，国家将给予严厉的惩罚，包括罚款、拘禁等方式。

20世纪60、70年代，世界知识产权组织也已经开始重视对民间创作作品的保护，并起草了示范条款。1980年，该组织与联合国教科文组织在日内瓦成立了工作组，对民间创作采用知识产权方式的国家保护，以及其国际问题进行研究。

该组织在对民间创作表现方式提供知识产权保护的基本要求是，一方面要实施保护以防止滥用民间创作表现方式，另一方面要鼓励［和使人有自由］进一步发展、传播和改变民间创作表现方式。但同时也承认，知识产权只触及维护民间创作保护的一个方面，故在各方面采取不同的措施是保护民间创作的当务之急。

7.3.2　中国目前的民间传统工艺保护

中国目前对民间创作、工艺美术加以保护的法规主要是《传统工艺美术保护条例》。至于知识产权保护，虽然中国《著作权法》第6条有"民间文学艺术作品的著作权保护办法由国务院另行规定"的说明，但具体保护办法还未制定。

《传统工艺美术保护条例》第二条规定：传统工艺美术，是指百年以上，历史悠久，技艺精湛，世代相传，有完整的工艺流程，采用天然原材料制作，具有鲜明的民族风格和地方特色，在国内外享有声誉的手工艺品种和技艺。国家对传统工艺美术品种和技艺实行认定制度。符合该规定条件的工艺美术品种和技艺，依照本规定认定为传统工艺美术品种和技艺。

传统工艺美术品种和技艺，由国务院负责传统工艺美术保护工作的部门聘请专家组成评审委员会进行评审；国务院负责传统工艺美术保护工作的部门根据评审委员会的评审结论，予以认定和公布。

国家对认定的传统工艺美术技艺采取下列保护措施：

① 搜集、整理、建立档案；

② 征集、收藏优秀代表作品；

③ 对其工艺技术秘密确定密级，依法实施保密；

④ 资助研究，培养人才。

传统工艺美术品种中的卓越作品，经国务院负责传统工艺美术保护工作的部门聘请专家组成评审委员会进行评审后，由国务院负责传统工艺美术保护工作的部门命名为中国工艺美术珍品（以下简称珍品）。

《传统工艺美术保护条例》第十一条规定，国家对珍品采取下列保护措施。

① 国家征集、收购的珍品由中国工艺美术馆或者省、自治区、直辖市工艺美术馆、博物馆珍藏。

② 珍品禁止出口。珍品出国展览必须经国务院负责传统工艺美术保护工作的部门会同国务院有关部门批准。

7.3.3 中国应加强传统文化艺术的知识产权保护

除了《传统工艺美术保护条例》以外，还应该加强传统文化艺术的知识产权保护。国家版权局正在尝试根据版权法制定民间文学艺术作品保护条例。

目前，一些地方和企业已通过知识产权保护，尝到了甜头。以福建德化县为例，该县通过加强版权保护，推动陶瓷艺术繁荣与陶瓷产业发展，使其2003年陶瓷产品产值达53亿元，出口产值40多亿元，已成为中国人均出口产值最多的一个县。

与此相反，因未采取有效的知识产权保护，还有不少民间传统工艺面临假冒侵权的威胁而损失惨重。

以宜兴紫砂为例，宜兴紫砂是一件国宝。不仅在中国绝无仅有，在世界也是独一无二。其独特的材质、精湛的手工工艺和创作中所渗透的丰富文化内涵，使其在中国琳琅满目的工艺美术品中独树一帜，深为国内外消费者和艺术品收藏者青睐。据说有位大师的紫砂壶往往卖到数十万元一把。

然而利益驱使一些人拼命搞假冒货，在2003年底南京博物院举行的一次艺术联展上，展出了83件所谓“宜兴紫砂名作”，引起宜兴20名紫砂陶艺家联名揭露其虚假。

种种现象表明，境内外紫砂的制假贩假已实现“系统化”：有人利用现代高新技术拍出名人名作的三维立体图供仿制，再用电脑分析、制作足可乱真的印章图样；有的人专门依样刻制名人印章；有人专门依样制造假货；有人专门编织全国性的、甚至全球性的贩假网络。

面对疯狂的造假现象，一位宜兴紫砂名人忧虑地说：“我有上千张新品设计图纸，可是每推出一款都很害怕，因为一出来就被仿制了。真担心这些图纸要烂在保险柜里。”

为此，有关人士积极呼吁采取知识产权保护：

宜兴工商局某负责人说，宜兴紫砂应该高举《商标法》作为“武器”。一是要申请“宜兴紫砂”的证明商标，二是要申报国家驰名商标。

省版权局某负责人后说，从《著作权法》的角度来说，紫砂陶艺作品是精湛的技艺和文化内涵丰富的工艺美术作品，其独创性和独具审美价值的特点都代表着作者的智力劳动成果。未经作者授权随意仿制，就是一种侵权行为。而对于紫砂艺术品的外观造型，设计者应该申报专利。这样才能受到《专利法》的保护。

但是，据了解，在宜兴紫砂界目前申报商标权、著作权、专利权者凤毛麟角。除了宜兴紫砂，仅江苏省来说，还有南京云锦、苏州刺绣、无锡泥人、东海水晶等，也都在受到假冒侵权的威胁[1]。

习 题

一、多选题

1. 包装设计的保护途径主要有：

A. 外观设计专利保护；

B. 版权保护；

C. 商标保护；

D. 反不正当竞争保护。

2. 根据中国《房地产广告发布暂行规定》的有关规定，以下哪些是房地产广告应注意的事项：

A. 房地产广告不得含有风水、占卜等封建迷信内容；

B. 房地产广告中涉及的交通、商业、文化教育设施及其他市政条件等，如在规划或者建设中，应当在广告中注明；

C. 房地产广告中涉及面积的，应当表明是建筑面积或者使用面积；

D. 房地产广告中不得利用其他项目的形象、环境作为本项目的效果；

E. 房地产广告中使用建筑设计效果图或者模型照片的，应当在广告中注明。

[1]《为宜兴紫砂撑起“保护伞”——民间工艺品呼唤知识产权保护》http://www.sina.com.cn 2003-6-19《无锡日报》。

第 8 章　工业设计知识产权管理与策略

管理，就是通过计划、组织、领导和控制来协调所有资源，以期达到既定目标的活动。

现代管理不仅是管人、管物，这些只是传统的管理手段，更重要的是对知识成果的管理。也就是说，随着社会不断进步，设计发明创新成果不断涌现，这些设计发明成果在产生、运用和转化过程中，需要以知识产权的形式对它们加以有效管理。

知识产权首先起到保护和规范的法规作用，而在此基础上，它又上升到管理的层次。法规中也蕴涵着管理，在介绍设计与知识产权法规时，其实已经涉及到不少的管理问题，例如设计中的商业秘密管理、著作权的集体管理、商标的使用和管理等，这些都是设计业内人士应该了解的。

8.1　工业设计知识产权管理的重要意义

8.1.1　知识产权管理贯穿于设计项目开展的全过程

纵观工业设计项目开展的每一个环节，无一不涉及知识产权的相关内容，如果任何一个环节有疏忽都将造成损失。以下几个方面就说明了这一点。

（1）设计立项时，要进行专利文献检索

设计立项时，如果没有进行专利检索，一是可能导致设计起点低，重复已有的开发研究，造成资源的浪费，二是可能落入他人专利保护的范围，造成以后侵权的隐患。相反，在立项中利用好专利文献这一战略性技术情报有利于避免重复研究开发，降低创新成本。据世界知识产权组织的统计，世界上每年设计发明成果的 90%～95%皆在专利文献上记载，95%以上的新技术可以通过专利文献查到，并可以缩短科研时间 60%，节省研究试验经费 40%。

专利文献对设计创意也很有帮助，在检索专利文献时，可以从文献信息中获得启发，在前人的基础上，在更高的起点上提出新的创意，有力推动创新的深入。

以下是几个典型例子。

① 兰州某高校教授准备设计一种高速公路停车场，因为事先没有进行专利检索，虽然花了很大精力设计，画图纸，甚至还请国外的朋友和学生帮忙。但申请专利时发现就同一课题已取得了专利的就有 40 多件，有的甚至比该教授的构思还先进。结果，自己的设计成为徒劳，白白浪费了许多时间和精力。

② 广东某集团的发展也有过一段曲折。1995 年，该公司在设计、开发生产一种新型的柜式空调时，由于没有预先检索相关的专利文献，结果该产品侵犯了他人专利权，当时被日本某电器株式会社指控侵权，为此不得不付出 245 万元的专利使用费。公司辛辛苦苦设计出的成果也化为乌有，这不能不说是设计、研发和管理人员的失误。

某公司从这次失败中吸取教训，重视发挥专利文献与信息的重要作用，拨 20 万元专款用于建立企业的专利数据库，并明文规定，每设计开发一项新产品、新技术，都必须有专人预先检索专利文献，选准高起点，避免重复设计研究，避免侵犯他人知识产权，并要有效利用专利信息，积极设计开发新产品。仅 1997 年，公司设计并申请 70 多件专利产品。

③ 小天鹅电器公司在中国首家建立了企业“万国专利信息库”，通过对国际洗衣机专利信息进行检索、筛选，制成了由 1214 件中国专利、529 件欧洲专利、398 件日本专利、428 件美国专利等 3 600 多件专利信息组成的万国专利信息光盘，有针对性的运用专利进行超前设计创新，广泛运用国家科技信息成果，从而使小天鹅新产品设计层出不穷。

④ 海尔集团通过专利检索，系统地收集了世界上 25 个国家 1974 年至 1986 年的关于冰箱的专利技术，共 14 000 多项。对这些技术进行分析研究后得知：美国的冰箱发展方向是左右开门大容积化；日本冰箱的发展方向是多功能化；欧洲冰箱的发展方向是大冷冻节能化。在这种情况下，海尔毅然以冰箱的变频化、变温化、智能化、居室化、衣柜化和医用专门化为自己的发展方向。这样就领导了冰箱技术的新潮流，占领了技术制高点，成为世界冰箱方面的一流企业。海尔的成功经验是：利用专利检索，预测未来，占领设计制高点。

⑤ 日本企业内部都配备有专利检索人员，少则数名，多则几十名，在开发新产品、新技术或申请专利时，不厌其烦的进行专利检索，寻找同类设计、技术作为参考，以避免走弯路。可以讲，日本企业在开发新设计、新技术时大多走的是捷径，花很少费用，取得比较理想的成果。日本在引进外国设计与技术时，也非常重视专利检索，总是在反复检索和反复对比的基础上才决定引进。例如，日本从 1950 年至 1976 年的 27 年间，从外国共引进了 28 000 项，这些都是用专利文献反复挑选的，一共花了 66 亿美元。据专家计算，如果日本自己设计开发这些成果，需要付出 264 亿美元。

(2) 项目研究开发过程中要加强知识产权管理

比如，一个设计项目在研究过程中没有对其技术资料（图纸、文字等）进行保密管理，或者没有对其设计研究人员进行保密要求，就有可能造成其失密或公开，或者随设计研究人员的流失而流失，如果这些应该保密的资料落入竞争对手的手里，后果更是不堪设想。

(3) 新的设计与技术成果进入市场时也要加强知识产权管理

一项新的设计成果在推向市场前如果没有及时申请专利或注册商标来对设计成果加以保护，就有可能被别人无偿使用或仿制，使设计失去竞争力，且无法追究别人的侵权责任。例如，有一些公司或个人，在申请产品的设计专利前，已先将该产品进行少量的小范围的试销，为的是对设计进行调查和改进，其实，这种做法是很危险的，有人将它称作“自杀行为”，因为根据现行专利法规定，试销产品的设计一经公开，即丧失新颖性，不能获得专利权。

申请专利和注册商标还只是企业创品牌和走向市场的第一步。在以后的市场竞争中，如何更好的运用知识产权管理，使设计取得更好的效益，也是十分必要的。

由此可见，知识产权的管理工作是设计全过程的一项必不可少的重要内容。图 8-1 给出了设计项目开发与知识产权管理过程中涉及的主要内容。图中菱形纵干线表示设计开发从设计立项→列入计划→计划执行→计划完成→设计转移→成果奖励的全过程，各横干线的椭圆块表示设计开发各环节的表现形式或产生的技术载体，各横干线的长方块表示各环节所涉及的知识产权管理内容[1]。

8.1.2 知识产权能够对创新设计进行有效保护

(1) 加强知识产权保护，遏制抄袭与侵权行为

目前，设计界的抄袭、侵权行为已屡见不鲜，且不断涌现出新形式、新问题。例如，1999 年某公司起诉宜宾市某信息服务有限公司侵犯其“××在线”网页的纠纷（被告的网页与原告的网页设计几乎相同)，这也是国内首例网页设计侵权纠纷案。抄袭和侵权的大量存在，必然助长不尊重他人知识创造的不良风气，以及设计市场的混乱无序，严重影响设计的健康发展。

为此，加强设计的知识产权保护，无疑是非常有效的管理途径。正如苹果临时总裁 Steve Jobs 在一项声明中指出：“为设计我们获得嘉奖的计算机外观设计并使其投放市场，我们投入了大量的资金和精力，我们要利用知识产权法律来保护这些设计。”

知识产权对工业设计的保护是多方位的，表现在专利权、著作权、商标权等多方面的权利保护。

(2) 知识产权对设计的保护，最直接的体现就是经济与市场效益

如果把设计成果看作无形商品，工业设计的价值就是在市场中体现出来的效果。设计创新的一个基本特征，就是强调市场的实现程度和获得的商业利益，这是创新成功与否的重要标准。

在当今社会，一项具有高额利润和广阔市场前景的产品，必然会引起企业间的激烈竞争，如果没有专利、商标等知识产权的综合保护，在

---

[1]《高校现存的知识产权问题与强化管理》，王品华，《知识产权研究》P99～100。

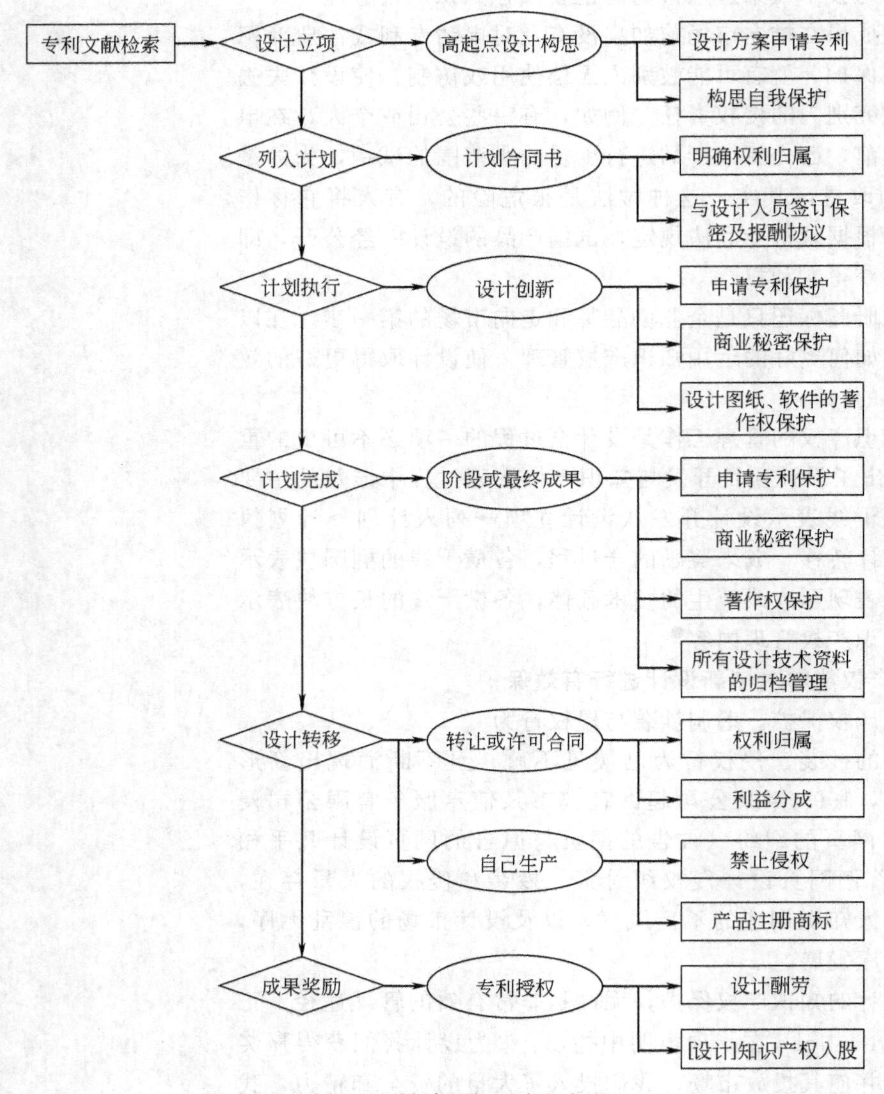

图 8-1　设计的知识产权保护

市场中的竞争力必定会大打折扣。而自主的设计知识产权带来的是自主的市场份额和效益回报。随着高科技的发展，设计项目的投入也越来越大，没有知识产权的保护，就不能得到设计开发的投入，更不能获得高额回报，并引起市场竞争次序的混乱。

例如，海尔设计“小小神童即时洗”洗衣机，第一次申报专利即达12项，依据设计开发与专利申请相结合的策略，从外观到内部结构所有新设计、新技术的应用均通过专利申请方式获得了知识产权保护。自投入市场后，产品深受消费者欢迎，市场效益巨大。“小小神童”洗衣机从自动型、全自动型、电脑型到透明视窗型，每一代产品都形成了全面专利保护，共获国家专利数十项。正是由于有全面、严密的专利保护，至今尚未有专利侵权与技术仿制问题出现，从而保证了该系列产品市场效益的最大化。据统计，从1998年至1999年，“小小神童”洗衣机已累计销售150多万台，实现销售收入13.2亿元，在国内微型洗衣机市场中，占有98%以上的市场份额。海尔正是有效应用知识产权保护这一锐利武器，既作为“矛”向竞争对手发起进攻，以领先的设计和技术夺取竞争的优势；又作为“盾”，以法律保护新产品的独立性，取得合法权益和竞争优势[1]。

（3）设计的知识产权保护是“双方面”的保护

既要防御他人侵犯自己的知识产权，也要注意不侵犯别人的知识产权，以免给自己带来被诉讼的麻烦。日本松下电工对知识产权的理念就是“不可强摘他人之果”，而目标是通过自主知识产权，实现市场利益的垄断。

8.1.3 知识产权管理能够激励创新设计

知识经济时代是一个充满变革的时代，科学在创新、技术在创新、生产在创新、管理在创新、观念在创新、文化在创新……，工业设计同样也需要创新。而激励创新正是知识产权管理的重要目标。

中国最新修订的《专利法》，为了把专利及其管理纳入到技术创新体系之中，在第一条立法宗旨上把原来的“促进科学技术的发展”改成了“促进科学技术的进步与创新。”其合理性在于，首先，创新活动会因市场、技术等不确定因素而生长受阻，具有风险性，而专利权给创新者以市场保护，使他在一定期限内具有排他独占权，以便得到创新的应有回报，自然会提高其创新积极性；其次，维护市场的公平有序竞争，使竞争者要在不侵权的情况下取得优势，就必须进行新的设计创造，从而促进人们持续创新；再次，专利信息的公开，可以避免重复研究开发，并为人们在现有基础上进行新一轮创新，提供了有利条件[2]。

诺贝尔奖得主道格拉斯·诺思对知识产权管理制度的确立给予了很高的评价，他认为，“付给科学家报酬和奖金是刺激出成果的人为办法，然而一项专为发明创造的知识所有权而制定的法律则是一种制度安排，可以更有效更直接的刺激发明创造。没有这种知识的所有权，便没有人会为社会利益而拿私人财产冒险”。可见，知识产权是市场经济条件下促进创新的重要手段[3]。

美国《商业周刊》曾根据专利数、最新影响指数、技术实力、技术周期时间4个数据综合表示一家企业的创新能力，运用统计分析的方法为世界创新实力最强的200家大企业排定座位，其中前25名中日本企业和美国企业各占11家。当时这一统计就说明：企业所拥有的专利技术数量越多，则技术更新周期越短，企业开发新技术速度越快，企业的

---

[1]《专利在海尔腾飞中发挥重要作用》，海尔，《电子知识产权》，1997，1。

[2]《浅谈技术创新中的知识产权问题》，刘月娥，《知识产权研究》P71。

[3]《知识产权与知识经济》，王锋，《知识产权研究》P18。

竞争实力也就越强[1]。

8.1.4 知识产权是企业参与国际市场竞争的通行证[2]

随着全球经济一体化和贸易自由化，知识产权日益成为世界贸易、国际竞争的重要力量。对发达国家而言，知识产权保护的意义早就超出了知识产权保护自身而演化成一种经济、政治竞争手段。例如，近来印度等发展中国家严厉抨击发达国家在知识产权领域的霸权行径，称他们利用专利、商标等手段限制发展中国家的产业发展。

目前世界500强企业通过对产品技术实施专利申请保护，在其所开展的技术领域内，处于相对优势和主导地位，在市场竞争中形成垄断。如果不能拥有有效专利权，必然会被诉侵权和索赔，直至被完全挤出市场。在发达国家，跨国大公司不仅通过对一种技术的专利申请，将各种实施可能全面保护起来，并且根据市场竞争实力对比，相互间构成技术联盟，对内相互许可实施，对外统一抵制其他品牌进入该市场。对于市场新加入者，通常都会在专利技术上做文章，对其进行侵权指控、要求巨额赔偿、直至将其最终完全挤出市场。近年6C联盟向中国100多家企业索要DVD核心技术专利费，就是一个典型的例子。

在这种以专利技术竞争为主的市场竞争面前，一味避开已有专利范围是被动的，而且成功率不高，要立足于技术竞争必须具有专利权。这时的知识产权已经成为一种国际市场准入资格，技术成果不进行专利申请、缺少当地国家法律保护，就难以取得法律上的同等地位，只能任由他人排挤和追加诉讼。

对此，海尔的成功经验无疑值得借鉴：2000年3月份，海尔在美国南卡莱罗那州投资设立的新型家电生产厂正式投产，第一批电冰箱产品随即投放到美国本国市场中并引起消费者和商家的欢迎。海尔能在竞争最为激烈的美国市场中建厂生产，是因为海尔具有符合美国法律的知识产权作为依靠。除已经在家电相关类别中申请了各类海尔商标外，在选择以何种类型产品作为投产品种的问题上，为避免盲目投资而发生侵权风险，海尔多年来跟踪冰箱技术在美国的专利文献库，对相似技术专利进行排查。同时委托专利代理律师，对排查出的多项相关技术内容逐一进行侵权检索分析。通过跟踪检索，对与海尔产品技术相关的美国专利实现了全面的筛选分析，找出其中易发生侵权纠纷的技术方案，转而指导海尔现有技术的研发。最终做到在不构成侵权的前提下，利用美国专利法申请海尔自己的专利，防止被他人仿制侵权，从而确保海尔冰箱在美国完全享受到美国专利法的保护。据不完全统计，在美国200L以

---

[1] 也有观点认为过多的专利会产生负面影响，其问题已严重到足以阻碍小技术公司开展创新，因为面对极其广泛的专利限制，他们担心被起诉。即使像英特尔这样的大公司也因被迫耗用大量支出储备专利而深感负担。见《美国：专利太多也受其累》，《参考消息》2004.1.17。

[2] 参见《专利在海尔腾飞中发挥重要作用》，海尔，《电子知识产权》，1997.1。

下冰箱市场中，海尔冰箱已占据了30%以上的份额，而200～300L冰箱市场，海尔冰箱已占据了40%以上的市场份额。

从上述内容，不难看出，未来新世纪国际经济实力的竞争，实质上是知识产权的竞争。工业设计要发展，要增加竞争力，必须顺应时代潮流，加强知识产权管理工作。

总之，面对知识经济、信息时代的来临，世界贸易自由化、经济一体化、决策科学化、知识市场秩序化和法制化将是社会发展的新特点。在这种以无形资产作为竞争对象的知识经济社会中，工业设计，作为无形资产的知识产品的创造、传播和应用，必须有可靠的完整管理体系予以保障和实施。

为此，要提出并大力发展工业设计知识产权管理以推动设计开发与创新。

8.2 工业设计知识产权管理概述

一个成功企业所拥有的最重要的资产就是无形资产，其主要表现为知识产权。企业作为设计开发和市场化推广的组织机构，应该加强设计知识产权管理。然而，目前国内还有不少企业缺乏知识产权意识，往往是企业发生重大侵权事件或商业秘密泄露事件后，才引起企业领导的重视。

8.2.1 工业设计知识产权管理的主要内容

工业设计知识产权管理不同于一般的设计管理，它是从知识产权的角度，有效应用各种知识资源，针对企业的工业设计及其创新成果采取规范、激励、创新、保护、转化等管理机制，促进设计产业化发展的管理体系。

工业设计知识产权管理研究的内容主要有以下几方面。

（1）工业设计中的知识产权关系

即通过设计知识产权管理，调整人们在创造、支配、使用和转让设计成果过程中的各种权利义务关系。这可能要涉及到设计人、发明人、开发者、投资人、销售商、社会公众，以及企业、院校、设计服务机构、政府等多方面的利益。因此，这主要是对组织和人的管理，需要通过制定和完善设计与知识产权法规，以及建立保证法规有效运行的机制来实现。

（2）知识信息的研究利用

这主要是设计开发过程中的决策管理，主要通过专利文献的检索与研究，掌握最新技术与市场动向，跟踪竞争对手，提高设计创新的起点，并更快、更好的将新技术、新信息调配运用到工业设计的最佳方案中，提升自行设计开发能力。

（3）设计知识产权的保护与国际研究

即设计开发前后涉及的所有知识产权资源的保护。企业、院校、事务所等设计组织应高度重视设计知识产权资源的价值，并依据知识产权法律、法规和组织自身的特点，构筑完备的设计知识产权保护体系。

知识产权保护是知识产权管理的核心内容，其水平客观上反映了一个社会、一个国家科技文化的发展水平。当前，各国知识产权保护水平的差异，实质上反映了各国科技文化水平的差异，因此，加强对国际知识产权的研究与交流也是十分必要的。

(4) 设计知识产权转化为直接生产力的管理策略

即设计知识产权（设计专利、设计作品、商标、品牌形象等）产业化实施的管理。为此，企业、设计院校、设计服务机构及政府等各方都需要制定相关的知识产权管理策略和规划，并且注意密切配合、共同合作，真正做到设计产业化，为社会做出贡献。

(5) 企业人才资源的隐性知识资本管理

隐性知识资本主要包括企业员工具有的知识结构、工作技能、创新设计能力、合作能力等。这是企业设计创新的源泉。只有在管理上注重以人为本的创新激励模式，才能充分尊重并激发设计主体的创造性，促进设计创新，这也是知识产权管理的一项重要内容。

总之，工业设计知识产权管理，不是单纯的事务管理，而是带有战略性质的、系统化的管理体系，其核心就是保护和创新。设计知识产权管理制度的确立健全，对中国工业设计的健康发展具有重大的意义。对于工业设计知识产权管理这一新课题，还必须在理论上、实践上加强研究。

8.2.2 企业设计知识产权保护的阶段策略

企业的产品设计开发大致经过以下四个阶段。

① 项目选定阶段。这一阶段的基本工作是研究（research）。研究又分为基础研究和应用研究两个方面。基础研究的成果是新的知识，表现为智力活动的规则；应用研究的成果是新的设计方案、蓝图、效果图等，总的来看，这一阶段的成果属于思想（ider）的范畴。因大部分内容缺少工业实用性，故获得专利保护的难度较大，但可能得到技术秘密或版权的保护（仅限于思想表达部分）。

② 开发中试阶段。这一阶段的成果表现为产品或技术模型（prototype）。模型可以是关于工艺或方法的准确的记载，也可以是小批量的样品。这一阶段的成果有重要的工业应用价值和固定的表现形式，因而可能具有专利性、版权性、技术秘密性。

③ 批量生产阶段。这一阶段可申请商标注册，为产品上市作准备。

④ 市场化阶段。

根据以上对设计开发产业过程的分析，可以看出，各阶段的设计成果的属性并不同，受到保护的可能性差别很大，对保护的要求也不相同。如图 8-2 给出了不同阶段保护的可能[1]。

---

[1] 参见《高新技术与知识产权法》P318～319，陈传夫，武汉大学出版社，2000 年。

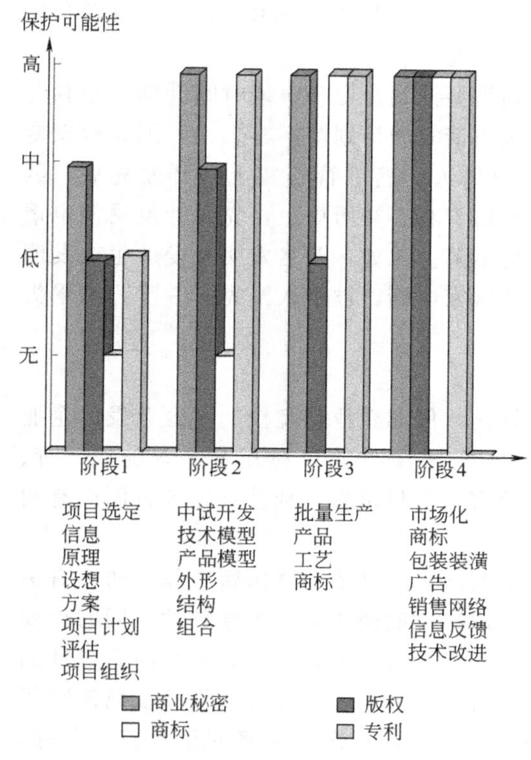

图 8-2　设计开发过程中各阶段受到保护的可能性

可见，在设计开发各阶段，知识产权保护水平是不一样的。例如，在阶段 1，因为许多成果达不到知识产权法要求的标准，因而保护水平较低；在阶段 3 和阶段 4，大部分内容可以受到专利、版权、商标等法律的保护，因而保护水平较高，在这两个阶段加强设计知识产权保护，意义尤其重要。

另外，针对企业开发各阶段的特点，有些专家还提出企业知识产权综合保护的模式。所谓综合保护模式，是指企业综合运用版权、专利、商标法、反不正当竞争、技术合同等法律，加大知识产权的保护力度的策略。这在第 6 章的部分内容中已有体现。

总而言之，企业应该针对自己开发产品的不同形式和阶段，寻求适当的保护模式，综合运用设计知识产权法，实施阶段性、综合性保护。

8.2.3　企业设计开发与专利管理的要点

日立公司认为，设计开发工作与专利管理的关系，就如同车的两个轮子一样，缺一不可。企业要想成功实现设计开发与专利管理，应该注意以下一些主要内容。

（1）制定专利开发计划

企业在制定新产品开发计划、新技术开发计划时，必须与专利开发计划的制定紧密结合起来。因为企业的产品再好、再先进，产品的设计再新颖、再畅销，若没有专利保护，就不会有占领市场的地位。企业在这一阶段需要弄清许多情况，其中特别重要的是技术动态、取得专利的可能性以及其他企业相关专利的情况。

专利开发计划一般包括专利类型计划、专利申请时间计划、专利开发资金计划等内容。比如，专利申请时间计划就不容忽视，因为根据专利的先申请原则，权利授予先申请人，而不管事实上的开发先后，因此，企业应该及时将设计成果申请专利。在历史上，先设计发明但申请在后、以致痛失专利的例子屡见不鲜。比如，著名发明家爱迪生在发明出电影后，由于没有及时在欧洲国家申请，被别人抢先了一步，结果失去了在英国和欧洲大陆的市场。

（2）订立开发协议

专利开发的形式正趋于多样化，例如企业与院校的联合开发、企业与企业间的虚拟开发等，通过开发协议明确专利开发各方的权、责、利，特别是在有关成果发布、保密、资料保管、利益分配等方面应有明确规定。

在开发过程中、尚未申请专利前，尤其要加强保密工作，防止有关人员擅自以论文等形式对外公布成果，而使成果丧失新颖性，同时也要注意不正当的竞争造成的失密。例如，某企业开发一新项目时，设计图纸资料全掌握在一个人手里，项目开发完毕，该设计人员却在离岗时将资料全部带走，没给企业留下任何一点，后来他又将此设计换了名称，并以其亲友的名义申请设计专利，结果不但取得专利权，还凭此设计成果获得了国家科委的科技成果奖。

显然，在管理企业与员工的利益关系上应采取切实有效的手段。例如，西方某跨国公司与员工签订的《关于秘密信息与知识产权协议》中明确规定以下条款："雇员在受雇期间产生的本人单独或合作完成的任何构思、概念、设计、发明、技术及其他形式的作品，其著作权和其他知识产权依法属于公司"。为了保证本条款的实施，协议还规定了具有很强操作性的条款，例如雇员在完成上述成果时必须向公司报告的制度。为防止雇员在工作期间使用别人的成果而导致侵权，该协议明文规定："雇员不得向本公司及其子公司披露或在其业务中使用，或导致他们使用第三方的秘密信息或资料"。并要求雇员在受雇时列出属于本人的成果，以防止出现侵权纠纷时反悔。

可见，在知识产权的取得、归属及其处置与收益分配上，签订一个互为权利义务的知识产权协议书，既能有效控制公司的设计成果，又使作为设计人的雇员乐于接受，并且还能对设计中的侵权、滥用等行为加以规范[1]。

（3）建立设计专利奖励制度，鼓励创新设计

美日等许多企业都制订有关专利的奖励条例。例如富士通公司每年

---

[1]《论承诺制度在知识产权保护工作中的运用》，张红兵，《知识产权研究》。

花在奖励员工设计发明创造上的奖金多达10多亿日元；美国IBM公司则规定员工的设计发明如属首次被采纳用于申请专利，就奖励1 500美元，第二次以后被采用时，每次给予500美元的奖金[1]。这些奖励投入和措施是十分必要的，能够更好的激发员工的创造积极性，中国的《专利法》也有规定，中国企业单位应该积极采用。

（4）专利信息的检索与分析

在专利开发阶段必须加强市场调查，搞好专利的情报信息工作。搜集和研究专利情报是专利开发的关键环节，通过专利情报资料的查询，掌握国内及国际的专利动态，避免专利纠纷，杜绝重复开发的盲目性，减少投资和赔偿的风险。

以专利产品设计开发为例，首先要了解一系列关于竞争对手、产品、技术、市场等方面的信息和数据。

通过专利文献的检索和分析，能够准确掌握到：现有技术成长阶段；新技术的发展动态和可能应用领域；本行业的技术发展动态；竞争激烈的技术领域；未来产品发展趋势；部分竞争对手的研究开发动态；新产品的可能寿命、潜在市场的经济价值等重要信息。随时跟踪专利文献所提供的情报，能比仅依靠市场信息更早的预测某种产品的更新换代。

例如，1975年日本电子表工业的崛起，曾使世界钟表业发生了一次巨变，致使原来的钟表王国瑞士有半数钟表工厂倒闭。据分析，当中重要的一点，就是瑞士人忽略了对专利信息的捕捉和分析。因为专利文献早已对这次变革提出了预先警告，第一件电子表专利（联邦德国的哈密尔顿钟表公司“Pulsar”表）是在1970年出现的，紧接着在1971年出现了与电子表有关的液晶显示产品专利。日本钟表企业正是密切注意了相关的专利情报，及时开发电子表产品，才能够在电子表业中独占鳌头。而瑞士企业如果对当时的专利信息捕捉及时并积极行动，就可以避免或减少由于未估计到技术和消费变化形势而造成的经济损失[2]。

了解上述情况，企业就可以保证专利产品设计开发选题的正确性。因为企业可以了解相关行业的技术现状和水平，透视该技术或产品设计的发展趋势，从而确定待开发的新产品是否具有市场竞争力，是否符合需要，以避免无效投入和设计开发的盲目性。

企业利用专利情报除保证研究、开发计划选题的正确性外，还可以开拓研究视野，启迪研究思路，提高研究开发效率。例如，西安飞机工业公司为了缩小与发达国家航空技术的差距，提出了“美国波音公司专利文献的开发应用研究”课题，其中共检索、筛选821项专利技术，分

[1] 参见《企业知识产权战略》P151，冯晓青，知识产权出版社，2001年。

[2]《创新与保护——专利经营启示录》马秀山，科学出版社，2001年。

类翻译汇编了《波音公司航空专利选辑》，用于指导科研攻关和技术创新工作，先后为工艺、设计解决了很多科研难题[1]。

（5）加强设计部门与专利部门的沟通

对于企业来说，加强设计部门与专利部门的沟通合作，使其制度化、经常化是非常必要的。其主要内容包括：①市场情况；②专利情报；③与专利相关的法律制度；④竞争对手情况；⑤专利的前景、开发的可行性。

需要指出的是，专利部门不仅是企业内部的，也包括政府、事业单位的专利部门。比如，现在一些大企业很重视与外观设计专利部门的交流，因为该部门拥有国内外丰富的设计文献，审查员也通过接触大量的设计申请案，对设计趋势、市场发展方向往往有独特和准确的分析。这些资源正是企业设计开发所急需的。

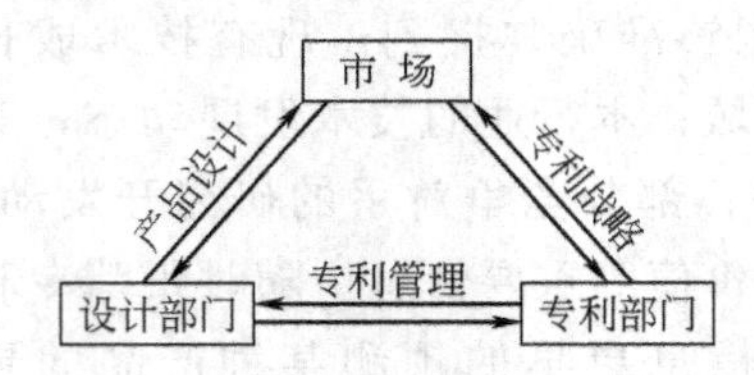

具体来说，企业可以根据需要选择采用如下的沟通管理方法[2]：

① 产品策略小组会议　定期召开由专利部门、管理人员、市场销售、设计、研发制造与财务人员共同参与的产品策略会议，寻找符合公司整体策略、品质需求与市场契机的未来产品开发方向；

② 产品技术研讨会　由专利管理人员、顾客群、供应商等参与，掌握市场情况，开阔视野；

③ 产品开发项目管理　利用项目管理，协调整合公司各个参与项目的部门与人员，使开发工作从开始的概念设计，一直到后面的成品设计都能在交互沟通中进行，并确保产品的成本、品质与可靠度；

④ 产品创意小组与提案　由直接参与产品制造与销售服务的人员以及专利情报人员，共同参与激发产品改进的创意，提出改进的方案，包括产品设计、生产技术与行销策略；

⑤ 产品问题防治小组　为避免在产品开发过程中不断地出现错误，且防止时间、金钱与人力不必要浪费，产品的开发工作必须受到监督和控制；

⑥ 产品设计管理小组　公司内常设以产品开发为主要功能的组织，组织的成员应包括公司各个部门，其功能在于解决产品开发策略、组成专案成员、确立市场目标等决策问题。

（6）加强专利投入、产出的记录和考核

---

[1]《企业知识产权战略》P106，冯晓青，知识产权出版社，2001年。

[2]《企业对设计的组织与管理》，刘志，郭宏峰《未来与发展》，2006-6。

从专利的开发阶段就要对其所消耗的各种费用进行记录核算，并按每一个开发项目进行独立管理与核算，为将来无形资产价值的核算打下可靠的基础，为核算专利的经济效益及奖励开发人员提供依据。

（7）加强对市场的监控

企业的管理者要有强烈的专利意识，要学会运用专利法保护自己，要注意各类信息和市场动态，对市场加强监控。如果发现市场上有侵犯本企业专利权的行为，就要主动出击，搜集证据，并采取措施予以制止，把损失降低到最低程度。

以下是日本企业进行技术开发与专利管理的活动流程[1]：

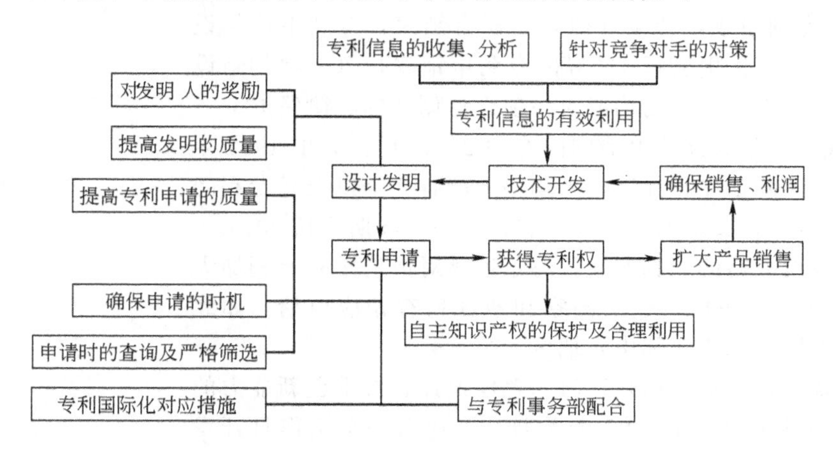

8.2.4 海尔集团的设计知识产权管理模式[2]

海尔是国内在工业设计知识产权管理方面做得很好的企业。1987年海尔首家成立了企业自办的知识产权部门——海尔知识产权办公室。这一机构设立于企业核心管理层内，其主要职能即是全面开展企业商标管理、创建品牌，以及专利申请和保护等工作。为海尔十几年的产品创新、技术创新、经营理念创新、品牌增值发挥了不可或缺的指导作用。

① 企业的知识产权意识。“现在的海尔，没有知识产权管理，就谈不上设计创新和参与市场竞争，这已被所有普通管理人员所接受并自觉地运用到实际工作中去”。“企业的新员工，包括刚毕业的大学生，首先接受的企业文化教育中关于知识产权对企业发展和具体工作的指导作用，被当成一项主要内容来培训，从而能够在日常工作中自觉地加以运用”。比如，对于新项目的规划和论证，从决策者到设计人员都会从本职工作出发，从多个角度来考虑知识产权。诸如：该项目的专利性；涉及到的各项新技术是否有在先专利申请保护；就相关经营领域和地区所注册的商标是否有效和全面；对竞争对手的不正当竞争能采取哪些相应

[1]《日本企业知识产权管理与保护手法介绍》，夏宇，《第三届“武汉·中国光谷”知识产权论坛交流材料》，武汉市知识产权局 2003-11。

[2] 参见《专利在海尔腾飞中发挥重要作用》，海尔，《电子知识产权》，1997-1。

对策等。“也就是对项目的前期论证，将会通过对知识产权方方面面的论证和准备工作进行全面覆盖，首先会形成一个全面的保护范围，并准备按已有规划着手实施。”

这就是目前知识产权工作在海尔管理体系中的重要性和普及性，可以说现在每个海尔员工的知识产权意识已经融入到工作的各个方面，并成为自觉的工作准则和日常行为。

② 以产品开发为内核的专利保护工作。“在海尔申请专利保护既是设计和技术创新的前提条件、又为创新过程提供技术要素和实现手段，同时也是创新成果的必然法律存在形式。”

“在海尔，没有专利申请，新设计研发就没有结束，专利申请与设计成果是一一对应的关系。即实行100%的专利申请率，每一项创新设计方案都会去申请一项专利，从而构成对一项设计创新的法律保护。”

截至1999年底，海尔累计共申请国内专利2 181项，其中1999年申请582项，按全年实际工作日计算，平均每天就有2个以上新专利问世。截至2000年上半年，又新增350项专利，较去年同期增长20%。

为保证国际化发展战略的顺利实施，海尔近年对申请国外专利加大了力度，目前对主要产品和技术输出国家和地区均有相应申请，如北美、欧洲、日本、韩国、东南亚和中东地区。

同专利申请大幅增长相对应的是，海尔整体设计、技术创新能力的提高。1999年全年共完成新产品287个系列，平均每一个工作日开发一个新产品系列。

③ 国内外营销网络拓展与商标注册申请战略。企业参与市场竞争，除在产品设计上进行竞争以外，企业自身品牌价值和形象竞争同样重要，甚至是首要因素。因为消费者在购买和使用产品前，是通过对企业商标认知程度的多少来决定是否接受产品的。

海尔是中国第一批驰名商标中的惟一家电品牌。“海尔的品牌经营战略，是要成为属于中国自己的国际化知名企业，目标是在全球范围内创建海尔品牌高知名度、高信誉度和美誉度的良好形象”。“海尔的海外扩张总体战略，就是通过先输出商标、再输出产品和管理理念的方式，最终成功实现企业经营的国际化发展。”

自1990年起，海尔坚持“先难后易”的出口战略，目前海尔品牌的各类家电产品在全球160多个国家和地区销售。其商标申请始终走在整体出口工作的前列。“海尔商标，包括中文、英文、图形标志，已在183个国家和地区申请2 000多个商标。即使在尚未开展商务活动的国家和地区，仍坚持商标申请先行策略，使海尔真正成为一个全球化的知名品牌”。

④ 商业秘密和反不正当竞争的保障。“海尔开发产品涉及到的保密信息，通过实施合同审核，以及专利申请权的购买与转让，以法律形式确定下来，纳入法律防范领域内，直接为企业进行各类反不正当竞争提

供法律保障”。

“在已经发生的多起仿制侵权案例中，正是由于海尔前期签订有合同规定，进而能够将复杂的技术内容，按照相关法律准则清楚准确地划定出权利范围，所以能够在法律上取得主动，切实维护企业合法的经济利益”。“目前海尔专利侵权案件诉讼审结率、胜诉率均达100%。”

总之，海尔成功发展十几年来的经验表明，具有强大的设计创新和技术创新能力是参与市场竞争的关键因素，而拥有广泛、自主的知识产权是这一关键因素的核心内容。

8.3 工业设计与专利策略

8.3.1 工业设计与专利策略的概念

工业设计与专利策略，包含了专利策略与工业设计两个概念，其主要特点就是，将企业工业设计与专利策略紧密结合起来，在设计创新中充分体现专利策略思想，其基本理论与具体策略是紧密围绕工业设计开发及其专利运作而展开的。其目的主要表现在以下方面[1]：

① 为领先于其他企业，并取得基本专利而进行设计创新；

② 已知顾客的需求，先于其他企业提出专利申请而进行设计开发和创新；

③ 除取得基本专利外，欲研究替代技术或建立专利网而进行设计开发；

④ 基本技术构思已知，为先于其他企业取得应用技术的专利，限制其他企业而进行设计开发；

⑤ 集中研究人员和设计人员，考虑将来生产什么样的产品，明确技术课题后进行设计开发；

⑥ 产品出现问题，考虑到其他企业也可能遇到同样的问题，为尽早解决该问题和取得专利，而进行设计开发；

⑦ 本企业受到其他企业专利的妨碍，为在最重要项目上开发产品而对其他企业采取专利对策。

工业设计与专利策略的内容涉及面相当广泛，包括设计的研究开发决策、专利申请、专利情报和市场情报的分析与利用、专利实施、与其他企业的竞争策略、专利诉讼等方面。

从对设计专利的运作分类，可以分为开发策略、经营策略、保护策略、利用策略等。例如企业开发中的基本专利策略、外围专利设计策略、绕过障碍专利设计策略等；为经营需要而采取的专利转让策略、交叉许可策略、专利与商标相结合策略等；为保护自己而采取的专利诉讼策略、取消对方专利权策略。

---

[1] 参见《企业知识产权战略》P99～100，冯晓青，知识产权出版社，2001年。

工业设计与专利策略的运用状况已成为企业在设计竞争、技术竞争、市场竞争中取得优势的关键。以西门子公司为例，其工业设计与专利策略的目标是：在知识产权方面的投资尤其着眼于提高公司的竞争能力，扩大可涉猎的技术的范围（设计自由），产生额外收入（许可收入），确保拥有独特的技术（排他性）[1]。

8.3.2 基本专利策略

基本专利策略，“是企业基于对未来发展方向的预测，为保持自己新技术、新产品的竞争优势，将其核心技术作为基本专利来保护，并控制该技术领域发展的策略。基本技术专利策略中的基本专利，往往是企业划时代的、先导性的核心技术或主体技术，它具有广泛应用的可能和获得巨大经济利益的前景”。

“一个企业如果具有强大的技术研究开发能力和雄厚资本，首先获得基本专利是非常重要的。国际上实力雄厚的大公司无不把这一策略放在首位。例如，美国杜邦公司的尼龙基本专利技术、施乐公司的复印技术等的开发和运用都为公司带来巨额利润。基本专利如果被进一步被接受为技术标准，那么在该技术领域的统治地位将更加牢固。”

基本专利尽管有很强的应用前景，但如果企业在开发基本专利技术时，不注意及时开发外围专利，以形成专利网保护，他人就极有可能在掌握基本专利技术内容后，抢先开发出外围专利，那么基本专利开发者反而会受到他人控制。日本企业就善于通过大量开发外围专利来遏制对手的基本专利。

因此，为了避免基本专利策略的孤立运用，企业采取以下措施是十分必要的：

第一，及时开发外围专利，为基本专利建立专利保护网；

第二，采取多种手段和途径，防止他人在基本专利技术周围某些残留未开发的领域获得专利。

8.3.3 外围专利设计策略

外围专利设计策略又称专利网设计策略，它是与基本专利策略相对的，其含义是围绕基本专利，设计开发出与之配套的外围专利。

“外围专利设计策略有两种类型”[2]：第一种类型，是拥有基本专利的企业，在自己的专利周围设置许多原理相同的小专利，组成专利网，抵御他人对基本专利的进攻；第二种类型，是在他人基本专利周围设置专利网，以遏制对方的基本专利。

有的企业并不具备开发基本专利技术的实力，但可以寻找空隙，绕过对方的基本专利，积极开发外围专利，构建自己的专利网，与基本专

[1]《西门子——创新与保护并举的全球化公司》，曲晓阳，《第三届“武汉·中国光谷”知识产权论坛交流材料》，武汉市知识产权局 2003 年 11 月。

[2] 参见《企业知识产权战略》P70～73，冯晓青，知识产权出版社，2001 年。

利抗衡。日本特许厅《开创未来的专利》一书中论述了外围专利对基本专利的有效钳制作用，该书指出，基本发明完成后如果忽视以后的开发，基本专利的权利就会变成孤立状态，会受到改进发明或应用发明的侵入。无论是改进专利还是应用专利，都会具有不亚于基本专利的威力。

例如，某外国设计师设计了一种新型自行车，想在日本转让该设计专利，却发现消息灵通的日本人已就该自行车脚踏板的绿色、黄色、蓝色、红色分别申请了专利，如果设计师想在日本出售有这些颜色脚踏板的自行车，就必须向这些颜色脚踏板的专利权人支付许可使用费，或者允许这些人生产销售自行车本身——他的专利已不知不觉陷入包围之中，保护范围大大削弱。

日本企业很善于运用外围专利设计策略，包围外国人的基本专利，围绕着基本专利筑起“铜墙铁壁”，限制其在日本的扩张应用，保护自己的市场利益。具体就是对该基本专利进行许多微小的改进，在别人核心技术周围构成一圈改进专利。

8.3.4 绕过障碍专利设计策略

若竞争对手的专利权十分牢固，并对本企业的技术开发构成制约，则可以实行绕过障碍专利设计策略，其主要方式是使用替代技术。

例如，1997年海尔向彩电领域发展。面对着国内外众多彩电品牌，和品种多样、各具技术特点的彩电产品，似乎很难再找到可以发展的空间。特别是以日本为首的国外彩电厂家已经申请了众多类型的专利，从各个方面对产品技术进行保护，这种严密的技术保护对产品开发造成极大的障碍。但是海尔通过对专利技术的跟踪，发现关于彩电屏显技术方面的专利保护并不完善。同时对消费者的调查显示，对于彩电显示屏开关机时瞬间闪烁射线，不仅对消费者视力造成损害，而且也是造成显示屏使用寿命缩短的最大因素。为此，海尔决定将设计研发重点放在如何绕过已有彩电屏显专利技术的障碍，以及对已有技术的改进和替代上来，以期研制出具有独特屏显技术的新型产品。设计研发目标确定下来后，海尔先后就彩电开关机显示方式设计出多种方案，最终确定以“拉幕式开关机”为主导方案的屏显技术，并申请专利，以最大范围覆盖住技术范围，从而确保了该项技术在国内应用的首创性[1]。

当然，如果实在无法绕过竞争对手的专利，那么企业只能考虑有偿引进该专利技术，或者干脆放弃该项目的开发计划，这也不失为明智之举，因为它避免了最坏的情况——盲目开发生产导致侵犯他人专利，而付出赔偿金。以索尼公司为例，它曾一度致力于电子照相机的研究设计，并投入数亿日元的资金，但当它发现美国波拉罗依公司在该项目的

---

[1]《专利在海尔腾飞中发挥重要作用》，海尔，《电子知识产权》，1997，1。

研究中已走在前头，而自己难以与之匹敌时，便立刻停止了该项目的进展。

8.3.5　专利转让策略

企业设计开发出的专利产品或技术，除了自己生产、实施外，还可以通过有偿转让专利的所有权或使用权的方式，获取利润。例如，日立光靠出售专利许可证，曾经每年收取使用费多达70亿日元[1]；而早在1989年美国得克萨斯仪器公司就创下了专利使用费年收入近1亿美元的记录，该公司董事长琼金说："企业的主要利润是专利的收入"。

当今世界，有形产品的价格和贸易呈下降趋势，而无形产品的交易和价值呈上扬势头。对于国际上的这种发展潮流，越来越多国家的企业都把专利贸易当作重要的收入来源，以美国为例，尽管它的有形产品进出口贸易连年出现赤字，但其以专利技术为代表的技术进出口贸易则连续多年为大额顺差，这笔贸易顺差主要就源于美国企业的专利转让收入。值得注意的是，近年来，发达国家不断提高专利使用费的收取标准来获取更多的利润。

企业实施专利转让策略主要适于以下场合[2]。

① 企业自身难以开拓市场，企业通过转让专利权，可以较快的换取资金，赚得利润。

② 如果企业的专利技术有可能使技术标准化，那么通过专利技术的转让可以加速技术产业标准化的过程。例如，菲利浦公司就曾经通过广泛的转让自己开发的录像机VHS带和BETA带专利技术，加速了该技术的标准化。

8.3.6　交叉许可策略

这是指企业签订交叉实施许可合同，以相互使用对方专利的策略。它一般有两种情况。

(1) 排除障碍的需要

任何企业都不可能开发或占有所有的技术，如果本企业拥有自主开发的专利，而竞争对手的专利比较接近，并且对本企业的生产经营构成障碍时，在无法排除或绕过该专利的情况下，就可实施交叉许可战略，以实现双赢。

(2) 合作垄断的需要

西方一些大企业为联合技术优势，合作垄断技术市场，就常常利用这种交叉许可策略达到对专利实施的垄断。在发达国家，跨国大公司不仅积极申请专利，并且根据市场竞争实力对比，相互间构成技术联盟，对内相互许可实施，对外统一抵制其他品牌进入该市场。在合作中，各

---

[1] 参见《企业知识产权战略》P75，冯晓青，知识产权出版社，2001年。

[2] 参见《企业知识产权战略》P76，冯晓青，知识产权出版社，2001年。

企业可以通过相互交换技术来弥补自身的不足。

8.3.7 “专利与商标相结合策略”[1]

专利和商标都属于工业产权，但它们保护的领域不同，专利保护的是新产品或其制造方法，涉及产品的结构、工艺和外观设计等方面；而商标是用来区别商品或服务来源的，保护的是商品或服务的信誉。企业如果能将专利与商标策略结合，会取得更好的效果，这就是专利与商标相结合策略。该策略主要有以下几种情况。

（1）专利与商标搭配策略

即企业允许他人实施自己的专利，但作为条件，要求对方必须使用本企业产品上的商标。使用这种策略，既可以提高本企业产品销量，又可以进一步培植本企业商标，提升企业的知名度。

（2）专利与商标交换策略

即企业以专利换取另一企业商标使用权，使配上该商标的专利产品投放市场后能有效吸引消费者，增加产品销量。实施这一策略应注意交换的商标应该有较大知名度和市场价值。

（3）利用商标承接专利策略

专利保护是有期限的。企业利用专利权在保护期内形成产品市场优势，当产品专利权届满后，这种优势就可能会丧失，此时如果用商标权进行承接，就可以保持这种优势。这就是利用商标承接专利的策略。

具体就是，先利用专利权的专有性形成产品的市场优势地位，形成一定的知名度（最好能为创造驰名商标打下基础），专利保护期届满后，再利用商标权延续对专利产品市场的持续控制。“实施这一策略，应该注意该专利的市场选择、专利产品开拓市场的程度以及注册商标的选择等问题”。

8.3.8 专利诉讼策略

可以说，专利转让策略和专利诉讼策略是国际大企业获取市场竞争优势的两大利器。作为一种常用的进攻型的专利策略，专利诉讼策略指的是“利用专利保护权限，收集竞争对手专利侵权的可靠证据，及时向竞争对手提出侵权警告，或向司法机关提起诉讼，迫使对方停止侵权、支付侵权赔偿费，以达到维护自己合法权益、获取巨额赔偿、打击竞争对手、确保市场竞争优势的目的”[2]。

例如，近来国外大企业不断向中国的DVD、手机等厂商发出侵权警告，大规模征收专利使用费，既获得巨额赔偿，又巩固了自己的市场地位。值得注意的是，其诉讼时机的把握很有技巧，充分显示出策

[1] 参见《企业知识产权战略》P78～79，冯晓青，知识产权出版社，2001年。

[2] 参见《企业知识产权战略》P81，冯晓青，知识产权出版社，2001年。

略性。

8.3.9 取消对方专利权策略

这是排除竞争对手的专利对本企业构成威胁的一种最常用的手段，即利用竞争对手专利上的漏洞、缺陷，启动专利制度中的无效程序，部分或全部取消对方的专利权。

例如，某日本仪器公司曾起诉中国某企业侵犯其产品的外观设计。该企业即迅速采取取消对方专利策略，通过各种渠道搜索资料，最终在某德国刊物上找到相似的产品设计先于申请日公开，结果以该外观设计缺乏新颖性为由，将其无效。

8.3.10 专利回输设计策略

专利回输设计策略是指，企业对引进的外国专利进行研究、消化，并加以改进和创新设计，再将创新产品和技术申请专利后，卖给原专利输出国。

运用专利回输设计策略，关键是要处理好技术引进与设计创新的关系。日本企业在这方面最为典型，就以历史上日本企业的电视机产业发展为例，日本企业从美国引进有关电视机的专利技术后，通过消化、吸收、改进和创新过程，使自己的电视机质量赶上了美国的电视机，又由于其价格便宜，反而占据了美国市场。正是日本的专利回输设计策略进攻导致美国的电视机产业一蹶不振。

8.3.11 “利用失效专利策略”[1]

“除因超过保护期失效外，专利权还可能由于专利权人自动放弃、未按规定缴纳年费而提前终止。利用失效专利策略就是从失效专利中有针对性地选择相关技术进行研究开发的一种策略”。

“据统计，世界上专利累计数已达 3000 万件，其中有效专利占12%左右，这说明企业可以从占专利总数 88%的失效专利技术中进行筛选，利用空间十分巨大。企业使用这些不再受法律保护的失效专利，技术风险小、效益高，是一种既简捷又经济省力的途径”。

例如，磁带录音机是由荷兰菲利浦公司发明的，但该公司由于错误认为当时发展录音机产业不会有市场，就主动放弃了该产品在多个国家的专利。结果，日本开发商即利用失效专利，先后开发出各式录音机，受到消费者普遍欢迎。

8.3.12 发展中国企业的工业设计与专利策略

根据美、日等发达国家的成功经验，中国企业应该大力发展工业设计与专利策略，促进设计创新和技术创新，增强竞争力，获得最佳的经济效益和社会效益。为此，中国企业目前主要应该做好以下工作。

① 制定正确的工业设计与专利战略。中国《辞海》对“战略”一词所下的定义是：战略是重大的、带有全局性的或决定全局的谋划。工

[1] 参见《企业知识产权战略》P87～88，冯晓青，知识产权出版社，2001 年。

业设计是一门系统学科，同样涉及到战略问题。要发展工业设计与专利策略，首先就要制定正确的工业设计与专利战略。随着知识经济时代的到来，中国的政府和企业已将如何运用工业设计与知识产权战略视为研究和决策的重点。

从国外经验看，企业设计创新战略的模式主要有开拓型和改进型。其中开拓型以美国为主要代表，其成果一般表现为基本专利；改进型以日本为代表，其成果多表现为改进专利、外围专利、应用专利。

“开拓型战略是一种积极主动地利用自己的技术优势和经济实力，抢先在同行前面，研究出富有技术竞争力和市场竞争力的很强创造性的专利产品的战略”❶。例如美国波拉罗依公司开发的一次性成像技术、苹果公司的 iMac 电脑设计等都属于这样的技术和产品。

开拓型战略是一种高屋建瓴、先发制人的战略。但并非任何企业都适于这一战略。一般实施开拓型战略应具备以下条件❶：

• 企业拥有较强的设计开发能力，并且能够为技术创新活动投入较多的资金和设备；

• 企业对技术的市场走向有较强的预见能力，企业在专利产品商品化、市场化方面有较强的开拓能力。

改进型战略则是指企业通过对本企业和他人的技术进行改进、完善，在原有基础上创新出高质量产品。例如，索尼公司曾经过深入决策，高价引进美国西屋电气公司的晶体管专利技术，并在该技术基础上，根据“小型化”方案，排除重重困难，设计开发出“六三型”袖珍收音机，这是个人用收音机的第一代产品，新产品在国际市场十分畅销，创造了出口 50 万台的世界纪录。

一般实施改进型战略应具备以下条件❷：

• 企业拥有比较健全的专利情报网络，并且善于分析和掌握其他企业的技术发展动态和市场动向；

• 企业有比较强的研究开发能力，特别是善于在已有技术基础上设计开发新产品；

• 企业有较强的生产、销售实力，特别是开拓新产品市场的营销力量。

中国企业从整体上说技术水平和设计开发能力还比较低，因此在开发战略上还应以改进型、追随型为主，要重视专利情报的作用，紧跟国内外企业的研究开发动态，加强合作，适当引进技术，并注意改进和创新，适时开发外围专利，逐步建立自己的工业设计与专利策略体系。

以中国汽车行业为例，目前中国汽车设计与技术能力和国外发达国

---

❶ 参见《企业知识产权战略》P102，冯晓青，知识产权出版社，2001 年。

❷ 参见《企业知识产权战略》P103，冯晓青，知识产权出版社，2001 年。

家还有相当的差距，现在总结出来的战略模式还是以改进型、追随型为主，其具体的工业设计与专利策略模式是：委托或参与国外设计，加以研究改进；或引进关键部件和技术，加以整合设计、生产。实践证明，这两种模式也都是取得知识产权的有效途径。例如，沈阳华晨公司委托意大利著名设计师乔治·亚罗设计“中华”轿车的外形，而公司拥有知识产权；哈飞汽车与意大利平尼法瑞纳设计公司联合设计“哈飞赛豹”车型，哈飞与该设计公司共同拥有知识产权，并拥有修改其设计的权利[1]。

其实，日本、韩国的汽车企业也是通过模仿市场上已有产品而逐步发展起来的，这是自主研发的初级阶段，是无法跨越的。中国奇端汽车的案例也很富有代表性。

奇瑞第一代车的底盘是模仿捷达的，车身是与台湾福臻模具实业股份有限公司联合设计的。而佳景科技有限公司作为奇瑞自主开发采用“外包”的第一个合作者，使奇瑞开始进入实质性的创新阶段，奇瑞与佳景合作，开发出的QQ小型轿车销售极其火爆，在国内市场上大大领先于国外著名汽车厂商开发的同类型产品。可以说，奇瑞正在努力超越单纯的模仿阶段，QQ的推出就体现了一个对细分市场的敏锐把握，比起单纯的“模仿+低价”是一个明显的进步，但这是远远不够的。

“佳景时代代表着奇瑞自主开发的第二阶段。在这个阶段，奇瑞的整车被分成了车身、模具和配套，奇瑞掌握整体控制和系统集成。随着创新需求的深化，随着自身对整合技术的把握，奇瑞还有将整车细分下去的打算。到2005年，他们计划将有8个平台共存。正在开发的多款车，奇瑞已经把合作资源延伸到国外。他们先后聘请了博通(Bertone)、平尼法瑞纳（Pinintarina）等欧洲和日本的设计公司为其进行其他车型的造型和工业化设计工作。在这个阶段，企业游走于创新和保护知识产权的中间地带”。

奇瑞与国内外的设计公司合作设计开发车型、变速箱、模具，甚至全系列的发动机，逐步将这些技术积累转移到自己手中，以取得对汽车核心技术的掌握，并拥有自己的多项专利。

“现在奇瑞已不满足于只做整车的整合，而要向汽车的核心技术——底盘设计能力和动力传动系统技术进军。而这种由外及里的发展道路，很难再获得直观的参照，意味着更多的投入和更大的风险”。

“在奇瑞的战略构想中，国际合作是其发展自主开发能力的第二阶段，第三阶段则是要设计较小、较低档的产品，然后向设计较高端产品爬升；最后要在第四阶段完全达到自主开发，形成自己的风格和特点”。[2]

当然，中国具备实力的企业也应该有更高的战略要求，开拓型战略

---

[1]《中国汽车行业当谋长远发展之策略》王美芳，《中国知识产权报》2004-4-10。

[2]《奇瑞的赌注》，朱琼，《IT经理世界》。

也是其应当考虑和可以实施的。

② 加大企业研究开发的投入，提高设计与技术水平。

③ 中国企业应当加强与政府及有关单位的合作，健全专利管理机构和专利文献数据库，注重对专利文献的研究分析，并加强行业协会的积极作用。

④ 加快企业专利商品化的进程，提高专利实施的效率

专利的实施，是指对取得的具有实用价值的专利，进行后续开发、中试、应用、推广直至形成新产品，发展为新产业的一系列活动。一项设计发明在申请专利并获得专利权后，一定要注意实施，世界许多国家的专利法还为此规定了实施的期限，如果在该期限内未加以实施，专利就会无效。美、日等国企业工业设计与专利策略的成功，与专利实施率较高也是分不开的。

8.4 企业商标[1]策略

“商标策略是现代企业的一种基本策略，它主要是通过对商标的精心选择和培育来提高其知名度，使其有效的传达企业的形象和产品质量，借以实现企业产品占有市场的目标。商标策略的实施需要转化为一系列具体的战术行为，即商标策略包括设计、注册、宣传、商标使用和维护以及商标管理等内容”[2]。

企业采取什么样的商标策略，应立足于自身的经济、技术实力，并综合考虑自己的经营方针、产品特点、竞争对手状况等多种因素。

8.4.1 企业商标设计策略

设计一个好的商标，是企业实施商标策略的第一步，也是商标策略成功的基础。国内外众多知名企业对商标的设计极为慎重，甚至不惜投入大量的人力和财力。例如，美国的美孚石油公司为设计一个既符合各国风俗，又符合各国商标法律的商标，邀请各方面专家调查了 55 个国家和地区，最后从设计的 1 万多件商标中筛选出“EXXON”（埃克森）作为该企业的商标，耗资 3 亿多美元[3]。

企业商标设计，不同于一般的标志设计，其涉及的因素较多，尤其应该注意以下方面。

（1）商标应具有显著性和艺术性美感

所谓商标的“显著性”，是指商标从总体上看具有独特性和可识别性。有关商标显著性的内容见 5.3.1 节，这里不再赘述。

商标的设计还要具有一定的艺术内涵，具有一定的审美价值，以美的、个性化的形象吸引人们的注意。

---

[1] 这里指注册商标。

[2]《企业知识产权战略》P156，冯晓青，知识产权出版社，2001 年。

[3]《企业知识产权战略》P165，冯晓青，知识产权出版社，2001 年。

（2）商标应具有合法性

商标的设计首先应考虑法律上的有效性，不具有合法性的商标是不能取得商标权保护，甚至是不能在市场上使用的。

（3）商标要适应消费者的消费需求和消费心理

由于受政治、经济、文化、历史、心理、生理多种因素的影响，不同的消费群体在兴趣向往、文化素养、消费水平等方面也存在差异，形成不同的消费需求和消费心理。在商标形象的定位和设计时，应该充分考虑消费者的消费需求和消费心理，并与之相适应。

一般而言，可以根据消费者不同的消费需求和消费心理，将商标分为“功能实用型”、“感官刺激型”和“社会地位型”三类。

功能实用型商标形象侧重于表达商品的实用性、功能性；感官刺激型商标形象强调受众感觉上的愉悦，往往表现为使消费者对商标形象的新、奇、特产生一种心理满足感和感官上的刺激；社会地位型商标则侧重的是人在社会关系中获得的某种社会地位、社会评价。

（4）“商标要适合商品特点，易引起消费者美好的联想”[1]

虽然中国《商标法》规定，商标不能直接表示商品的质量、主要原料、功能、用途及其他特点，但企业商标还是应根据商品或服务的特点来设计，向消费者暗示商品或服务的某种特性或质量。同时，商标也要易于引起消费者美好的联想，使消费者对商标及其商品或服务产生好感。

比如，“Sprite”饮料初次出现在香港市场上时，根据港澳取吉利心理的常规，按其谐声取名为“事必利”，实际销售情况并不好，后改名为“雪碧”，表达纯洁、清凉之意，兼雪的凉爽与水的碧绿于一体，容易使人联想起酷热盛夏中的皑皑白雪给予的凉爽舒适，因而深受中国消费者欢迎，并迅速占领了中国市场。

（5）符合企业形象

由于商标是企业形象的重要组成部分，这就要求商标与企业形象战略（CI）的风格、观念等方面保持一致。例如，德国宝马公司确立了“在人生的道路上全速奔驰”的形象概念，其商标设计充分体现了这一精髓。

（6）商标要适合于各种广告媒体

消费者对某一商标的认知主要有两个途径：通过购物认知和通过广告宣传认知。其中，通过广告宣传熟知某一商标的人数比例是很大的。因此，广告宣传对于提高商标的知名度和信誉无疑是十分重要的。

从另一角度看，商标设计也要适合于各种广告媒体的宣传。特别是随着数字化科技与网络等新媒体的发展，优秀的商标设计应该能与各种

[1] 参见《企业知识产权战略》P168，冯晓青，知识产权出版社，2001年。

新媒体完美结合，为受众创造更鲜明的形象。

(7)“商标设计应适应民族的文化和法律规范

有的国家商标法根据本国的风俗作了一些特殊规定，或者存在一些禁忌。因此，出口商品的品牌商标设计，应注意要和各地的社会文化传统相适应，要符合当地的法律规范，不要违背当地的风俗习惯和各国的宗教信仰，特别是各地的忌讳。

例如，中国出口的“白象”牌电池在东南亚各地十分畅销，因为白象是东南亚地区的吉祥之物，但在欧美市场上却无人问津，因为“白象”的英文“White Elephant”意思为“累赘无用、令人生厌的东西”，可见谁也不会喜欢；中国的“蓝天”牌牙膏出口到美国，其译名“Blue Sky”则成了企业“收不回来的债券”，销售受到很大影响。

8.4.2 一产品一商标策略

顾名思义，一产品一商标策略就是指企业在其生产的不同商品上各自使用不同商标的策略。以国际著名的联合利华公司为例，该公司的产品涉及化学、医药、食品、化妆、清洁卫生等多个门类，其每推出一个新产品就采用一个新商标，据称是当今世界上拥有商标数量最多的公司。

采用这一策略，就是根据不同目标市场的需要，按照市场细分原则，以不同的商标去适应不同的目标市场。

以美国P&G公司为例，在洗发水上分别使用“潘婷”、“海飞丝”、“飘柔”、“沙宣”等不同的商标，其个别商标策略就重在产品与商标的市场定位。如“海飞丝”强调“去屑”，目标是“拉近人的距离”；而“沙宣”强调“优质的护发品质”，以“时尚、前卫”为目标。正是这样的定位和策略，才能使企业在广泛的市场竞争中赢得优势。

产品商标策略的优势主要包括：

① 减少经营风险，不会因为个别种类商品质量出了问题而影响其他商标；

② 有利于吸引消费者有针对性的购买商品，扩大商品销售。

个别商标策略的局限性主要是，由于要注册的商标较多，就会增加广告宣传费用和设计、注册、保护、管理商标的费用。同时，也加大了企业管理的难度。

所以，个别商标策略一般适用于企业产品种类较多，并且其质量、规格、档次或工艺相差较大的情况。

8.4.3 统一商标策略

统一商标策略是指企业所有商品都使用同一种商标的策略，例如美国的3M公司、日本的夏普公司等都采用统一商标策略。

统一商标策略的运用有以下优点：

① 有利于企业借助商标信誉推出新产品；

② 可以节省开发、维护、管理、宣传商标方面的开支，相应的可以在一定程度上降低产品销售成本。

运用统一商标策略的局限性是：

① 一旦某个产品的质量出现问题，必然殃及统一商标和其他产品；

② 必须避免在功能、用途上严重对立的商品（例如杀虫剂和护肤品，农药和人用药品等）上使用同一商标，这样无疑会限制企业的经营范围。

8.4.4 主从双重商标策略

这一策略是指，企业在每个产品上都使用两个商标，其中一个是代表企业信誉、形象的适用于各类产品上的主商标，另一个则是专门为该种特定产品设计的从商标，该商标代表产品的特殊质量。使用这一策略，既可以借助总商标的信誉开发新产品、拓展市场，同时也可以避免因某种商品出现问题而殃及其他产品。因而，这一商标策略也为许多国内外企业所采用，在汽车行业表现得尤为明显。如福特公司旗下有“野马”、“雷鸟”、“福克斯”等商标，丰田公司在不同汽车上分别使用“丰田 皇冠”、“丰田 佳美”、“丰田 花冠”等双重商标。

8.4.5 联合商标策略

联合商标策略，是指同一个商标注册人在同类或近似商品上注册两个或两个以上相同或近似的商标。联合商标主要是为防止他人未经许可在近似类别的商品上使用与已注册商标类似或相同的标识。

例如，杭州娃哈哈儿童营养食品公司就曾在其知名度极高的“娃哈哈”主商标的外围，向商标局申请注册众多的近似商标，如“哈哈娃”、“娃娃哈”、“笑哈哈”等，形成一个以正商标为中心的密集防护层。

8.4.6 防御商标策略

防御商标策略，是指同一商标所有人在不同类别的商品上注册同一个著名商标，以防止该商标在其他类商品上被别人注册使用。

防御商标的特殊功能就在于其防御性。例如，“金帝”是深圳金帝巧克力食品有限公司使用在巧克力商品上的著名商标，在国内市场上享有较高的声誉，为了更好的保护这一商标，该公司在所有 34 个类别的商品及 8 个类别的服务项目上申请注册该商标。这样，一个以“金帝”巧克力商标为核心的防御商标体系便建立起来了。它既可以防止其他企业在别类商品上注册或使用与“金帝”相同的商标，以避免消费者误认为这些商品与“金帝”巧克力同出一源；同时也为金帝公司以后发展新的生产经营项目保留了形成系列商标的充分条件。

8.4.7 集体商标策略

集体商标是指以团体、协会或其他组织名义注册，供该组织成员在商事活动中使用，以表明使用者在该组织中的成员资格的标志。如佛山的“佛山陶瓷”、南海的“盐步内衣”，中山市的“古镇灯饰”，东莞市的“虎门服装”，广州的“新塘牛仔服装”等，都分别申请注册了集体商标。

长期以来，“由于国内制造行业大多数企业规模较小，生产和营销的主体过于分散，导致在市场上竞争力薄弱，有时内部还会出现恶性价格竞争。而集体商标可以把中小企业力量集中起来，整合资源，节约成本，统一管理、统一品牌、形成合力、扩大规模、创出品牌，提高商品和服务的竞争能力，弥补企业规模较小的竞争劣势”[1]。

8.4.8 CIS与商标形象策略

CIS战略系统（Corporate Identity Systems）是美国于20世纪50年代开始使用的一种战略，也称为企业形象战略体系。CIS战略是一种结合了现代设计观念和企业管理理论的整体性战略，它借助各种信息传达手段，让社会公众正确理解企业的经营理念、产品和服务品质，旨在通过创造和提升个性化的企业形象，来增强企业的市场竞争力。

完整的CIS包括三个子系统，即MI（Mind Identity 理念识别）、BI（Behaviour Identity 行为识别）和VI（Vision Identity 视觉识别）。其中理念识别是企业文化的浓缩，包括企业性格、经营观念、企业信条、经营理念、经营方针等；行为识别是企业经营理念外在的动态表现，包括企业内部的干部教育、员工素质及行为方式、工作环境、生产设备等，以及企业对外的市场调查、公关宣传活动，促销活动、社会公益活动、文化活动等；视觉识别是企业经营理念外在的静态表现，包括基本设计要素（企业名称、商标、标准字、标准色、吉祥物等）和应用系统（包括办公用品、企业车辆装饰、员工制服、环境布置与展示、招牌、产品包装等）。

商标策略与CIS战略具有内在的联系。从广义的CIS战略理解，商标策略可视为CIS战略的组成部分，而且是不可缺少的组成部分，因为商标本身就可以是一个完美的艺术形象，而商标形象就是企业形象的一个重要组成部分。

一般说来，企业CIS中的商标形象策略，主要包括三个部分：根据消费者的需要和企业形象战略设计创造出特定艺术形象的企业商标；出于企业形象战略的目的使用商标；通过提升商品质量、开展社会公益活动等手段树立良好的商标信誉和企业形象。

8.4.9 商标竞争策略

商标是企业的重要无形资产，是其信誉、价值、竞争力的象征。因此，商标竞争是现代企业市场竞争的一个主要方面，其核心内容就是企业充分利用商标开展市场营销活动，最大限度地开拓和占领市场。

在实施商标竞争策略的过程中，各商家为了赢得优势地位，积极采取各种商标手段，其竞争的激烈程度可想而知，最具代表性的就是奥运赞助的品牌竞争。

据测算，一般情况下，投入1亿美元，品牌知名度提高1%，而赞助奥运，投入1亿美元，知名度可提高35%，有着普遍广告3倍的回报率。1996年亚特兰大奥运会期间，可口可乐公司以参加TOP计划为核心，密切结合广告、促销和公关等其他手段，开展了一系列规

---

[1] 参见《集体商标撬动市场》，周志明，《中国知识产权报》2004-3-30。

模空前的商业沟通活动，这些使可口可乐公司在开展“奥林匹克行动”的8个月中，全球的销售量增长了9%，当年第三季度的盈利同比增加了21%，达到9.67亿美元，而其“死敌”百事可乐却同期猛降了77%。

加入TOP计划的企业将获得在全球范围内使用奥林匹克知识产权、开展市场营销等权利及相关的一整套权益回报，更为重要的是TOP伙伴享有在全球范围内产品、技术、服务类别的排他权利。这种类别的排他权利通过国际奥委会与各国（地区）奥委会和奥运会组委会签订协议的方式在各国和地区得到保障[1]。

正是因为奥运会具有如此大的品牌魅力，全球大企业才会趋之若鹜。但是奥运会的赞助企业太多，而每个行业的赞助商通常只有一个，因此奥运赛场不仅是运动健儿们的竞技场，也成为知名大企业品牌的竞技场。其中，阿迪达斯力拼耐克、可口可乐大战百事可乐，尤其引人注目，其激烈程度令人咋舌。

以悉尼奥运会为例，阿迪达斯挤掉耐克成为赞助商，禁止耐克商标以任何形式进入赛场，包括利用观众拼出耐克图案；而可口可乐作为主赞助商，也是极力排斥百事商标以任何形式与奥运结合在一起，甚至不准观众带着百事可乐的饮料瓶进场。面对被“封杀”的不利形式，耐克、百事自然不会甘心束手待毙。耐克想方设法在赛场外的各种场合宣传其商标，并戏称之为“伏击策略”，这就让阿迪达斯大为不满，但也只能抱怨组织者管理不力。

8.4.10 驰名商标保护策略

可以说，任何企业都希望自己的商标是驰名商标，驰名商标保护策略也应该是商标策略的最终策略。

根据中国《商标法》规定，驰名商标（Well-known Trade Mark）是指“在市场上享有较高声誉并为相关公众所熟知的注册商标”。

由于驰名商标的巨大市场效应，它更容易受到来自各方面的侵害。企业要注意强化对驰名商标进行保护。

（1）设立企业商标管理机构

企业商标管理机构应负责市场调查、商标设计、商标注册、商标使用管理、商标档案管理、商标标识生产管理、废旧商标标识处理等基础性工作。

（2）谨慎运用商标许可

拥有驰名商标的企业应当谨慎运用商标许可。“企业在许可之前对被许可人的经营管理水平、技术实力、资信状况等有一个通盘的了解，以确保被许可人生产的产品质量不低于本企业生产的产品质量”[2]。否

---

[1]《企业品牌的竞技场》，高洁，《中国知识产权报》。

[2]《企业知识产权战略》P215，冯晓青，知识产权出版社，2001年。

则，就存在“砸牌子”的可能。

（3）及时防止和追究各种侵害行为

8.5 企业专利、商标策略实例

8.5.1 “中国牙刷之都”的设计与知识产权策略[1]

2004年6月1日，中国牙刷行业首个国家标准正式实施，全国所有牙刷生产企业都得按这一新标准组织生产。令人惊奇的是，这个国标的主要参与者竟是江苏省扬州市杭集镇的几家私营企业。据悉，这是杭集镇的民营企业注重工业设计与自主知识产权，用法律保护自己的权益带来的结果。

杭集是全国闻名的“牙刷之乡”，经过多年的发展壮大，目前全镇拥有1 600多家生产牙刷及配套产品的企业，其中上规模的有80多家。

在发展牙刷产业过程中，杭集人发现，高露洁公司的牙刷一支赚3～5元钱，而杭集众多私营企业生产的牙刷平均利润只有5分钱。经过反复思考，他们认识到，与跨国公司的差距关键在杭集牙刷缺少优秀设计与自主知识产权。

于是，1992年创立的三笑集团率先打出了自己的商标。1999年，高露洁公司与三笑集团合资，用2 100万美元买下了“三笑”商标。这一天价让杭集的牙刷生产企业深深感到了商标的重要性，它们开始纷纷注册自己的商标。五爱公司一直为外贸公司定牌加工，没有自己的商标。1999年后，五爱打出自己的商标“五爱”，用于内销，产品利润迅速提高2～3倍。尝到了自有商标的甜头，明星、劲松、新大生等企业也争相创立自己的商标。目前，杭集镇牙刷企业已拥有420个牙刷商标，“五爱”、“晨洁”、“倍加洁”、“美可”等品牌已成为国内外知名品牌。

与此同时，杭集牙刷协会引导牙刷企业积极申请专利，用知识产权保护自己，冲破洋人设置的牙刷外观设计专利壁垒。五爱刷业公司从2002年申请专利，目前，该公司已拥有中国专利180多项，牙刷专利产品年产值近亿元。他们设计、生产的专利产品带刮舌板的牙刷，受到了老年消费者的欢迎；带吸盘可站立的牙刷则解决了长期使用刷头易产生细菌的问题。扬州牙刷实业公司开发的专利产品音乐牙刷，只要刷牙姿势正确，就能放出美妙动听的音乐，能帮助儿童掌握正确刷牙的方法，受到消费者的欢迎，产品供不应求。这种牙刷只是在刷柄上加了一块音乐芯片，每支就卖到20多块钱，是普通牙刷价格的10倍。

由于拥有一大批知名商标和专利设计，杭集镇的牙刷行业发展

---

[1] 参见《小镇办成“中国牙刷之都”》，曾旭辉，《中国知识产权报》2004-6-25。

迅猛，产品远销全国各地和世界 50 多个国家和地区。据中国轻工总会提供的资料显示，杭集牙刷产销量占全国的 80%、全球的 22%，被中国轻工总会和中国日用工业品协会授予“中国牙刷之都”的称号。

8.5.2 身陷专利纠纷，英特尔采取的专利策略[1]

(1) 2.25 亿美元与 Intergraph 达成和解

2001 年，美国 Intergraph 公司指控英特尔公司的安腾芯片技术侵犯了该公司 Clipper 处理器的专利权。得克萨斯州的一家法院在 2002 年底做出了有利于 Intergraph 公司的裁决。

因为产品线的关系，这场官司还牵涉到其他 IT 公司。Intergraph 公司还一直起诉戴尔，为此，戴尔表示，它和英特尔签订有补偿协议，英特尔有义务就戴尔的专利官司买单。于是，英特尔只有以 2.25 亿美元和 Intergraph 和解。

这也是英特尔与 Intergraph 的第三份和解，早在 1997 年，英特尔就一起围绕奔腾处理器的类似案件，以 3 亿美元与 Intergraph 和解。

而 Intergraph 的 CEO 则将与英特尔的和解称为“Intergraph 公司知识产权许可和诉讼策略有效性”的一个典范。

(2) 交换授权，起诉威盛以和告终

英特尔在 2001 年 9 月对威盛公司提起诉讼，指控其处理器及芯片组产品侵犯英特尔的专利权。而威盛随即反诉，指控英特尔的处理器产品侵犯威盛的专利。

最终，双方宣布和解，根据达成的协议，双方除撤回诉讼外，将签订交换授权协定。

业界认为，英特尔此次开出的授权条件极为优厚，远超过以往的强硬作风，可能是其自认为起诉威盛胜诉的概率不大，而且一旦败诉，更可能直接影响英特尔 CPU 核心专利。因此，英特尔通过和解及交换授权策略，以获得更多的回旋余地。

(3) 英特尔的反颠覆策略

从英特尔所处的纠纷来看，许多大公司都面临竞争对手的破坏性创新，而且往往由于对手众多，想从中分辨出真正的威胁者并非易事，英特尔就是数次遭到这样的打击。

为了不被后来者从专利角度加以颠覆，英特尔提出以“反颠覆”来阻止破坏性创新的威胁。其策略包括：将市场细分，并彻底覆盖整个市场；在低端市场，降低价格；在高端市场力争在性能上处于领导地位；不断完善专利体系结构，系列新产品均保持后向兼容性，并不断申请专利，形成技术壁垒。

---

[1] 参见《身陷专利纠纷，英特尔难掩中年迟暮》，仰泳，《中国知识产权报》2004-4-15。

习　　题

一、名词解释

1. 工业设计知识产权管理；
2. 联合商标；
3. 防御商标。

二、问答题

1. 列举 10 个以上的具体专利策略模式，并做简单解释。
2. 简述企业商标的设计策略。

第9章 工程设计法规[1]

所谓工程，就是应用纯科学知识进行和操作实际的系统工程的艺术或科学。

工业设计的主要任务是产品造型设计。那么，产品造型设计与工程设计的区别在哪里呢？前者是对用手工或机器所生产的实用产品进行造型设计，将无形的技术转化成真实存在的物品，是为了满足人对物的使用和适用，实现的是人与物的关系；而后者则要求其设计的造型能够满足在机械性能基础上的机械结构之间的关系，实现的是物与物之间的关系。[2]

工程设计与建设法规涉及的范围十分广泛，从直接管理内容来看，涉及到城市规划、建筑工程、市政工程、村镇建设、风景名胜管理规划、房地产开发等多领域；从相关事业活动看，也涉及到经济合同、招标投标、产品质量、环境保护、文物保护、设计技术标准等多方面。

工程设计是工程建设的首要环节，是整个工程的灵魂。它是对建设工程在技术和经济上进行全面安排与规划的过程，是指根据建设工程的要求，对建设工程所需的技术、经济、资源、环境等条件进行综合分析、论证，编制建设工程设计文件的活动，包括对工程项目进行综合性设计，以及提供设计文件和图纸等。工程设计法规则是指调整工程设计活动中所产生的各种社会关系的法律规范的总称。

9.1 工程设计的原则

根据《建设工程勘察设计管理条例》(建设部2000年)、《基本建设设计工作管理暂行办法》(国家计委1983年) 等法规规定，为保证工程设计的质量和水平，相关法规规定，工程设计必须遵循以下主要原则。

①要遵守国家的法律、法规，贯彻执行国家经济建设的方针、政策和基本建设程序，特别应贯彻执行提高经济效益和促进技术进步的方针。

② 设计应当与社会、经济发展水平相适应，做到经济效益、社会效益和环境效益相统一。

③ 综合利用资源，积极改进工艺，采取行之有效的技术措施，使设计符合国家环保标准。

---

[1] 考虑到中国目前工程设计法规正在成熟的过程中，本章与第10章未设习题。

[2]《设计辞典》，张乃仁主编，北京理工大学出版社2002年出版。

④ 必须严格遵守工程建设技术标准。

⑤ 设计活动中鼓励采用先进技术、先进工艺、先进设备、新型材料和现代管理方法，以保证工程的先进性和可靠性。

⑥ 要根据国家有关规定和工程的不同性质、不同要求，从中国实际情况出发，合理确定设计标准。对生产工艺、主要设备和主体工程要做到先进、适用、可靠。对非生产性的建设，应坚持适用、经济、在可能条件下注意美观的原则。

⑦ 要注意专业化和协作。建设项目应根据专业化和协作的原则进行建设，其辅助生产设施、公用设施、运输设施以及生活福利设施等，都应尽可能同邻近有关单位密切协作。

⑧ 要保护环境，应改进工艺和设备，使设计符合国家规定的标准。

⑨ 要立足于自力更生，凡能自行设计或合作设计的，就不应委托或单独依靠国外设计。

9.2 设计阶段和内容

9.2.1 设计工作程序与阶段

根据《基本建设设计工作管理暂行办法》（国家计委 1983 年）的规定，设计工作程序包括参加建设项目的决策，编制各个阶段设计文件，配合施工和参加验收、进行总结的全过程。

设计阶段可根据建设项目的复杂程度而决定。即建设项目一般按初步设计、施工图设计两个阶段进行；技术上复杂的建设项目，根据主管部门的要求，可按初步设计、技术设计和施工图设计三个阶段进行；小型建设项目中技术简单的，经主管部门同意，在简化的初步设计确定后，就可做施工图设计；对有些牵涉面广的大型矿区、油田、林区、垦区和联合企业等建设项目，存在总体开发部署等重大问题，在进行一般设计前还应进行总体规划设计或总体设计[1]。

9.2.2 各设计阶段的内容与深度

（1）总体设计

总体设计一般由文字说明和图纸两部分组成。其内容包括：建设规模、产品方案、原料来源、工艺流程、主要设备配备、主要建筑物及构筑物、公用和辅助工程、“三废”治理及环境保护方案、占地面积估计、总图布置及运输方案、生活区规划、生产组织和劳动定员估计、工程进度和配合要求、投资估算等[2]。

总体设计的深度应满足开展下述工作的要求：初步设计，主要大型设备、材料的预先安排等。

（2）初步设计

---

[1] 参见《基本建设设计工作管理暂行办法》第 13 条。

[2] 《建筑法规》P44，朱宏亮主编，武汉工业大学出版社，2000 年。

初步设计一般应包括以下文字说明和图纸：设计依据、设计指导思想、产品方案、各类资源的用量和来源、工艺流程、主要设备选型及配置、总图运输、主要建筑物和构筑物、公用及辅助设施、新技术采用情况、主要材料用量、外部协作条件、占地面积和土地利用情况、综合利用和“三废”治理、生活区建设、抗震和人防措施、生产组织和劳动定员、各项技术经济指标、建设顺序和期限、工程设计概算等[1]。

根据《基本建设设计工作管理暂行办法》及有关法规的规定，初步设计文件，应根据批准的可行性研究报告、设计任务书和可靠的设计基础资料进行编制，工程设计概算必须根据初步设计图纸、概算定额或概算指标、材料价格、费用定额和有关规定进行。

初步设计的深度应满足以下要求：设计方案的确定，主要设备和材料的订货，基建投资的控制，施工图设计的编制，施工准备和生产准备等。

(3) 技术设计

技术设计文件，应根据批准的初步设计文件进行编制，其深度应能满足确定设计方案中重大技术问题等方面的要求。技术设计和修正总概算经批准后，是建设工程拨款和编制施工图设计文件等的依据。

(4) 施工图设计

施工图设计文件，应根据批准的初步设计文件（或技术设计文件）和主要设备订货情况进行编制，并据以指导施工。其深度应能满足以下要求：设备、材料的安排，非标准设备的制作，施工要求；施工图应该配套，细部节点应交代清楚，标注说明应清晰完整等。施工图预算经审定后，即作为预算包干、工程结算等的依据。

9.3 设计文件的审批与修改

9.3.1 设计文件的审批

施工图设计文件审查机构审查的重点是对施工图设计文件中涉及安全、公众利益和强制性标准、规范的内容进行审查。建设行政主管部门可结合施工图设计文件报审这一环节，加强对该项目设计单位资质和个人的执业资格情况、设计合同及其他涉及设计市场管理等内容的监督管理。

施工图设计文件中除涉及安全、公众利益和强制性标准、规范的内容外，其他有关设计的经济、技术合理性和设计优化等方面的问题，可以由建设单位通过方案竞选或设计咨询的途径加以解决。

在中国，建设项目设计文件的审批实行分级管理、分级审批的原则。《基本建设设计工作管理暂行办法》对设计文件具体审批权限规定如下。

[1]《建筑法规》P44，朱宏亮主编，武汉工业大学出版社，2000 年。

①大中型建设项目的初步设计和总概算及技术设计，按隶属关系，由国务院主管部门或省、直辖市、自治区审批。

②小型建设项目初步设计的审批权限，由主管部门或省、市、自治区自行规定。

③总体规划设计（或总体设计）的审批权限与初步设计的审批权限相同。

④各部直接代管的下放项目的初步设计，以国务院主管部门为主，会同有关省、市、自治区审查或批准。

⑤施工图设计除主管部门规定外，一般不再审批，设计单位要对施工图的质量负责，并向生产施工单位进行技术交底，听取意见。

9.3.2 设计文件的修改

设计文件是工程项目建设的主要依据，经批准后，就具有一定的严肃性，不得任意修改和变更，如必须修改，则需经有关部门批准，其批准权限，视修改的内容所涉及的范围而定。根据《基本建设设计工作暂行办法》，修改设计文件应遵守以下规定。

① 设计文件是工程建设的主要依据，经批准后不得任意修改。

② 凡涉及可行性研究报告的主要内容，如建设规模、产品方案、建设地点、主要协作关系等方面的修改，需经原计划任务书审批机关批准。

③ 凡涉及初步设计的主要内容，如总平面布置、主要工艺流程、主要设备、建筑面积、建筑标准、总定员、总概算等方面的修改，需经原设计审批机关批准。修改工作需由原设计单位负责进行。

④ 施工图的修改，需经原设计单位同意。

9.4 中外合作设计

自改革开放以来，中外合作设计项目越来越多，而加入世贸组织后，中国工程建设领域将更加开放。加强外国设计机构在中国的设计活动及中外合作设计活动的管理，已成为中国有关部门面临的重要问题之一，今后势必也要加强这方面的立法。

9.4.1 中外合作设计工程项目的范围

中国投资或中外合资、外国贷款工程项目的设计，需要委托外国设计机构承担时，应有中国设计机构参加，进行合作设计。

中国投资的工程项目，中国设计机构能够设计的，不得委托外国设计机构承担设计，但可以引进与工程有关的部分设计技术或向外国设计机构进行技术经济咨询。

外国在中国境内投资的工程项目，原则上也应由中国设计机构承担设计；如果投资方要求由外国设计机构承担设计，应有中国设计机构参加，进行合作设计。

《建设工程勘察设计市场管理规定》（1999）第二十二条　规定外国

勘察设计单位及其在中国境内的办事机构，不得单独承接中国境内建设项目的勘察设计业务。承接中国境内建设项目的勘察设计业务，必须与中方勘察设计单位进行合作勘察或设计，也可以成立合营单位，领取相应的勘察设计资质证书，按国家有关中外合作、合营勘察设计单位的管理规定和本规定开展勘察设计业务活动。

9.4.2 外国设计机构的资格审查

外国设计机构的设计资格经审查合格者，方可承担中国工程项目的设计任务。外国设计机构的资格是否合格，由设计项目的主管部门进行审查。

审查设计资格是否合格的主要内容包括：外国设计机构所在国或地区出具的设计资格注册证书；技术水平、技术力量和技术装备状况；承担设计的资历和经营管理状况；社会信誉。

9.4.3 中外合作设计的合同管理

合作设计双方必须签订合作设计合同，明确双方的权利和义务。合作设计合同应包括以下内容：①合作设计双方的名称、国籍、主营业场所和法定代表人的姓名、职务、国籍、住所；②合作的形式、目的、范围和期限；③对设计内容、深度、质量和工作进度的要求；④合作设计双方收费的货币构成、分配方法和分配比例；⑤合作设计双方工作联系的方法；⑥违反合同的责任；⑦对合同发生的争议的解决方法；⑧合同生效的条件；⑨合同签订的日期、地点。

在签订合作合同时，被选定为合作设计的主设计方应与项目委托方签订设计承包合同。

9.4.4 中外合作设计的其他管理

合作设计可以包括从工程项目的调研、勘察到工程设计的全过程，也可以选择其中一阶段进行合作。

合作设计应采用先进的、适用的标准规范，合作设计双方应互相提供拟采用的范本。

合作设计双方要进行设计文件会审，并对设计质量负责。合作设计双方按合同完成设计后，送项目委托方审查认可。

在合作设计的过程中，合作设计双方应按合同要求严格履行自己的义务，如未达到合同要求，应按合同规定承担责任。

合作设计双方设计所得收入，应按中国有关税法规定纳税。

9.5 工程设计单位的质量责任与义务

建设工程质量有广义和狭义之分。从狭义上说，是指在国家现行的有关法律、法规、技术标准、设计文件和合同中，对工程的适用、经济、美观、安装等特性的综合要求。广义上的则还包括工程参与者的服务质量和工作质量。加强建设工程质量的管理，是一个十分重要的问题，为此设计单位也要承担一定的责任和义务。

（1）遵守职业资质等级制度的责任

职业资质制度是指，依法取得相应资格的单位，才允许在法律规定的范围内从事一定建筑活动的制度。凡从事工程设计的单位，都必须经过主管部门对其人员素质、管理水平、注册资金、业务能力、设计业绩等进行审查，根据工程设计资格的行业分级标准，确定其资质等级和承担任务的范围，并发给相应的资质证书。

中国的工程设计资格分为甲、乙、丙、丁四级，不同级别的单位承担任务的范围也不相同。例如，持有甲级证书的单位，可以在全国范围内承担大、中、小型工程项目的设计任务；持有乙级证书的单位，可以在本省、自治区、直辖市范围内承担中、小型工程项目的设计任务。设计单位必须在其资质等级允许范围内承揽工程设计任务，不得擅自超越资质等级或以其他设计单位的名义承揽工程。

（2）实施工程标准设计

标准是指对重复性事物和概念所做的统一性规定。它以科学技术和实践经验的综合成果为基础，经有关方面协商一致，由主管机构批准，以特定形式发布，作为共同遵守的准则和依据，以获得最佳秩序和社会效益。

工程建设标准设计，是工程建设标准的组成部分，是指对各类建设工程的设计中需要协调统一的事项所制定的标准。制定和实施先进的标准设计，对保证和提高工程质量将起到重要作用。

按执行效力，工程设计标准可分为强制性设计标准和推荐性设计标准。按照国家有关规定，前者一经颁发，就是技术法规，在一切工程设计工作中都必须执行；后者一经颁发，设计单位要因地制宜地积极采用，凡无特殊理由的不得另行设计。

例如，GB/T 19001—ISO 9001 质量保证标准，阐述了从产品设计、产品生产到售后服务全过程的质量要求标准。该标准只是推荐性标准。但如果它一旦被法规或合同确定采用后就是强制性标准。

（3）建立质量保证体系的责任

中国建筑法规定，国家对从事建筑活动的单位推行质量体系认证制度。设计单位应建立健全质量保证体系，加强设计过程的质量监控，并对其设计的质量负责。设计单位应健全设计文件的审核会签制度。注册建筑师、注册结构工程师等注册执业人员应当在设计文件上签字，对设计文件负责。因设计质量造成的经济损失，由建筑设计单位承担赔偿责任，建筑设计单位有权向签字的注册建筑师追偿。因建筑设计质量不合格发生重大责任事故，造成重大损失的，对该建筑设计负有直接责任的注册建筑师，由县级以上人民政府建筑行政主管部门责令停止执行业务；情节严重的，由全国注册建筑师管理委员会或者省、自治区、直辖市注册建筑师管理委员会吊销注册建筑师证书。

（4）技术交底和事故处理责任

设计单位应积极配合施工，负责交代设计意图，解释设计文件，及时解决施工中设计文件出现的问题。对大中型建设工程、超高层建筑以及采用新技术、新结构的工程，设计单位还应向施工现场派驻设计代表，并参加隐蔽工程验收。当设计的工程发生质量事故时，设计单位应参与质量事故分析，并对因设计造成的质量事故提出相应的技术处理方案。

设计单位应对设计文件的质量负责。有关质量管理与处罚内容详见《建筑法》等有关法规。

9.6　工程设计市场管理

根据《建筑工程勘察设计市场管理规定》，设计市场活动，是指从事勘察设计业务的委托、承接及相关服务的行为。

9.6.1　原则

根据《建筑工程勘察设计市场管理规定》总则的规定，设计市场活动的原则主要包括以下方面。

① 国家对设计市场实行从业单位资质、个人执业资格准入管理度。

② 从事设计市场活动，应当遵循公开、公正、平等竞争的原则。禁止任何单位和个人以任何理由分割、封锁、垄断设计市场。

③ 从事设计业务应当遵守国家有关法律、法规，必须符合工程建设强制性标准。坚持先勘察后设计，先设计后施工的程序，保证建设工程的勘察设计质量。未经原勘察设计单位同意，任何单位和个人不得擅自修改勘察设计文件。

④ 任何单位和个人对设计市场活动及其管理工作中违反法律、法规和工程建筑强制性标准的行为都有权向建设行政主管部门或者其他有关部门进行检举、控告和投诉。

⑤ 国务院建设行政主管部门负责全国设计市场管理工作。县级以上地方人民政府建筑行政主管部门负责本行政区域内设计市场管理工作。

9.6.2　设计业务的委托

根据《建设工程勘察设计市场管理规定》，建设工程项目的委托方应当将工程设计业务委托给具有相应工程设计资质证书且与其证书规定的业务范围相符的承接方。委托工程设计业务的建设工程项目应当具备以下条件：

① 建设工程项目可行性研究报告或项目建议已获批准；

② 已经办理了建设用地规划许可证等手续；

③ 法律、规定的其他条件。

工程设计业务的委托可以通过竞选委托或直接委托的方式进行。竞选委托可以采取公开竞选或邀请竞选的形式。建设项目总承包业务或专业性工程也可以通过招标的方式进行。

委托方原则上应将整个建设工程项目的设计业务委托给一个承接方，也可以在保证整个建设项目完整性和统一性的前提下，将设计业务按技术要求，分别委托给几个承接方。委托方将整个建设工程项目的设计业务分别委托给几个承接方时，必须选定其中一个承接方做为主体承接方，负责对整个建设工程项目设计的总体协调。承接部分设计业务的承接方直接对委托方负责，并应当接受主体承接方的指导与协调。

委托方在委托业务中不得有下列行为：

① 收受贿赂、索取回扣或者其他好处；

② 指使承接方不按法律、法规、工程建设强制性标准和设计程序进行勘察设计；

③ 不执行国家的勘察设计收费规定，以低于国家规定的最低收费标准支付勘察设计费或不按合同约定支付勘察设计费；

④ 剽窃、抄袭、非法出售和转让设计单位的专有技术、设计文件；

⑤未经承接方许可，擅自修改勘察设计文件，或将承接方专有技术和设计文件用于本工程以外的工程；

⑥ 法律、法规禁止的其他行为。

9.6.3 设计业务的承接

根据《建设工程勘察设计市场管理规定》，承接方必须持有由建设行政主管部门颁发的工程勘察资质证书或工程设计资质证书，在证书规定的业务范围内承接勘察设计业务，并对其提供的勘察设计文件的质量负责。严禁无证或超越本单位资质等级的单位和个人承接勘察设计业务。

其中，具有乙级及以上勘察设计资质的承接方可以在全国范围内承接勘察设计业务；在异地承接勘察设计业务时，需到项目所在地的建设行政主管部门备案。

承接方在承接业务中不得有下列行为：

① 不执行国家的勘察设计收费规定，以低于国家规定的最低收费标准进行不正当竞争；

② 采用行贿、提供回扣或给予其他好处等手段进行不正当竞争；

③ 不按规定程序修改、变更勘察设计文件；

④ 使用或推荐使用不符合质量标准的材料或设备；

⑤ 未经委托方同意，擅自将勘察设计业务分委托给第三方，或者擅自向第三方扩散、转让委托方提交的产品图纸等技术经济资料；

⑥ 法律、法规禁止的其他行为。

9.6.4 设计业务的合同

工程设计业务的委托方与承接方必须依法签订合同，明确双方的权利和义务。委托方和承接方应全面履行合同约定的义务。不按合同约定履行义务的，依法承担违约责任。

设计费用应当依据国家的有关规定由委托方和承接方在合同中约

定。合同双方不得违反国家有关最低收费标准的规定，任意压低设计费用。委托方应当按照合同约定，及时拨付设计费。

签订设计合同的双方，需将合同文本送交项目所在地的县级以上人民政府建设行政主管部门或其委托机构备案。

9.7　工程设计与文物保护

根据中国文物保护法的规定，下列具有历史、艺术、科学价值的文物，受国家保护：

① 具有历史、艺术、科学价值的古文化遗址、古墓葬、古建筑、石窟寺和石刻；

② 与重大历史事件、革命运动和著名人物有关的，具有重要纪念意义、教育意义和史料价值的建筑物、遗址、纪念物；

③ 历史上各时代珍贵的艺术品、工艺美术品；

④ 重要的革命文献资料以及具有历史、艺术、科学价值的手稿、古旧图书资料等；

⑤ 反映历史上各时代、各民族社会制度、社会生产、社会生活代表性实物。

因此，当工程建设活动有可能涉及到建筑类文物的保护问题时，工程设计还要注意遵守文物保护法的有关规定。

① 文物保护单位的保护范围内不得进行其他建设工程。如有特殊需要，必须经原公布的人民政府和上一级文化行政管理部门同意。在全国重点文物保护单位范围内进行其他建设工程，必须经省、自治区、直辖市人民政府和国家文化行政管理部门同意。

② 根据保护文物的实际需要，经省、自治区、直辖市人民政府批准，可以在文物保护单位的周围划出一定的建设控制地带。在这个地带内修建新建筑和构筑物，不得破坏文物保护单位的环境与历史风貌。其设计方案需征得文物行政管理部门同意后，报城乡规划部门批准。

③ 建设单位在进行选址和工程设计的时候，因建设工程涉及文物保护单位的，应当事先会同省、自治区、直辖市或者县、自治县、市文化行政管理部门确定保护措施，列入设计任务书。因建设工程特别需要而必须对文物保护单位进行迁移或者拆除的，应根据文物保护单位的级别，经该级人民政府和上一级文化行政管理部门同意。全国重点文物保护单位的迁移或者拆除，由省、自治区、直辖市人民政府报国务院决定。迁移、拆除所需费用和劳动力由建设单位列入投资计划和劳动计划。

第10章 工程建设程序法规

工程建设是指土木建筑工程、线路管道和设备安装工程、建筑装修装饰工程等工程项目及其他建设工作的总称。

由于工程建设项目与设计规划行为是紧密相连的，以及工程建设活动在国民经济中的重要地位，制定和实施工程设计与建设法规，加强工程项目管理，是必不可少的，也是设计师应该了解的。

工程建设是社会化生产，它有着产品体积庞大，建造场所固定、建设周期长、占用资源多的特点，存在着一个分阶段、按步骤、各项工作按序进行的客观规律。工程建设程序就是在认识工程建设客观规律基础上总结提出的，工程建设全过程中各项工作都必须遵守的先后次序。它也是工程建设各个环节相互衔接的顺序。

这种程序是不可违反的，如人为将工程建设的顺序颠倒，就会造成严重的资源浪费和经济损失。所以，世界各国对这一顺序都十分重视，都对之进行了认真探索研究，不少国家还将研究成果以法律的形式固定下来，强迫人们在从事工程建设活动时遵守，中国也制定了不少有关工程建设程序方面的法规。例如，《工程建设项目实施阶段程序管理暂行规定》(1995年)等。

《建设工程勘察设计管理条例》(2000年9月20日)第二十二条规定“建设工程勘察、设计的发包方与承包方，应当执行国家规定的建设工程勘察、设计程序”。

10.1 工程建设程序阶段的划分

依据中国建设部1995年颁布的《工程建设项目实施阶段程序管理暂行规定》，工程建设项目实施阶段程序，是指土木建筑工程，线路、管道及设备安装工程，建筑装修装饰工程等新建、扩建、改建活动的施工准备阶段、施工阶段、竣工阶段应遵循的有关工作步骤。

中国工程建设程序如图10-1所示[1]。

从图中可知，中国工程建设程序共分五个阶段，每个阶段又包含若干环节。各阶段、各环节的工作应按规定顺序进行。当然，工程项目的性质不同，规模不一，同一阶段内各环节的工作会有一些交叉，有些环节还可省略，在具体执行时，可根据本行业、本项目的特点，在遵守工程建设程序的大前提下，灵活开展各项工作。

[1]《建筑法规》，朱宏亮主编，武汉工业大学出版社，2000年。

工程建设前期阶段（决策阶段）
- 投资意向
- 投资机会分析
- 项目建议书
- 可行性研究
- 审批立项

工程建设准备阶段
- 规划
- 获取土地使用权
- 拆迁
- 报建
- 工程发包与承包

工程建设实施阶段
- 勘察设计
- 设计文件审批
- 施工准备
- 工程施工
- 生产准备

工程验收与保修阶段
- 竣工验收
- 工程保修

终结阶段
- 生产运营
- 投资后评价

图 10-1　中国工程建设程序

10.2　工程建设前期阶段的内容

工程建设前期阶段即决策分析阶段，这一阶段主要是对工程项目投资的合理性进行考察和对工程项目进行选择。这个阶段包含投资意向、投资机会分析、项目建议书、可行性研究、审批立项几个环节。

(1) 投资意向

投资意向是投资主体发现社会存在合适的投资机会所产生的投资愿望。它是工程建设活动的起点，也是工程建设得以进行的必备条件。

(2) 投资机会分析

投资机会分析是投资主体对投资机会所进行的初步考察和分析，在认为机会合适，有良好的预后效益时，则可进行进一步的行动。

(3) 项目建议书

项目建议书是投资机会分析结果文字化后所形成的书面文件，以方便投资决策者分析、抉择。项目建议书应对拟建工程的必要性、客观可行性和获利的可能性逐一进行论述。

(4) 可行性研究

可行性研究是指项目建议书被批准后，对拟建项目在技术上是否可行、经济上是否合理等内容所进行的分析论证。

可行性研究应对项目所涉及的社会、经济、技术问题进行深入的调查研究，对各种各样的建设方案和技术方案进行发掘并加以比较、优化，对项目建成后的经济效益、社会效益进行科学的预测及评价，提出该项目建设是否可行的结论性意见。对可行性研究的具体内容和所应达到的深度，有关法规都有明确的规定。

可行性研究报告必须经有资格的咨询机构评估确认后，才能作为投资决策的依据。

(5) 审批立项

审批立项是有关部门对可行性研究报告的审查批准程序，审查通过后即予以立项，正式进入工程项目的建设准备阶段。

大中型建设项目的可行性研究报告由各主管部，各省、市、自治区或全国性工业公司负责预审，报国务院审批；小型项目的可行性研究报告，按隶属关系由各主管部，各省、市、自治区或全国性专业公司审批。

10.3 工程建设准备阶段的内容

工程建设准备是为勘察、设计、施工创造条件所做的建设现场、建设队伍、建设设备等方面的准备工作。这一阶段包括规划、获取土地使用权、拆迁、报建、工程发包、承包等主要环节。

(1) 规划

在规划区内建设的工程，必须符合城市规划或村庄、集镇规划的要求。其工程选址和布局，必须取得城市规划行政主管部门或村、镇规划主管部门的同意、批准。在城市规划区内进行工程建设的，要依法先后领取城市规划行政主管部门核发的“选址意见书”、“建设用地规划许可证”、“建设工程规划许可证”，才能获取土地使用权，并进行设计、施工等相关建设活动。

(2) 获取土地使用权

中国的《土地管理法》规定，工程建设用地都必须通过国家对土地使用权的出让或划拨而取得。通过国家出让而取得土地使用权的，应向国家支付出让金，并与市、县人民政府土地管理部门签订书面出让合同，然后按合同规定的年限与要求进行工程建设。

(3) 拆迁

在城市进行工程建设，一般都要对建设用地上的原有房屋和附属物进行拆迁。国务院颁发的《城市房屋拆迁管理条例》规定，任何单位和个人需要拆迁房屋的，都必须持国家规定的批准文件、拆迁计划和拆迁方案，向县级以上人民政府房屋拆迁主管部门提出申请，经批准并取得房屋拆迁许可证后，方可拆迁。拆迁人和被拆迁人应签订书面协议，被拆迁人必须服从城市建设的需要，在规定的搬迁期限内完成搬迁，拆迁人对被拆迁人依法给予补偿，并对被拆迁房屋的使用人进行安置。

(4) 报建

建设项目被批准立项后，建设单位或其代理机构必须持工程项目立项批准文件、银行出具的资信证明、建设用地的批准文件等资料，向当地建设行政主管部门或其授权机构进行报建。凡未报建的工程项目，不得办理招标手续和发放施工许可证，设计、施工单位不得承接该项目的设计、施工任务。

(5) 工程发包与承包

建设单位或其代理机构在上述准备工作完成后，需对拟建工程进行发包。工程发包与承包，是指发包方通过合同委托承包方为其完成某一工程的全部或其中一部分工作的交易行为。发包方一般为建设单位，承包方一般为设计单位、施工单位、工程设备供应或制造单位等。发包方与承包方的权利、义务关系都由双方签订的合同来加以规定。

中国建筑法规定，建设工程发包与承包有两种方式：招标投标和直接发包。招标与投标是指，发包方事先标明其拟建工程的内容和要求，由愿意承包的单位递送标书，明确其承包工程的价格、工期、质量等条件，再由发包方从中择优选择承包方的交易方式，据《国家基本建设大中型项目实行招标投标的暂行规定》，逐级项目招标可采用公开招标、邀请招标和议标方式进行；直接发包是指，发包方与承包方直接进行协商，约定工程的价格、工期和其他条件的交易方式。《建设工程勘察设计管理条例》第16条规定，下列建设工程的勘察设计，经有关主管部门批准，可以直接发包：

① 采用特定的专利或专有技术的；

② 建筑艺术造型有特殊要求的；

③ 国务院规定的其他建设工程的勘察设计。

为鼓励公平竞争，建立公正的竞争秩序，国家提倡招标投标方式，并对许多工程强制进行招标投标。招标投标是中国目前实现工程承发包关系的主要途径。有关招标投标的具体内容，详见附录4.3《中华人民共和国招标投标法》。

10.4 工程建设实施阶段的内容

(1) 工程勘察设计

工程勘察，是指为满足工程建设的规划、设计、施工、运营及综合治理等方面的需要，对地形、地质、水文条件等自然状况进行测绘、观察、分析研究和综合评价的工作。

工程设计，是指运用工程技术理论及技术经济方法，按照现行技术标准，对新建、扩建、改建项目的工艺、土建、公用工程、环境工程等进行综合性设计及技术经济分析，并提供作为建设依据的设计文件和图纸的活动。它是整个工程建设的主导环节，对工程的质量和效益起着至关重要的作用。

设计与勘察是密不可分的，设计必须在进行工程勘察，取得足够的地质、水文等基础资料之后才能进行。另外，勘察工作也服务于工程建设的全过程，在工程选址、可行性研究、工程施工等各阶段，也必须进行必要的勘察。

（2）施工准备

施工准备阶段分为工程建设项目报建、委托建设监理、招标投标、施工合同签订；施工阶段分为建设工程施工许可证领取、施工；竣工阶段分为竣工验收及期内保修。

施工准备包括施工单位在技术、物资方面的准备。施工单位在接到施工图后，必须做好细致的施工准备工作，以确保工程顺利。它包括熟悉、审查图纸，下达施工任务书，准备工程施工所需的设备、材料等活动。

（3）工程施工

工程施工是具体地配置各种施工要素，将设计物化为建筑产品的过程。其管理水平的高低、工作质量的好坏对项目的质量和所产生的效益起着十分重要的作用。

工程施工管理具体包括施工调度、施工安全、文明施工、环境保护等几方面的内容。

（4）生产准备

生产准备是指工程施工临近结束时，为保证建设项目能及时投产使用所进行的准备活动。如招收和培训必要的生产人员，组织人员参加设备安装调试和工程验收，组建生产管理机构，制定规章制度，收集生产技术资料和样品，落实原材料、燃料、水、电的来源及其他配合条件等。

10.5 工程验收与保修阶段的内容

（1）工程竣工验收

国家计委颁发的《建设项目（工程）竣工验收办法》规定，凡新建、扩建、改建的基本建设项目（工程）和技术改造项目，按批准的设计文件所规定的内容建成，符合验收标准的必须及时组织验收。根据《建筑法》等相关法规规定，交付竣工验收的工程，必须具备下列条件：

① 完成工程设计和合同约定的各项内容；

② 有完整的技术档案和施工管理资料；

③ 有工程使用的主要建筑材料、建筑构配件和设备的进场试验报告；

④ 有勘察、设计、施工、工程监理等单位分别签署的质量合格文件；

⑤ 有施工单位签署的工程保证书。

竣工验收的依据是已批准的可行性研究报告、初步设计或扩大初步设计、施工图和设备技术说明书以及现行施工技术验收的规范和主管部门（公司）有关审批、修改、调整的文件等。

工程验收合格后，方可交付使用。此时，承发包双方应尽快办理固定资产移交手续和工程结算，将所有工程款项结算清楚。

（2）工程保修

根据《建筑法》及相关法规的规定，工程竣工验收交付使用后，在保修期限内，承包单位要对工程中出现的质量缺陷承担保修与赔偿责任。

10.6 终结阶段的投资后评价

建设项目投资后评价是工程竣工投产、生产运营一段时间后，对项目的立项决策、设计施工、竣工投产、生产运营等全过程进行系统评价的一种技术经济活动。它可使投资主体达到总结经验、吸取教训、改进工作，不断提高项目决策水平和投资效益的目的。目前中国的投资后评价一般分建设单位的自我评价、项目所属行业主管部门的评价及各级计划部门（或主要投资主体）的评价这三个层次进行。

附录 1　设计与知识产权法规案例

1.1　于××诉北京××影视制作公司等侵犯著作权案[1]

1. 案情摘要

于××系陶艺作品《支柱》的作者。该作品曾在中央工艺美术学院科技开发中心展厅展览。由北京××影视制作公司（以下简称“××影视公司”）、××文化艺术音像出版社（以下简称“××出版社”、××股份有限公司、××电视台和××艺术馆为制片人的电视连续剧《东边日出西边雨》以下简称“《东》剧”为拍摄需要，到该中心借用包括《支柱》在内的十余件作品作为道具使用。使用者和出借者均未征求作品《支柱》作者的意见。在《东》剧中，该作品被使用近 40 次。因作品被作为男、女主人公爱情故事发展的主要线索而安排使用，使得该作品成为《东》剧不可缺少的重要组成部分。同时，为剧情拍摄需要，摄制组复制了一件石膏的陶艺品《支柱》，作为不能损坏的原件陶艺品《支柱》的替代品。该复制品在《东》剧摄制完成后已毁损。《东》剧摄制完成后，在全国 47 家电视台播放。于××以××影视公司、××文化艺术音像出版社、××股份有限公司、××电视台和××艺术馆为被告，向法院提起诉讼。

原告诉称：我是美术作品《支柱》的作者，该作品从未公开发表 。《东》剧的制片人××影视公司、××音像出版社、××股份有限公司、××电视台和××艺术馆未经我许可，多次使用我的作品《支柱》，而且作为演绎主人公爱情故事的主要道具，侵犯了我的著作权，要求法院确认被告侵害了作者的发表权、署名权、保护作品完整权、使用权和获得报酬权；判令被告赔偿损失、赔礼道歉。原告放弃追究中央工艺美术学院科技开发中心的侵权责任。

被告××影视公司与××音像出版社辩称：自己对作品《支柱》的使用只限于作为一般环境道具，是对物品本身的使用，而不是《著作权法》意义上的使用。

××有限公司辩称：我公司只是投资方，并未参与摄制工作。××影视公司已就此事致函我公司，表示因《东》剧产生的一切法律后果均由该公司承担，故我公司不同意原告的诉讼请求。

××电视台辩称：我台虽在《东》剧片尾署名，但是未参与拍摄工作，并与《东》剧组没有任何经济往来，故不同意原告的诉讼请求。

××艺术馆不同意原告的诉讼请求。

2. 审理

初审：法院的判决和理由

判决：①在《中国电视报》上就侵害《支柱》著作权一事，向于××公开赔礼道歉；②向购买《东》剧录像带及播放权的单位或个人具函，说明作为道具使用的《支柱》的作者情况，并在尚未销售的录像带上加贴“本剧拍摄采用了于××的美术作品《支柱》”文字说明；③支付于××使用费 55 000 元；④赔偿于××经济损失 1 万元；⑤驳回原告的其他诉讼请求。

法院认为：原告系作品《支柱》的作者，依法享有著作权。未经原告许可，五被告使用、复制、播放《支柱》且未署作者姓名的行为已构成对原告作品署名权、使用权和获得报酬权的侵害，五被告应当共同承担侵权责任，除赔偿损失外，还应支付使用作品的使用费。鉴于原告已放弃追究开发中心的赔偿责任，故具体赔偿数额应扣除开发中心应承担的部分。对原告主张被告侵犯其发表权一节，因中央工艺

[1] 本案例引自《著作权法案例教程》，费安玲编著，中国政法大学出版社。

美术学院科技开发中心系公开接待不特定公众并兼具展销性质的经营场所，原告将自己的作品交付给该中心进行展览，应当视为已经将作品《支柱》发表。故对原告指控被告侵犯其发表权的主张不予支持。对××影视公司与××出版社所持的“《东》剧对作品《支柱》的使用不是《著作权法》意义上使用”的主张，因无相应的法律依据而不予支持。对××股份有限公司、××电视台和××艺术馆的辩称，因无法律依据而不予支持。

被告不服一审判决，均提出上诉。理由如下：①上诉人对《支柱》的使用只是作为道具使用，是物的使用，不是著作权意义上的使用；②一审法院的判决适用法律错误；③一审判决确定的作品使用费65 000元背离法律准则；④在世界范围内和国家版权局的示范合同中，均许可合同当事人对合作创作或著作使用中的著作权责任予以约定，上诉人各方明确约定《东》剧所涉著作权侵权纠纷，责任由××影视公司一家承担，对该明确的约定，法院应予支持。

3. 上诉审法院的判决和理由

判决：①维持一审判决第1、2、5项；②撤消第3、4项；③被告支付使用费6 320元；④支付原告因诉讼支出的合理费用4 200元。

法院认为：上诉人未经作者许可，使用其作品，构成侵权。但原审法院酌定的赔偿数额缺乏合理依据，应予改判。《东》剧剧组为表现剧情而复制《支柱》不是以营利为目的，不应认定为侵权复制，原审法院对此认定有误，应予纠正。对上诉人所持“上诉人各方明确约定《东》剧所涉著作权侵权纠纷，责任由成像公司一家承担，对该明确的约定，法院应予支持”的主张，因合同当事人在合同中约定的免责条款不能对抗合同以外第三人，五上诉人作为《东》剧的共同制片人，应当共同承担侵权责任。

4. 分析

本案所涉及的关键问题是：使用者对创作者的作品之使用是否具有合法性。

对作品的使用，根据《著作权法》第10条第5项的规定，复制、表演、播放、展览、发行、摄制影视及演绎行为等均是使用作品的方式。对于将作品作为摄制影视作品的主要道具以体现影视作品的主要情节的发展，尽管法律规定中没有明确包括这种使用方式，但它应当是使用作品的方式之一，同样应当适用《著作权法》的规定。（本案适用《著作权法》的第10条、第45条）

1.2 杜×诉广东××集团商标著作权侵权案[1]

1. 案情摘要

杜×曾任广州市××有限公司总经理，在该公司筹备及初创时期注册了该公司“××”文字商标。1995年12月，杜×以其享有上述商标作为美术设计作品的著作权，广东××集团未经其许可，擅自在产品标贴、广告宣传品和包装物上使用该设计作品，侵害了其著作权为由向法院起诉，要求被告××集团停止侵权，赔偿经济损失100万元。

被告××集团对原告社×是否享有著作权提出异议，并以其使用是得到商标注册人许可，而且是在商标意义上使用“××”，不构成对原告杜×著作权的侵害为由，请求驳回原告杜×的诉讼请求。

2. 审理

在法院的主持下，双方达成调解协议：①鉴于原告杜×在“××”商标设计及商标注册中所做的贡献，××集团同意，一次性支付给杜×7万元人民币；②杜×对××集团及所属企业使用“××”不再持异议，并不得许可、转让他人。

3. 分析

尽管在调解书中没有载明适用的法律和调解的依据与理由，但是，该判例依然给我们提出了不少问题：①当一个标志设计艺术作品被用于商标时，著作权与商标权的冲突问题。当一个艺术作品的创作目的就是为了用于商标设计时，该艺术作品的著作权是否受到保护？②当一个自然人在其所属的法人单位

[1] 本案例引自《著作权法案例教程》，费安玲编著，中国政法大学出版社。

筹办期间设计创作了作品，该法人单位成立后（或者成功发展后）是否有权利主张著作权，并根据法人的业绩发展情况获得相应的酬劳？

1.3 ××联合会诉××研究所设计制作浮雕纠纷案❶

1. 案情摘要

××联合会（甲方）与××美术学院教授王××、包××、××市××环境艺术研究所（以下简称“××研究所”）（乙方）签订了《××办公楼环廊浮雕协议（合同书）》。协议约定：甲方聘请王××、包××教授做设计方案，并委托乙方具体施工，在办公楼环廊上创作“和平、友谊、团结、进步”巨幅弧形浮雕。乙方在协议正式签订后的两个半月内将浮雕完成。运输、安装双方协调解决，全部完成之后请专家验收。甲方在协议正式签订后，支付乙方工程款 160 万元整。该款分三期支付，第三期支付是在浮雕整体雕刻完毕验收合格出厂前。合同缔结后，××联合会如约支付了第一期款。王、包二位作者与××市雕塑装饰厂缔约，约定由后者将作者创作的浮雕泥稿制作成浮雕，并约定浮雕质材为大理石。当甲方负责人到××市雕塑装饰厂察看浮雕泥稿时，与王××发生争执，甲方负责人坚持要用汉白玉大理石制作，王××表示要用天然雪花石，并出示了复合石料样品。浮雕制作完成后，甲方负责人到××市雕塑装饰厂察看了浮雕。双方对浮雕安装的施工、质量要求等具体事宜做了安排并以书面形式约定了第二期款支付时间和浮雕安装完成时间。但是，甲方未按约定付款，设计者和制作方亦未按约定将浮雕运抵安装现场。

甲方认为乙方违约，向法院起诉。诉称：被告方未按约定使用汉白玉大理石制作浮雕，亦未按约定在两个半月内将浮雕制作完成。要求被告方退还已给付的 80 万元预付款；偿付预付款利息 94 200 元；赔偿延误工期造成的经济损失 30 万元。

乙方王××、包××、××研究所辩称：我方已按约定将浮雕制作完成，××联合会领导亦曾察看，并表示同意安装上墙。浮雕至今未能安装上墙是由于××联合会未按约定给付第二笔工程款造成。要求全国妇联履行协议，将我方制作的浮雕安装上墙，并给付尚欠的工程款、设计人员的设计费及违约金。

2. 审理

判决：①原、被告签订的《××办公楼环廊浮雕协议》（合同书）和《××浮雕合同补充协议》有效。②原告将被告设计制作的浮雕，安装在××学院。③浮雕安装条件由原告提供，具体安装工作由双方按补充协议中有关安装约定执行。本判决生效后，被告在 7 日内将浮雕运抵安装地点，双方在两个月内安装完毕。异地安装给被告方增加的费用，由原告承担。④原告于本判决生效后 7 日内给付被告第二笔工程款 64 万元，余款 16 万元和因异地安装增加的费用，于浮雕安装完毕验收合格后 15 日内给付。⑤驳回原告、被告其他诉讼请求。

法院认为：原、被告双方所签订的合同，是双方一致同意的，亦不违背法律和社会公共利益，应确认为有效合同。但是，该合同很不完善，对制作浮雕所使用的石材和制作工艺未作出明确约定，且在诉讼中双方均未举出足以证明各自主张的确凿证据，对此，双方都有自己应负的责任。××联合会作为订作方，对浮雕所使用的石材和制作工艺在合同中未写明具体要求，其要求被告方退还已给付的工程款及利息并赔偿经济损失，理由不足，法院不予支持。被告方对制作浮雕使用的石材和制作工艺亦未向××联合会予以明示，质量上也有一定问题，其坚持将所制作的浮雕安装在××办公楼环廊上的要求，法院亦不能支持；但认为被告方制作的浮雕政治内容和艺术效果是好的，根据专家们的建议，应当给予异地安置。

3. 分析

本案所涉及的关键问题是：合同约定的内容是否足以认定违约行为的存在？何人的行为构成违约？

本案涉及的作品是一个委托作品。在合同没有对委托作品著作权归属进行约定的情况下，受托人享

❶ 本案例引自《著作权法案例教程》，费安玲编著，中国政法大学出版社。

有著作权，委托人在合同约定的范围内享有使用权。从本案的事实分析，导致纠纷发生的主要原因之一是合同内容过于粗略，仅就委托创作的主体、作品的主体、费用的支付、浮雕完成的时间、安装等内容有约定，而对浮雕的材质、各方当事人的权利性质和范围等重要条款没有约定，使得作品在创作过程中，因双方意见的不一致，又没有合同相应的条款可解释，从而阻碍了合同所欲实现的目的。

1.4 潘××诉’94××文化艺术节组委会侵犯著作权案❶

1. 案情摘要

国际××文化艺术节组委会（以下简称“组委会”）在《新民晚报》上登载标题为《’94××文化艺术节征集节标、节旗、节歌和吉祥物的启事》（以下简称“《启事》”）。《启事》中规定了有关节标、节旗设计的基本内容和特点，提出了作品设计的参考意见，载明将在电视台等各大新闻媒体上发表评选结果，同时奖励优秀作品，并载明入选作品每件稿酬5 000元。

潘××将节标、节旗设计送至组委会处应征。组委会公开在《文汇报》上刊登使用了潘××设计的设计作品，并分别在多种报纸上刊登潘××设计的节标、节旗入选揭晓的报道。其间，组委会还印制了大量的纪念章等。组委会将设计稿费人民币5 000元颁发给潘××，潘××当即签收，但对组委会少支付其5 000元设计费口头提出了异议。后经交涉未果，潘××遂诉至法院，要求组委会支付节旗的设计费5 000元。

原告潘××诉称：根据被告组委会的《’94××艺术节征集节标、节旗、节歌和吉祥物的启事》，原告将节标、节旗设计稿送至被告处应征。被告授予原告节标、节旗已被选用的荣誉证书。但当日被告只支付原告节标设计费5 000元，原告当即提出异议，要求被告支付另5 000元未果，原告遂向法院起诉，要求判令被告支付节旗设计费5 000元。

此外，被告在未公开授奖、付酬之前，多次公开登报使用节标设计稿，并将节标版权出卖给生产厂家印制纪念章、金币及纪念币等，进行了大量的盈利活动。故请求法院判令被告支付5 000元侵权赔偿费，并承担本案诉讼费。

被告未提供书面答辩，但在庭审中辩称：节旗没有创造性，节标、节旗两件设计稿只能认定为一件作品。且原告投稿后，至组委会最后定稿，组委会提出了许多修改建议。有关组委会印制节旗、节标纪念章、金币和纪念币等，是为艺术节宣传而用，并未从中盈利。

2. 审理

判决：①被告支付原告设计费人民币5 000元；②被告赔偿原告经济损失人民币3 000元。

法院认为：本案双方当事人系因被告方的《启事》及原告方的投稿入选而形成的合同关系。原告按被告的《启事》之要求，设计了体现国际××艺术交流特点的节标、节旗，两者的中心图案均以地球、小鸟和花瓣所组成，前者为阳面，后者为阳面。但是，节标和节旗的其他组成部分有不同之处，体现了作者独立构思的创造性思维，该作品符合法律的有关规定，亦符合被告主张的“节旗的设计应在节标设计的基础上进行并与节标相统一”的要求，并非抄袭、剿窃、篡改他人的作品，因此，节标、节旗为两个相互独立的作品。原告独立创作设计的节标、节旗两件作品，已为被告选用，并被授予荣誉证书，被告理应按其《启事》约定，支付该两件作品的稿酬。但被告以原告投稿的节旗缺乏创造性，且对该作品提出过许多修改意见为由，仅支付一件作品的设计费，与合同约定事项不符。此外，被告在未支付给原告所设计的两件作品的报酬即取得其著作权之前，未经原告同意，擅自将原告创作的节标、节旗设计稿移作他用，依法已构成对原告著作权的侵害，故被告应酌情赔偿原告经济损失。

3. 分析

①《启事》是面向非特定的公众发出，希望它所不知的某个或者若干个人能够根据它的要求为它设计节标、节旗。

---

❶ 本案例引自《著作权法案例教程》，费安玲编著，中国政法大学出版社。

② 表意人在《启事》中以缔约为目的表达了相当详细的表意内容，如载明了有关节标、节旗设计的基本内容和特点，甚至提出了作品设计的参考意见，而且允诺将在电视台等各大新闻媒体上发表评选结果，同时对入选的作品给予稿酬。这是一种被视为要约的意思表示，《启事》发出人在其要约有效期内，受要约内容的约束，不得随意变更或者撤消要约的内容。

③《启事》表达的是表意人委托相对方创作作品的意愿。在该意思表示中，清晰地表明了要约人的意愿和使合同得以成立的主要条款，如相对方应当交付的作品所必须体现的基本内容和特点，交付的时间，作品被选中的法律后果以及获得的对价。但是，《启事》中没有著作权归属的条款和委托人使用作品的权利范围。因此，《启事》不能作为确定著作权归属和使用作品权利的依据，而只能直接根据法律的规定确认。综上所述，《启事》的内容和投稿人的行为只能决定委托作品的产生及其对价，而有关著作权归属和作品使用权的范围应当有另一个合同确定。在没有合同明确约定的情况下，应当遵循法律的有关规定。在原告的投稿符合作品著作权规定的前提下，其对被告的请求权应当给予支持。(本案适用《著作权法》的第10条、第17条、第45条)

1.5 餐厅装饰风格与反不正当竞争保护[1]

1. 案情摘要

原告为一家东北风味餐厅，该餐厅的Ⅵ识别系统着重于以下方面：以红色为基调，餐厅名称“东北人”的书写方式，以凤凰、牡丹图案为主的红、绿、蓝底花土布作为服务员服饰、餐厅桌布和其他装饰，以红双喜、玉米、蘑菇、白菜、萝卜鱼为餐厅的窗花图案，餐厅固定的广告语：“粗粮、野菜、水饺——棒!”等。原告餐厅装饰设计要点包括：装烧酒的大酒坛，酒坛旁边的一个木架上有两排装了酒的玻璃瓶，东北土炕，墙上挂的饰物有贴了倒“福”字的墙上簸箕、盖帘和玉米串等农作物。

原告餐厅在外省开展连锁经营，负责提供经营管理模式，包括企业文化、企业口号、服装等，还提供自己特有的营业场地装潢、装饰风格等CI的设计方案，并保持连锁经营的一致性。

被告广州市某东北菜饺子馆在菜谱、服装、窗花造型以及店内布置都采取了与原告相同或近似的设计。有消费者将被告误认为是原告的分店。

2. 审理

法院经审理认为，原、被告虽不在同一城市，但在中国城市之间交通发达的情况下，地域不同，不影响竞争关系的构成。而且原告在广州有连锁分店，从而使原告在经营中形成的特有企业文化风格及餐厅设计延伸到广州，这也证明原告与被告的竞争关系。

本案原告有独特的CI设计，足以引起消费者的注意。而被告在装饰餐厅时，从内容到表现形式上采用了诸多与原告风格相同或类似的手法。被告的模仿行为已造成消费者的误认，其行为构成不正当竞争侵权。尽管中国《反不正当竞争法》第5条第二款不包含被告的行为[2]，但该法的立法意图是保护市场经济的健康发展和鼓励公平竞争，其中第2条明确规定，经营者应当遵循自愿、平等、公平诚实信用的原则，遵守公认的商业道德。因此，被告侵权事实成立。

法院判令被告立即停止侵权，赔偿原告经济损失人民币10万元，并在《羊城晚报》上刊登启事向原告赔礼道歉。

被告不服一审判决，上诉到广东高级人民法院，其理由是：原告餐厅的装饰、装修使用的是东北风

[1] 引自《餐厅装饰风格与我国的反不正当竞争法保护》，王维，《知识产权》，2004第3期。

[2]《反不正当竞争法》第五条 经营者不得采用下列不正当手段从事市场交易，损害竞争对手：

(一) 假冒他人的注册商标；(二) 擅自使用知名商品特有的名称、包装、装潢，或者使用与知名商品近似的名称、包装、装潢，造成和他人的知名商品相混淆，使购买者误认为是该知名商品；(三) 擅自使用他人的企业名称或者姓名，引人误认为是他人的商品；(四) 在商品上伪造或者冒用认证标志、名优标志等质量标志，伪造产地，对商品质量作引人误解的虚假表示。

味餐厅的通用装饰，不具有独创性；原告和被告餐厅中使用的蘑菇剪纸、东北炕等装饰均是东北地区的固有特色，都是在模仿和怀旧，没有创新；原告列举的餐厅的内部装饰和装修，不是商品包装和装潢，不受反不正当竞争法相关条款的保护，所以不应受保护。

二审法院审理认为，原告的 VI 设计系统涉及字号的字体、装饰及服饰图案、广告语、吉祥物等多个方面，是智力劳动的成果。该系统虽是以东北地区的民间风俗文化特色为设计的素材，但不是对民间特色或者民俗照搬照用，体现了设计者的智力创作，形成了独特的风格。被告作为竞争者，采用了诸多与原告相同和近似的字号、装饰、装修，主观上具有明显的搭便车意图，有违经营者应当遵循的公平诚实信用原则。因此是一种不正当竞争行为。

二审法院维持了一审判决。

3. 分析

本案曾被广东高级人民法院列入知识产权审判十大典型案例，足见其影响力。

在中国，室内装饰风格似乎很难用专利、著作权或商标权等知识产权来保护，但在一定条件下能通过反不正当竞争发成为知识产权的保护对象。

当然，本案说明中国《反不正当竞争法》还有改进之处，虽然第 2 条是“兜底”条款，但正如郑成思先生曾经强调指出的，第 5 条应加入“禁止擅自使用他人商品（或服务）的样式”，这应是反不正当竞争的重点。

对于商业环境设计，其他一些国家有专门的保护。

比如美国有《商业外观法》(Trade Dress Law)，将“商业外观”定义为包装商品或服务的各要素的组合，这些要素组合在一起给消费者创造了整体视觉形象。在美国，可以通过商业外观权来保护诸如室内设计、环境装饰，产品的颜色、气味、艺术风格等。

而在德国的新商标法中将 VI 系统中的设计要素列入“商业记号或其他符号”进行保护。

1.6　KITTY 猫型座钟外观设计无效案[1]

1. 案情摘要

申请人申请的名称为“座钟”的外观设计专利，申请号是 93310257.7，申请日是 1993 年 12 月 14 日，中国专利局于 1994 年 11 月 23 日授权公告。

1996 年 8 月 16 日，请求人向专利复审委员会提出无效宣告请求，并提交了如下证据：

① 日本刊物《世界玩具大图鉴》封面及 118 页复印件；

② 1993 年购买“HELLO KITTY”钟发票复印件（号码 1198）；

③ 1996 年购买“HELLO KITTY”钟发票复印件（号码 07071）；

④ 1996 年购买“HELLO KITTY”钟样品照片。

其无效宣告请求的理由主要是：与 93310257.7 号专利相近似造型的座钟在日本早有生产、销售，叫做“HELLO KITTY”钟，原先该座钟中的“猫”的造型是做成玩具出售的，后引入钟表业做成座钟，该座钟在日本、中国香港、中国台湾等地行销多年，也有许多进入国内。本请求人 1993 年初在香港曾买回一个做样品，由于实样已拆散，现提供一个 1996 年在香港市场购买的同样造型的样品。从提交的证据图片中可看到，钟的上方标有“HELLO KITTY”字样，后部有“1979、1988SANRIO CO. LTD. JAPAN”的字样，由此看出上述专利的座钟实际上抄袭了日本 ANRIO CO. LTD. JAPAN 公司生产的 HELLO KITTY 钟的造型，而 HELLO KITTY 钟在国内早已公开使用。因此，上述专利不符合专利法第 23 条的规定，请求人请求宣告该专利权无效。

针对请求人的陈述，被请求人（专利权人）于 1996 年 10 月 10 日陈述了意见，主要是

① 日本生产的猫型玩具根本不同于本专利。……本专利座钟猫的手指为分开形，而日本生产的座钟

[1] 本案例引自《外观设计专利复审与无效案例》，赵嘉祥等 编著，专利文献出版社，1999 年

上没有手指；本专利的座钟有蝴蝶结，而日本产品没有；本专利座钟猫的眼睛大，而日本产品猫的眼睛小。

② 经国际市场调查，日本 1995 年才有此专利产品出售。

③ 在香港，发票是很正规的，而请求人提供的发票上没有铅印打字，又没有实际物品作证，随便填写并不能作为事实证据。

鉴于上述双方当事人的意见陈述，本案合议组向双方当事人发出口头审理通知书，定于 1997 年 9 月 17 日在广州市中级人民法院进行口头审理。

针对被请求人的意见陈述，请求人于 1997 年 8 月 5 日向合议组提交意见陈述，认为

① 对于“HELLO KITTY”产品的造型，早在 1976 年日本沙星奥有限公司就已经是著作权人，其产品都标以“1976、1988 或 1989、1993 等 SANRIO CO. LTD”字样……根据《世界版权公约》第三条第一款的规定，是一种版权标记，1976 年是首次出版年份，1988 年是修改版出版年份，SANRIO CO. LTD 是版权所有者名称。由此可知，日本 KITTY 猫钟早在 1976 年已享有版权，远在 93310257.7 专利申请日之前。中国已于 1992 年 10 月 15 日正式加入《世界版权公约》，日本 KITTY 猫座钟在中国也享有合法版权。……该产品在世界各地行销 20 年以上，也有许多进入国内，公开使用过，其外观设计并无新颖性可言。

② 93310257.7 号外观设计专利设计要点在于猫的造型，它与日本 KITTY 猫座钟非常近似，专利权人在意见答辩中所列举的不同点都是局部位置的细小差异，消费者是难以察觉到的。因此，专利权人将他人在先享有合法版权的产品稍作改动便想通过申请专利而据为己有，这是一种剽窃行为。

③ 在香港的发票主要作为顾客在商店购物的一种凭证，发票上都印有详细的地址、电话，至于发票的填写是手写还是打印并没有什么分别，香港的许多商店都是用手写的。专利权人以发票是否打印为由来否定请求人的证据是站不住脚的。

1997 年 11 月 3 日，请求人向合议组提交了一本 1992 年 10 月出版的香港钟表业杂志《Timepieces》作为新的证据，请求人认为：该杂志的第 287 页图片中有一款编号为 AL106 的猫钟与 93310257.7 专利完全相同。因此，该专利完全不符合专利法第 23 条的规定。

针对这一新的证据，被请求人于 1997 年 12 月 15 日向合议组陈述如下意见：

① 请求人提供的杂志是否有原文，若无原文则完全没有法律效力；

② 请求人提供的复印件只有一个立体图，而且很模糊，面部轮廓残缺不全。因此根本不能认为这个模糊不清的复印件与任何东西相同或相似。

经口头审理和上述双方当事人的意见陈述，本案合议组认为本案事实清楚，并依法作出审查决定。

2. 审理

1997 年 11 月 3 日，请求人向合议组提交的于 1992 年 10 月出版的《Timepieces》杂志，其 287 页公开发表 AL106 猫钟。由于 93310257.7 外观设计专利的申请日是 1993 年 12 月 4 日，因此该杂志属于中国专利法第 23 条规定的出版物，适用于本案。本专利与该对比文件相比，二者的整体形状相似、色彩相似，二者属于相似的外观设计。基于此，对其他证据不作评述。

就本专利与对比文件相比，虽然对比文件提供的是一面视图（正面），但就座钟这类产品而言，主视图是产品外观设计的主体，所以是判断该外观设计相似性的要部。

本案合议组宣告 93310257.7 号外观设计专利权无效。

3. 分析

在本案审理过程中，请求人向专利复审委员会先后提交了多份证据材料，其中于 1997 年 11 月 3 日向合议组提交的《Timepieces》杂志中的图片是本决定适用的对比文件，它破坏了该专利的新颖性，使其无效。

需要说明的是，请求人先前还提出过在先版权的证据，但当时我国《专利法》适用的是 1992 年版，还未明文规定“外观设计专利不得与他人在先取得的合法权利相冲突”（在 2000 年最新版中已加入这一规定）。

1.7 菲利普·莫里斯产品有限公司诉上海打火机总厂等商标侵权案[1]

1. 案情摘要

原告美国菲利普·莫里斯产品有限公司（简称菲利普公司）将其所有的万宝路（Marlboro）商标于1987年2月在中国国家商标局登记注册，商标有效期限至2002年3月。商标使用范围为烟草、烟具、打火机等。1991年6月，上海光明打火机厂与香港德辉国际洋行洽谈生产T902系列重油打火机。该系列打火机外壳图案中，部分使用了涉讼的二种底色的由原告注册的万宝路商标。上海光明打火机厂于同年试生产，1993年开始批量生产。该系列产品的外壳图案系由上海光明打火机厂委托第二被告上海环龙工艺厂加工印刷。自1991年至1995年1月，第二被告共为上海光明打火机厂加工印刷了该系列打火机万宝路商标标识外壳577327只，全部外壳已由上海光明打火机厂组装成品后销售。因上海光明打火机厂无自营出口权，该系列的部分产品由第三被告中国航空技术进出口上海公司（简称进出口公司）代理出口。第三被告亦曾直接给上海光明打火机厂下发生产订单，第三被告代理出口及直接下单订购数总计为10万只，余数477 327只由上海光明打火机厂自行销售。第三被告从上海光明打火机厂收进的T902系列重油打火机平均价格每只为人民币2.20元。1995年1月，上海光明打火机厂经其上级主管部门批准与他厂合并为上海打火机总厂，其债权债务由上海打火机总厂承担，因而本案以上海打火机总厂为第一被告。三被告均未举证证明原告许可香港德辉国际洋行使用万宝路商标，原告对此也予以否认。第一被告提交法院的原上海光明打火机厂下属门市部上海明光经销部销售T902系列重油打火机的部分发票存根中，销售价最高为人民币4.50元一只，最低为人民币2.10元一只。

原告菲利普公司诉称：第一被告未经原告许可，擅自使用了原告所注册的万宝路商标，生产打火机57万余只，该商标原由第二被告印刷，部分产品由第三被告销售。故三被告共同侵犯了原告注册商标专用权。请求法院判令三被告停止侵权、销毁全部库存侵权产品，在《新民晚报》上登报道歉、赔偿人民币60万元并承担诉讼费。

第一被告上海打火机总厂辩称：其所生产的10万只万宝路商标打火机的生产成本高于销售价，系亏损生产，且产品生产后全部交由第三被告出口销售，现已无库存。

第二被告上海环龙工艺厂辩称：T902系列重油打火机万宝路商标标识系第一被告委托己方印制，共为其加工印制印有万宝路商标打火机外壳577 327只，该产品已全部送交第一被告组装生产。加工印制成本高于所收加工费，系亏损印制。

第三被告进出口公司辩称：第一被告是直接与港商洽谈打火机业务的，己方系为第一被告代理出口，共代理出口10万只T902系列重油万宝路商标打火机，进价平均为人民币2.20元一只，出口价高低不等，最高价为0.33美元，最低价为0.25美元。所得利润约为人民币6 000余元。

2. 审理

审理中，三被告均承认其行为侵犯了原告万宝路注册商标专用权，愿对原告部分赔偿。经法院委托上海华审资产评估事务所对上海光明打火机厂所生产的T902系列重油万宝路商标打火机生产成本进行审核，结论为内销生产成本为每只人民币2.04元。

一审法院经审理认为：①第二被告环龙工艺厂为上海光明打火机厂加工印刷了577 327只万宝路商标打火机外壳，上海光明打火机厂已将该外壳全部组装成品后销售，现无库存。第三被告进出口公司出口销售了其中10万只万宝路商标打火机，余数由上海光明打火机厂自行销售。第一被告上海打火机总厂称仅生产10万只T902系列重油万宝路商标打火机一节，因与事实相悖，故不予采信。②原告所有的万宝路商标已经我国商标局核准注册，受我国法律保护。现第一被告上海打火机总厂未经原告许可，擅自在其生产的商品打火机外壳上使用原告之注册商标，侵害了原告的注册商标专用权，对此应承担侵权责任；第二被告上海环龙工艺厂未加审查，即擅自为上海光明打火机厂加工印刷原告的注册商标，亦侵害

[1]《菲利普·莫里斯产品有限公司诉上海打火机总厂等商标侵权案》，上海法院网，沈惠光 编写。

了原告的注册商标专用权；第三被告进出口公司销售明知是侵害原告注册商标专用权的打火机商品亦构成了侵害原告注册商标专用权。三被告共同实施了侵权行为，应承担相应的侵权责任。法院根据《中华人民共和国商标法》第 3 条、第 38 条、《中华人民共和国民法通则》第 118 条、第 130 条、第 134 条第 1 款之规定，判决三被告立即停止对原告的万宝路注册商标专用权的侵害，三被告在《新民晚报》上公开向原告赔礼道歉，内容需经本院审核；第一被告上海打火机总厂赔偿原告人民币 570 464.46 元；第三被告中国航空技术进出口上海公司赔偿原告人民币 29 535.54 元；第一被告上海打火机总厂、第二被告上海环龙工艺厂对第三被告进出口公司的赔偿债务负连带责任；第二被告上海环龙工艺厂对第一被告上海打火机总厂负连带责任。

第一被告上海打火机总厂不服一审判决，提出上诉，理由是：①对原告委托代理权有异议。②认为赔偿金额太高。二审法院经审理后，驳回其上诉，维持原判。

3. 分析

本案是一件涉讼标的较大的侵害驰名商标专用权案，审理中主要涉及关于赔偿金额的计算方式问题。

根据我国商标法及实施细则的规定，商标侵权的赔偿金额的计算方式有两种：一是侵权人在侵权期间因侵权所获得的利润额。二是被侵权人在被侵权期间因被侵权所受到的经济损失。二者可视情取一。法院以侵权人（三被告）在侵权期间因侵权而获得的营业额（加工费）除去成本，得出利润，作为赔偿金额是有法可依的，也是合理的。因此第一被告在上诉时提出的赔偿金额太高的理由不能成立。

1.8 《海底总动员》与《小丑鱼走江湖》的版权之争[1]

就在好莱坞电影《海底总动员》风靡全球的时候，法国漫画作家卡尔维兹却把《海底总动员》的两家出品公司——迪斯尼和皮克斯告上法庭，称他们侵犯了自己作品《小丑鱼走江湖》的版权和商标，理由是在他的书中也有一条寻找家人的小鱼皮埃洛特，并且它和《海底总动员》中的小丑鱼尼莫一模一样，有显眼的白色斑纹和橘黄色的皮肤及突出的大眼睛。卡尔维兹称他的小说出版于 2002 年，但他却早在 1995 年就已经向法国有关部门注册了版权。据此，卡尔维兹要求法庭判令禁止迪斯尼在法国发行销售与尼莫相关的商品。

对此，迪斯尼方面的辩护律师说，迪斯尼公司 2000 年就开始对该影片进行角色策划，他表示仅仅因为两条小鱼的外表相像就认定剽窃的说法不能成立，他说："小丑鱼本身就是橘黄色的，身上有三道白色条纹，在自然界中早就如此。"

而负责审理本案的法国法官则表示，就算是这两条小鱼都有着灿烂的笑容和三条白纹，它们也没有相像到难以区分、令人混淆的地步。最终，法庭对本案的判决是驳回卡尔维兹的要求。

1.9 新加坡鳄鱼与法国鳄鱼的商标之争[2]

1. 案情

新加坡鳄鱼将法国鳄鱼告上上海市第二中级人民法院的法庭，诉称法国鳄鱼 1995 年在向中国国家工商行政管理总局商标局申请注册鳄鱼商标时，复制的 10 份鳄鱼图文作品侵犯了新加坡鳄鱼创始人陈贤进的鳄鱼图文作品的著作权。于是，一场商标之争却上演了著作权纠纷。

双方围绕陈贤进是否对鳄鱼图文作品享有著作权、法国鳄鱼申请注册商标以及公告申请商标的行为是否构成侵权等展开了激烈的对攻。

新加坡鳄鱼认为，原告陈贤进于 1947 年 12 月 30 日在新加坡独立完成鳄鱼图文作品创作并进行了著作权登记，应当受到中国著作权法的保护。法国鳄鱼对此却予以否认，认为原告著作权登记的时间是 2000 年，晚于其申请注册商标的时间，原告所提供的证据不能证明陈贤进是鳄鱼图文作品的著作权人。

---

[1] 引自《〈海底总动员〉赢了跨国版权官司》，《中国知识产权报》2004.3.20。

[2] 引自《商标大战拿著作权说事——法国鳄鱼一审败诉》，闫文锋，《中国知识产权报》2004-04-02。

法国鳄鱼还以陈贤进因为网球巡回比赛运动而可能接触其鳄鱼商标，所以坚称鳄鱼图文作品即使是陈贤进创作完成的，也抄袭了其早在1933年就已注册的鳄鱼图形商标，并不具备独创性。

新加坡鳄鱼认为，陈贤进1972年加入马来西亚国籍，而马来西亚早于中国加入伯尔尼公约，因此，其于1947年在新加坡创作了鳄鱼图文作品，应当自中国加入该公约的时间，即1992年10月15日起受中国著作权法的保护。法国鳄鱼则坚持认为，原告居住在新加坡，所以应当按照新加坡加入伯尔尼公约的时间，1998年12月21日起受中国著作权法的保护，而原告指控的侵权行为发生在1995年，不受中国著作权法的保护。

新加坡鳄鱼认为，被告将与其作品相同的标识申请注册商标，申请时至少复制了10份，并致使该作品刊登在了商标公告上被大量复制和发行，构成侵权。而法国鳄鱼则反驳说，其申请注册商标的目的在于防御，中国国家工商行政管理总局商标局将其申请注册的商标在商标公告上予以公告是一种法定行政行为，因此并未侵权。

2. 审理

法院经过审理认定，在法国鳄鱼没有提供相反证据的情况下，新加坡鳄鱼提供的著作权登记证书和新加坡居住证明能够证明陈贤进是鳄鱼图文作品的创作者。法院经过分析也肯定了陈贤进鳄鱼图文作品的独创性。

法院也认定，原告的鳄鱼图文作品应以马来西亚和中国加入伯尔尼公约的时间来确定是否受中国著作权法的保护，因中国后于马来西亚加入该公约，所以自中国加入的时间即1992年10月15日起，原告作品即受中国著作权法的保护。因原告指控的侵权行为发生在1995年，所以本案应当适用中国著作权法。

法院还认为，被告未经原告许可，将原告享有著作权的鳄鱼图文商标予以申请注册商标的行为属于以营利为目的的复制行为，构成了著作权侵权行为。虽然商标公告行为是一种行政公示行为，但该行为是因被告的申请行为造成的，因此被告对此后果应当承当民事责任。

1.10 楼盘设计的著作权保护[1]

1. 案由

2004年5月26日上午，北京市第一中级人民法院审理了一起因楼盘相似而引起的著作权纠纷案，北京枫丹丽舍房地产开发有限公司、北京爱立斯房地产开发有限公司起诉北京天龙苑房地产开发有限公司、北京国电华北电力工程有限公司抄袭了自己的设计图纸和建筑作品。

枫丹丽舍公司诉称，2002年，公司发现天龙苑公司所开发的房地产项目“森林大第”的建筑外观与原告的“枫丹丽舍”几乎完全一致，而国电华北公司受第一被告委托设计的工程图纸也抄袭了原告“枫丹丽舍”的工程设计图。对此，枫丹丽舍公司认为，设计图纸和建筑作品均为中国著作权法保护的对象，天龙苑和国电华北两公司未经许可擅自抄袭原告的设计图纸并同时在建筑物的表现风格和效果上进行抄袭的行为，已使房地产市场的消费者对双方各自的房地产项目产生了混淆。

天龙苑公司和国电华北公司认为，枫丹丽舍房地产项目的设计图纸的建筑表现、效果及风格，均在17世纪的欧洲和西方国家为公众所知，该设计图纸不具有独创性。且该房地产项目所使用的建筑设计说明、设计参数及构图等均是建筑行业规范的技术标准，是任何具有设计能力和资质的设计单位均可设计的工程图纸，其并非原告独创。此外，对双方的图纸进行比较可知，二者在图纸的说明、门窗的大小及形状、空调平台栏杆的高度、楼层高度、排水坡度以及在水、暖、电、通讯、电视、电话结构部分等均是完全不同的。

目前此案在进一步审理中。

2. 相关评析

[1] 引自《楼盘设计呼唤实名制》，芮松燕、魏振豪，《中国知识产权报》2004-06-01。

有专家认为，这一官司的开打，对于国内普通建筑作品的著作权保护将产生深远的影响。业内人士还专门召开了“楼盘设计知识产权保护研讨会”。一些专家表示，大面积的抄袭别人的建筑设计，不仅会影响到社会发展和公众利益，而且还有可能侵犯到业主的权利。

在《著作权法实施条例》中，建筑作品被界定为“是指以建筑物或者构筑物形式表现的有审美意义的作品”，图形作品被界定为“是指为施工、生产绘制的工程设计图、产品设计图，以及反映地理现象、说明事物原理或者结构的地图、示意图等作品”。为此，一些专家认为，建筑作品包括建筑物本身和建筑设计图和建筑模型。

中国社科院知识产权研究中心周林博士表示，搞任何创作都离不开借鉴别人的东西，抄袭和借鉴要具体问题具体分析，你中有我、我中有你是容易出现的，不一定是侵权。要看量，也要看质。对一些在实质与核心内容上相类似，即使从外表上看抄袭并不很多，也是侵权。

目前在世界各大城市的标志性建筑物上都标有设计师的名字。北京劳尔知识产权研究中心侯仰坤博士预测，也许在不久的将来，建筑作品实行实名制，每一栋楼房都会标明设计单位和设计人员。

附 录 2

2.1 中华人民共和国著作权法

（1990 年 9 月 7 日第七届全国人民代表大会常务委员会第十五次会议通过。
根据 2001 年 10 月 27 日第九届全国人民代表大会常务委员会第二十四次
会议《关于修改〈中华人民共和国著作权法〉的决定》修正）

目 录

第一章 总则
第二章 著作权
第一节 著作权人及其权利
第二节 著作权归属
第三节 权利的保护期
第四节 权利的限制
第三章 著作权许可使用和转让合同
第四章 出版、表演、录音录像、播放
第一节 图书、报刊的出版
第二节 表演
第三节 录音录像
第四节 广播电台、电视台播放
第五章 法律责任和执法措施
第六章 附则

第一章 总 则

第一条 为保护文学、艺术和科学作品作者的著作权，以及与著作权有关的权益，鼓励有益于社会主义精神文明、物质文明建设的作品的创作和传播，促进社会主义文化和科学事业的发展与繁荣，根据宪法制定本法。

第二条 中国公民、法人或者其他组织的作品，不论是否发表，依照本法享有著作权。

外国人、无国籍人的作品根据其作者所属国或者经常居住地国同中国签订的协议或者共同参加的国际条约享有的著作权，受本法保护。

外国人、无国籍人的作品首先在中国境内出版的，依照本法享有著作权。

未与中国签订协议或者共同参加国际条约的国家的作者以及无国籍人的作品首次在中国参加的国际条约的成员国出版的，或者在成员国和非成员国同时出版的，受本法保护。

第三条 本法所称的作品，包括以下列形式创作的文学、艺术和自然科学、社会科学、工程技术等作品：

（一）文字作品；

（二）口述作品；

（三）音乐、戏剧、曲艺、舞蹈、杂技艺术作品；
（四）美术、建筑作品；
（五）摄影作品；
（六）电影作品和以类似摄制电影的方法创作的作品；
（七）工程设计图、产品设计图、地图、示意图等图形作品和模型作品；
（八）计算机软件；
（九）法律、行政法规规定的其他作品。

第四条 依法禁止出版、传播的作品，不受本法保护。

著作权人行使著作权，不得违反宪法和法律，不得损害公共利益。

第五条 本法不适用于：

（一）法律、法规，国家机关的决议、决定、命令和其他具有立法、行政、司法性质的文件，及其官方正式译文；
（二）时事新闻；
（三）历法、通用数表、通用表格和公式。

第六条 民间文学艺术作品的著作权保护办法由国务院另行规定。

第七条 国务院著作权行政管理部门主管全国的著作权管理工作；各省、自治区、直辖市人民政府的著作权行政管理部门主管本行政区域的著作权管理工作。

第八条 著作权人和与著作权有关的权利人可以授权著作权集体管理组织行使著作权或者与著作权有关的权利。著作权集体管理组织被授权后，可以以自己的名义为著作权人和与著作权有关的权利人主张权利，并可以作为当事人进行涉及著作权或者与著作权有关的权利的诉讼、仲裁活动。

著作权集体管理组织是非营利性组织，其设立方式、权利义务、著作权许可使用费的收取和分配，以及对其监督和管理等由国务院另行规定。

第二章 著 作 权

第一节 著作权人及其权利

第九条 著作权人包括：

（一）作者；
（二）其他依照本法享有著作权的公民、法人或者其他组织。

第十条 著作权包括下列人身权和财产权：

（一）发表权，即决定作品是否公之于众的权利；
（二）署名权，即表明作者身份，在作品上署名的权利；
（三）修改权，即修改或者授权他人修改作品的权利；
（四）保护作品完整权，即保护作品不受歪曲、篡改的权利；
（五）复制权，即以印刷、复印、拓印、录音、录像、翻录、翻拍等方式将作品制作一份或者多份的权利；
（六）发行权，即以出售或者赠与方式向公众提供作品的原件或者复制件的权利；
（七）出租权，即有偿许可他人临时使用电影作品和以类似摄制电影的方法创作的作品、计算机软件的权利，计算机软件不是出租的主要标的除外；
（八）展览权，即公开陈列美术作品、摄影作品的原件或者复制件的权利；
（九）表演权，即公开表演作品，以及用各种手段公开播送作品的表演的权利；
（十）放映权，即通过放映机、幻灯机等技术设备公开再现美术、摄影、电影和以类似摄制电影的方法创作的作品等的权利；

（十一）广播权，即以无线方式公开广播或者传播作品，以有线传播或者转播的方式向公众传播广播的作品，以及通过扩音器或者其他传送符号、声音、图像的类似工具向公众传播广播的作品的权利；

（十二）信息网络传播权，即以有线或者无线方式向公众提供作品，使公众可以在其个人选定的时间和地点获得作品的权利；

（十三）摄制权，即以摄制电影或者以类似摄制电影的方法将作品固定在载体上的权利；

（十四）改编权，即改变作品，创作出具有独创性的新作品的权利；

（十五）翻译权，即将作品从一种语言文字转换成另一种语言文字的权利；

（十六）汇编权，即将作品或者作品的片段通过选择或者编排，汇集成新作品的权利；

（十七）应当由著作权人享有的其他权利。

著作权人可以许可他人行使前款第（五）项至第（十七）项规定的权利，并依照约定或者本法有关规定获得报酬。

著作权人可以全部或者部分转让本条第一款第（五）项至第（十七）项规定的权利，并依照约定或者本法有关规定获得报酬。

第二节　著作权归属

第十一条　著作权属于作者，本法另有规定的除外。

创作作品的公民是作者。

由法人或者其他组织主持，代表法人或者其他组织意志创作，并由法人或者其他组织承担责任的作品，法人或者其他组织视为作者。

如无相反证明，在作品上署名的公民、法人或者其他组织为作者。

第十二条　改编、翻译、注释、整理已有作品而产生的作品，其著作权由改编、翻译、注释、整理人享有，但行使著作权时不得侵犯原作品的著作权。

第十三条　两人以上合作创作的作品，著作权由合作作者共同享有。没有参加创作的人，不能成为合作作者。

合作作品可以分割使用的，作者对各自创作的部分可以单独享有著作权，但行使著作权时不得侵犯合作作品整体的著作权。

第十四条　汇编若干作品、作品的片段或者不构成作品的数据或者其他材料，对其内容的选择或者编排体现独创性的作品，为汇编作品，其著作权由汇编人享有，但行使著作权时，不得侵犯原作品的著作权。

第十五条　电影作品和以类似摄制电影的方法创作的作品的著作权由制片者享有，但编剧、导演、摄影、作词、作曲等作者享有署名权，并有权按照与制片者签订的合同获得报酬。

电影作品和以类似摄制电影的方法创作的作品中的剧本、音乐等可以单独使用的作品的作者有权单独行使其著作权。

第十六条　公民为完成法人或者其他组织工作任务所创作的作品是职务作品，除本条第二款的规定以外，著作权由作者享有，但法人或者其他组织有权在其业务范围内优先使用。作品完成两年内，未经单位同意，作者不得许可第三人以与单位使用的相同方式使用该作品。

有下列情形之一的职务作品，作者享有署名权，著作权的其他权利由法人或者其他组织享有，法人或者其他组织可以给予作者奖励：

（一）主要是利用法人或者其他组织的物质技术条件创作，并由法人或者其他组织承担责任的工程设计图、产品设计图、地图、计算机软件等职务作品；

（二）法律、行政法规规定或者合同约定著作权由法人或者其他组织享有的职务作品。

第十七条　受委托创作的作品，著作权的归属由委托人和受托人通过合同约定。合同未作明确约定或者没有订立合同的，著作权属于受托人。

第十八条 美术等作品原件所有权的转移，不视为作品著作权的转移，但美术作品原件的展览权由原件所有人享有。

第十九条 著作权属于公民的，公民死亡后，其本法第十条第一款第（五）项至第（十七）项规定的权利在本法规定的保护期内，依照继承法的规定转移。

著作权属于法人或者其他组织的，法人或者其他组织变更、终止后，其本法第十条第一款第（五）项至第（十七）项规定的权利在本法规定的保护期内，由承受其权利义务的法人或者其他组织享有；没有承受其权利义务的法人或者其他组织的，由国家享有。

第三节 权利的保护期

第二十条 作者的署名权、修改权、保护作品完整权的保护期不受限制。

第二十一条 公民的作品，其发表权、本法第十条第一款第（五）项至第（十七）项规定的权利的保护期为作者终生及其死亡后五十年，截止于作者死亡后第五十年的12月31日；如果是合作作品，截止于最后死亡的作者死亡后第五十年的12月31日。

法人或者其他组织的作品、著作权（署名权除外）由法人或者其他组织享有的职务作品，其发表权、本法第十条第一款第（五）项至第（十七）项规定的权利的保护期为五十年，截止于作品首次发表后第五十年的12月31日，但作品自创作完成后五十年内未发表的，本法不再保护。

电影作品和以类似摄制电影的方法创作的作品、摄影作品，其发表权、本法第十条第一款第（五）项至第（十七）项规定的权利的保护期为五十年，截止于作品首次发表后第五十年的12月31日，但作品自创作完成后五十年内未发表的，本法不再保护。

第四节 权利的限制

第二十二条 在下列情况下使用作品，可以不经著作权人许可，不向其支付报酬，但应当指明作者姓名、作品名称，并且不得侵犯著作权人依照本法享有的其他权利：

（一）为个人学习、研究或者欣赏，使用他人已经发表的作品；

（二）为介绍、评论某一作品或者说明某一问题，在作品中适当引用他人已经发表的作品；

（三）为报道时事新闻，在报纸、期刊、广播电台、电视台等媒体中不可避免地再现或者引用已经发表的作品；

（四）报纸、期刊、广播电台、电视台等媒体刊登或者播放其他报纸、期刊、广播电台、电视台等媒体已经发表的关于政治、经济、宗教问题的时事性文章，但作者声明不许刊登、播放的除外；

（五）报纸、期刊、广播电台、电视台等媒体刊登或者播放在公众集会上发表的讲话，但作者声明不许刊登、播放的除外；

（六）为学校课堂教学或者科学研究，翻译或者少量复制已经发表的作品，供教学或者科研人员使用，但不得出版发行；

（七）国家机关为执行公务在合理范围内使用已经发表的作品；

（八）图书馆、档案馆、纪念馆、博物馆、美术馆等为陈列或者保存版本的需要，复制本馆收藏的作品；

（九）免费表演已经发表的作品，该表演未向公众收取费用，也未向表演者支付报酬；

（十）对设置或者陈列在室外公共场所的艺术作品进行临摹、绘画、摄影、录像；

（十一）将中国公民、法人或者其他组织已经发表的以汉语言文字创作的作品翻译成少数民族语言文字作品在国内出版发行；

（十二）将已经发表的作品改成盲文出版。

前款规定适用于对出版者、表演者、录音录像制作者、广播电台、电视台的权利的限制。

第二十三条 为实施九年制义务教育和国家教育规划而编写出版教科书，除作者事先声明不许使用的外，可以不经著作权人许可，在教科书中汇编已经发表的作品片段或者短小的文字作品、音乐作品或者单幅的美术作品、摄影作品，但应当按照规定支付报酬，指明作者姓名、作品名称，并且不得侵犯著作权人依照本法享有的其他权利。

前款规定适用于对出版者、表演者、录音录像制作者、广播电台、电视台的权利的限制。

第三章　著作权许可使用和转让合同

第二十四条　使用他人作品应当同著作权人订立许可使用合同，本法规定可以不经许可的除外。

许可使用合同包括下列主要内容：

（一）许可使用的权利种类；

（二）许可使用的权利是专有使用权或者非专有使用权；

（三）许可使用的地域范围、期间；

（四）付酬标准和办法；

（五）违约责任；

（六）双方认为需要约定的其他内容。

第二十五条　转让本法第十条第一款第（五）项至第（十七）项规定的权利，应当订立书面合同。

权利转让合同包括下列主要内容：

（一）作品的名称；

（二）转让的权利种类、地域范围；

（三）转让价金；

（四）交付转让价金的日期和方式；

（五）违约责任；

（六）双方认为需要约定的其他内容。

第二十六条　许可使用合同和转让合同中著作权人未明确许可、转让的权利，未经著作权人同意，另一方当事人不得行使。

第二十七条　使用作品的付酬标准可以由当事人约定，也可以按照国务院著作权行政管理部门会同有关部门制定的付酬标准支付报酬。当事人约定不明确的，按照国务院著作权行政管理部门会同有关部门制定的付酬标准支付报酬。

第二十八条　出版者、表演者、录音录像制作者、广播电台、电视台等依照本法有关规定使用他人作品的，不得侵犯作者的署名权、修改权、保护作品完整权和获得报酬的权利。

第四章　出版、表演、录音录像、播放

第一节　图书、报刊的出版

第二十九条　图书出版者出版图书应当和著作权人订立出版合同，并支付报酬。

第三十条　图书出版者对著作权人交付出版的作品，按照合同约定享有的专有出版权受法律保护，他人不得出版该作品。

第三十一条　著作权人应当按照合同约定期限交付作品。图书出版者应当按照合同约定的出版质量、期限出版图书。

图书出版者不按照合同约定期限出版，应当依照本法第五十三条的规定承担民事责任。

图书出版者重印、再版作品的，应当通知著作权人，并支付报酬。图书脱销后，图书出版者拒绝重印、再版的，著作权人有权终止合同。

第三十二条　著作权人向报社、期刊社投稿的，自稿件发出之日起十五日内未收到报社通知决定刊登的，或者自稿件发出之日起三十日内未收到期刊社通知决定刊登的，可以将同一作品向其他报社、期刊社投稿。双方另有约定的除外。

作品刊登后，除著作权人声明不得转载、摘编的外，其他报刊可以转载或者作为文摘、资料刊登，

但应当按照规定向著作权人支付报酬。

第三十三条 图书出版者经作者许可，可以对作品修改、删节。

报社、期刊社可以对作品作文字性修改、删节。对内容的修改，应当经作者许可。

第三十四条 出版改编、翻译、注释、整理、汇编已有作品而产生的作品，应当取得改编、翻译、注释、整理、汇编作品的著作权人和原作品的著作权人许可，并支付报酬。

第三十五条 出版者有权许可或者禁止他人使用其出版的图书、期刊的版式设计。

前款规定的权利的保护期为十年，截止于使用该版式设计的图书、期刊首次出版后第十年的 12 月 31 日。

第二节 表 演

第三十六条 使用他人作品演出，表演者（演员、演出单位）应当取得著作权人许可，并支付报酬。演出组织者组织演出，由该组织者取得著作权人许可，并支付报酬。

使用改编、翻译、注释、整理已有作品而产生的作品进行演出，应当取得改编、翻译、注释、整理作品的著作权人和原作品的著作权人许可，并支付报酬。

第三十七条 表演者对其表演享有下列权利：

（一）表明表演者身份；

（二）保护表演形象不受歪曲；

（三）许可他人从现场直播和公开传送其现场表演，并获得报酬；

（四）许可他人录音录像，并获得报酬；

（五）许可他人复制、发行录有其表演的录音录像制品，并获得报酬；

（六）许可他人通过信息网络向公众传播其表演，并获得报酬。

被许可人以前款第（三）项至第（六）项规定的方式使用作品，还应当取得著作权人许可，并支付报酬。

第三十八条 本法第三十七条第一款第（一）项、第（二）项规定的权利的保护期不受限制。

本法第三十七条第一款第（三）项至第（六）项规定的权利的保护期为五十年，截止于该表演发生后第五十年的 12 月 31 日。

第三节 录音录像

第三十九条 录音录像制作者使用他人作品制作录音录像制品，应当取得著作权人许可，并支付报酬。

录音录像制作者使用改编、翻译、注释、整理已有作品而产生的作品，应当取得改编、翻译、注释、整理作品的著作权人和原作品著作权人许可，并支付报酬。

录音制作者使用他人已经合法录制为录音制品的音乐作品制作录音制品，可以不经著作权人许可，但应当按照规定支付报酬；著作权人声明不许使用的不得使用。

第四十条 录音录像制作者制作录音录像制品，应当同表演者订立合同，并支付报酬。

第四十一条 录音录像制作者对其制作的录音录像制品，享有许可他人复制、发行、出租、通过信息网络向公众传播并获得报酬的权利；权利的保护期为五十年，截止于该制品首次制作完成后第五十年的 12 月 31 日。

被许可人复制、发行、通过信息网络向公众传播录音录像制品，还应当取得著作权人、表演者许可，并支付报酬。

第四节 广播电台、电视台播放

第四十二条 广播电台、电视台播放他人未发表的作品，应当取得著作权人许可，并支付报酬。

广播电台、电视台播放他人已发表的作品，可以不经著作权人许可，但应当支付报酬。

第四十三条 广播电台、电视台播放已经出版的录音制品，可以不经著作权人许可，但应当支付报酬。当事人另有约定的除外。具体办法由国务院规定。

第四十四条 广播电台、电视台有权禁止未经其许可的下列行为：

（一）将其播放的广播、电视转播；

（二）将其播放的广播、电视录制在音像载体上以及复制音像载体。

前款规定的权利的保护期为五十年，截止于该广播、电视首次播放后第五十年的12月31日。

第四十五条 电视台播放他人的电影作品和以类似摄制电影的方法创作的作品、录像制品，应当取得制片者或者录像制作者许可，并支付报酬；播放他人的录像制品，还应当取得著作权人许可，并支付报酬。

第五章 法律责任和执法措施

第四十六条 有下列侵权行为的，应当根据情况，承担停止侵害、消除影响、赔礼道歉、赔偿损失等民事责任：

（一）未经著作权人许可，发表其作品的；

（二）未经合作作者许可，将与他人合作创作的作品当作自己单独创作的作品发表的；

（三）没有参加创作，为谋取个人名利，在他人作品上署名的；

（四）歪曲、篡改他人作品的；

（五）剽窃他人作品的；

（六）未经著作权人许可，以展览、摄制电影和以类似摄制电影的方法使用作品，或者以改编、翻译、注释等方式使用作品的，本法另有规定的除外；

（七）使用他人作品，应当支付报酬而未支付的；

（八）未经电影作品和以类似摄制电影的方法创作的作品、计算机软件、录音录像制品的著作权人或者与著作权有关的权利人许可，出租其作品或者录音录像制品的，本法另有规定的除外；

（九）未经出版者许可，使用其出版的图书、期刊的版式设计的；

（十）未经表演者许可，从现场直播或者公开传送其现场表演，或者录制其表演的；

（十一）其他侵犯著作权以及与著作权有关的权益的行为。

第四十七条 有下列侵权行为的，应当根据情况，承担停止侵害、消除影响、赔礼道歉、赔偿损失等民事责任；同时损害公共利益的，可以由著作权行政管理部门责令停止侵权行为，没收违法所得，没收、销毁侵权复制品，并可处以罚款；情节严重的，著作权行政管理部门还可以没收主要用于制作侵权复制品的材料、工具、设备等；构成犯罪的，依法追究刑事责任：

（一）未经著作权人许可，复制、发行、表演、放映、广播、汇编、通过信息网络向公众传播其作品的，本法另有规定的除外；

（二）出版他人享有专有出版权的图书的；

（三）未经表演者许可，复制、发行录有其表演的录音录像制品，或者通过信息网络向公众传播其表演的，本法另有规定的除外；

（四）未经录音录像制作者许可，复制、发行、通过信息网络向公众传播其制作的录音录像制品的，本法另有规定的除外；

（五）未经许可，播放或者复制广播、电视的，本法另有规定的除外；

（六）未经著作权人或者与著作权有关的权利人许可，故意避开或者破坏权利人为其作品、录音录像制品等采取的保护著作权或者与著作权有关的权利的技术措施的，法律、行政法规另有规定的除外；

（七）未经著作权人或者与著作权有关的权利人许可，故意删除或者改变作品、录音录像制品等的权利管理电子信息的，法律、行政法规另有规定的除外；

（八）制作、出售假冒他人署名的作品的。

第四十八条 侵犯著作权或者与著作权有关的权利的，侵权人应当按照权利人的实际损失给予赔偿；

实际损失难以计算的，可以按照侵权人的违法所得给予赔偿。赔偿数额还应当包括权利人为制止侵权行为所支付的合理开支。

权利人的实际损失或者侵权人的违法所得不能确定的，由人民法院根据侵权行为的情节，判决给予五十万元以下的赔偿。

第四十九条 著作权人或者与著作权有关的权利人有证据证明他人正在实施或者即将实施侵犯其权利的行为，如不及时制止将会使其合法权益受到难以弥补的损害的，可以在起诉前向人民法院申请采取责令停止有关行为和财产保全的措施。

人民法院处理前款申请，适用《中华人民共和国民事诉讼法》第九十三条至第九十六条和第九十九条的规定。

第五十条 为制止侵权行为，在证据可能灭失或者以后难以取得的情况下，著作权人或者与著作权有关的权利人可以在起诉前向人民法院申请保全证据。

人民法院接受申请后，必须在四十八小时内作出裁定；裁定采取保全措施的，应当立即开始执行。

人民法院可以责令申请人提供担保，申请人不提供担保的，驳回申请。

申请人在人民法院采取保全措施后十五日内不起诉的，人民法院应当解除保全措施。

第五十一条 人民法院审理案件，对于侵犯著作权或者与著作权有关的权利的，可以没收违法所得、侵权复制品以及进行违法活动的财物。

第五十二条 复制品的出版者、制作者不能证明其出版、制作有合法授权的，复制品的发行者或者电影作品或者以类似摄制电影的方法创作的作品、计算机软件、录音录像制品的复制品的出租者不能证明其发行、出租的复制品有合法来源的，应当承担法律责任。

第五十三条 当事人不履行合同义务或者履行合同义务不符合约定条件的，应当依照《中华人民共和国民法通则》、《中华人民共和国合同法》等有关法律规定承担民事责任。

第五十四条 著作权纠纷可以调解，也可以根据当事人达成的书面仲裁协议或者著作权合同中的仲裁条款，向仲裁机构申请仲裁。

当事人没有书面仲裁协议，也没有在著作权合同中订立仲裁条款的，可以直接向人民法院起诉。

第五十五条 当事人对行政处罚不服的，可以自收到行政处罚决定书之日起三个月内向人民法院起诉，期满不起诉又不履行的，著作权行政管理部门可以申请人民法院执行。

第六章 附 则

第五十六条 本法所称的著作权即版权。

第五十七条 本法第二条所称的出版，指作品的复制、发行。

第五十八条 计算机软件、信息网络传播权的保护办法由国务院另行规定。

第五十九条 本法规定的著作权人和出版者、表演者、录音录像制作者、广播电台、电视台的权利，在本法施行之日尚未超过本法规定的保护期的，依照本法予以保护。

本法施行前发生的侵权或者违约行为，依照侵权或者违约行为发生时的有关规定和政策处理。

第六十条 本法自 1991 年 6 月 1 日起施行。

2.2 中华人民共和国著作权法实施条例

第一条 根据《中华人民共和国著作权法》(以下简称著作权法)，制定本条例。

第二条 著作权法所称作品，是指文学、艺术和科学领域内具有独创性并能以某种有形形式复制的智力成果。

第三条 著作权法所称创作，是指直接产生文学、艺术和科学作品的智力活动。

第四条 著作权法和本条例中下列作品的含义：

(一) 文字作品，是指小说、诗词、散文、论文等以文字形式表现的作品；

（二）口述作品，是指即兴的演说、授课、法庭辩论等以口头语言形式表现的作品；

（三）音乐作品，是指歌曲、交响乐等能够演唱或者演奏的带词或者不带词的作品；

（四）戏剧作品，是指话剧、歌剧、地方戏等供舞台演出的作品；

（五）曲艺作品，是指相声、快书、大鼓、评书等以说唱为主要形式表演的作品；

（六）舞蹈作品，是指通过连续的动作、姿势、表情等表现思想情感的作品；

（七）杂技艺术作品，是指杂技、魔术、马戏等通过形体动作和技巧表现的作品；

（八）美术作品，是指绘画、书法、雕塑等以线条、色彩或者其他方式构成的有审美意义的平面或者立体的造型艺术作品；

（九）建筑作品，是指以建筑物或者构筑物形式表现的有审美意义的作品；

（十）摄影作品，是指借助器械在感光材料或者其他介质上记录客观物体形象的艺术作品；

（十一）电影作品和以类似摄制电影的方法创作的作品，是指摄制在一定介质上，由一系列有伴音或者无伴音的画面组成，并且借助适当装置放映或者以其他方式传播的作品；

（十二）图形作品，是指为施工、生产绘制的工程设计图、产品设计图，以及反映地理现象、说明事物原理或者结构的地图、示意图等作品；

（十三）模型作品，是指为展示、试验或者观测等用途，根据物体的形状和结构，按照一定比例制成的立体作品。

第五条 著作权法和本条例中下列用语的含义：

（一）时事新闻，是指通过报纸、期刊、广播电台、电视台等媒体报道的单纯事实消息；

（二）录音制品，是指任何对表演的声音和其他声音的录制品；

（三）录像制品，是指电影作品和以类似摄制电影的方法创作的作品以外的任何有伴音或者无伴音的连续相关形象、图像的录制品；

（四）录音制作者，是指录音制品的首次制作人；

（五）录像制作者，是指录像制品的首次制作人；

（六）表演者，是指演员、演出单位或者其他表演文学、艺术作品的人。

第六条 著作权自作品创作完成之日起产生。

第七条 著作权法第二条第三款规定的首先在中国境内出版的外国人、无国籍人的作品，其著作权自首次出版之日起受保护。

第八条 外国人、无国籍人的作品在中国境外首先出版后，30 日内在中国境内出版的，视为该作品同时在中国境内出版。

第九条 合作作品不可以分割使用的，其著作权由各合作作者共同享有，通过协商一致行使；不能协商一致，又无正当理由的，任何一方不得阻止他方行使除转让以外的其他权利，但是所得收益应当合理分配给所有合作作者。

第十条 著作权人许可他人将其作品摄制成电影作品和以类似摄制电影的方法创作的作品的，视为已同意对其作品进行必要的改动，但是这种改动不得歪曲篡改原作品。

第十一条 著作权法第十六条第一款关于职务作品的规定中的“工作任务”，是指公民在该法人或者该组织中应当履行的职责。

著作权法第十六条第二款关于职务作品的规定中的“物质技术条件”，是指该法人或者该组织为公民完成创作专门提供的资金、设备或者资料。

第十二条 职务作品完成两年内，经单位同意，作者许可第三人以与单位使用的相同方式使用作品所获报酬，由作者与单位按约定的比例分配。

作品完成两年的期限，自作者向单位交付作品之日起计算。

第十三条 作者身份不明的作品，由作品原件的所有人行使除署名权以外的著作权。作者身份确定后，由作者或者其继承人行使著作权。

第十四条 合作作者之一死亡后，其对合作作品享有的著作权法第十条第一款第（五）项至第（十七）项规定的权利无人继承又无人受遗赠的，由其他合作作者享有。

第十五条 作者死亡后，其著作权中的署名权、修改权和保护作品完整权由作者的继承人或者受遗赠人保护。

著作权无人继承又无人受遗赠的，其署名权、修改权和保护作品完整权由著作权行政管理部门保护。

第十六条 国家享有著作权的作品的使用，由国务院著作权行政管理部门管理。

第十七条 作者生前未发表的作品，如果作者未明确表示不发表，作者死亡后 50 年内，其发表权可由继承人或者受遗赠人行使；没有继承人又无人受遗赠的，由作品原件的所有人行使。

第十八条 作者身份不明的作品，其著作权法第十条第一款第（五）项至第（十七）项规定的权利的保护期截止于作品首次发表后第 50 年的 12 月 31 日。作者身份确定后，适用著作权法第二十一条的规定。

第十九条 使用他人作品的，应当指明作者姓名、作品名称；但是，当事人另有约定或者由于作品使用方式的特性无法指明的除外。

第二十条 著作权法所称已经发表的作品，是指著作权人自行或者许可他人公之于众的作品。

第二十一条 依照著作权法有关规定，使用可以不经著作权人许可的已经发表的作品的，不得影响该作品的正常使用，也不得不合理地损害著作权人的合法利益。

第二十二条 依照著作权法第二十三条、第三十二条第二款、第三十九条第三款的规定使用作品的付酬标准，由国务院著作权行政管理部门会同国务院价格主管部门制定、公布。

第二十三条 使用他人作品应当同著作权人订立许可使用合同，许可使用的权利是专有使用权的，应当采取书面形式，但是报社、期刊社刊登作品除外。

第二十四条 著作权法第二十四条规定的专有使用权的内容由合同约定，合同没有约定或者约定不明的，视为被许可人有权排除包括著作权人在内的任何人以同样的方式使用作品；除合同另有约定外，被许可人许可第三人行使同一权利，必须取得著作权人的许可。

第二十五条 与著作权人订立专有许可使用合同、转让合同的，可以向著作权行政管理部门备案。

第二十六条 著作权法和本条例所称与著作权有关的权益，是指出版者对其出版的图书和期刊的版式设计享有的权利，表演者对其表演享有的权利，录音录像制作者对其制作的录音录像制品享有的权利，广播电台、电视台对其播放的广播、电视节目享有的权利。

第二十七条 出版者、表演者、录音录像制作者、广播电台、电视台行使权利，不得损害被使用作品和原作品著作权人的权利。

第二十八条 图书出版合同中约定图书出版者享有专有出版权但没有明确其具体内容的，视为图书出版者享有在合同有效期限内和在合同约定的地域范围内以同种文字的原版、修订版出版图书的专有权利。

第二十九条 著作权人寄给图书出版者的两份订单在 6 个月内未能得到履行，视为著作权法第三十一条所称图书脱销。

第三十条 著作权人依照著作权法第三十二条第二款声明不得转载、摘编其作品的，应当在报纸、期刊刊登该作品时附带声明。

第三十一条 著作权人依照著作权法第三十九条第三款声明不得对其作品制作录音制品的，应当在该作品合法录制为录音制品时声明。

第三十二条 依照著作权法第二十三条、第三十二条第二款、第三十九条第三款的规定，使用他人作品的，应当自使用该作品之日起 2 个月内向著作权人支付报酬。

第三十三条 外国人、无国籍人在中国境内的表演，受著作权法保护。

外国人、无国籍人根据中国参加的国际条约对其表演享有的权利，受著作权法保护。

第三十四条 外国人、无国籍人在中国境内制作、发行的录音制品，受著作权法保护。

外国人、无国籍人根据中国参加的国际条约对其制作、发行的录音制品享有的权利，受著作权法保护。

第三十五条 外国的广播电台、电视台根据中国参加的国际条约对其播放的广播、电视节目享有的权利，受著作权法保护。

第三十六条 有著作权法第四十七条所列侵权行为，同时损害社会公共利益的，著作权行政管理部门可以处非法经营额3倍以下的罚款；非法经营额难以计算的，可以处10万元以下的罚款。

第三十七条 有著作权法第四十七条所列侵权行为，同时损害社会公共利益的，由地方人民政府著作权行政管理部门负责查处。

国务院著作权行政管理部门可以查处在全国有重大影响的侵权行为。

第三十八条 本条例自2002年9月15日起施行。1991年5月24日国务院批准、1991年5月30日国家版权局发布的《中华人民共和国著作权法实施条例》同时废止。

2.3 中华人民共和国专利法

目录

第一章 总则
第二章 授予专利权的条件
第三章 专利的申请
第四章 专利申请的审查和批准
第五章 专利权的期限、终止和无效
第六章 专利实施的强制许可
第七章 专利权的保护
第八章 附则

第一章 总 则

第一条 为了保护发明创造专利权，鼓励发明创造，有利于发明创造的推广应用，促进科学技术进步和创新，适应社会主义现代化建设的需要，特制定本法。

第二条 本法所称的发明创造是指发明、实用新型和外观设计。

第三条 国务院专利行政部门负责管理全国的专利工作；统一受理和审查专利申请，依法授予专利权。

省、自治区、直辖市人民政府管理专利工作的部门负责本行政区域内的专利管理工作。

第四条 申请专利的发明创造涉及国家安全或者重大利益需要保密的，按照国家有关规定办理。

第五条 对违反国家法律、社会公德或者妨害公共利益的发明创造，不授予专利权。

第六条 执行本单位的任务或者主要是利用本单位的物质技术条件所完成的发明创造为职务发明创造。职务发明创造申请专利的权利属于该单位；申请被批准后，该单位为专利权人。

非职务发明创造，申请专利的权利属于发明人或者设计人；申请被批准后，该发明人或者设计人为专利权人。

利用本单位的物质技术条件所完成的发明创造，单位与发明人或者设计人订有合同，对申请专利的权利和专利权的归属作出约定的，从其约定。

第七条 对发明人或者设计人的非职务发明创造专利申请，任何单位或者个人不得压制。

第八条 两个以上单位或者个人合作完成的发明创造、一个单位或者个人接受其他单位或者个人委托所完成的发明创造，除另有协议的以外，申请专利的权利属于完成或者共同完成的单位或者个人；申请被批准后，申请的单位或者个人为专利权人。

第九条 两个以上的申请人分别就同样的发明创造申请专利的，专利权授予最先申请的人。

第十条 专利申请权和专利权可以转让。

中国单位或者个人向外国人转让专利申请权或者专利权的，必须经国务院有关主管部门批准。

转让专利申请权或者专利权的，当事人应当订立书面合同，并向国务院专利行政部门登记，由国务院专利行政部门予以公告。专利申请权或者专利权的转让自登记之日起生效。

第十一条 发明和实用新型专利权被授予后，除本法另有规定的以外，任何单位或者个人未经专利权人许可，都不得实施其专利，即不得为生产经营目的制造、使用、许诺销售、销售、进口其专利产品，或者使用其专利方法以及使用、许诺销售、销售、进口依照该专利方法直接获得的产品。

外观设计专利权被授予后，任何单位或者个人未经专利权人许可，都不得实施其专利，即不得为生产经营目的制造、销售、进口其外观设计专利产品。

第十二条 任何单位或者个人实施他人专利的，应当与专利权人订立书面实施许可合同，向专利权人支付专利使用费。被许可人无权允许合同规定以外的任何单位或者个人实施该专利。

第十三条 发明专利申请公布后，申请人可以要求实施其发明的单位或者个人支付适当的费用。

第十四条 国有企业事业单位的发明专利，对国家利益或者公共利益具有重大意义的，国务院有关主管部门和省、自治区、直辖市人民政府报经国务院批准，可以决定在批准的范围内推广应用，允许指定的单位实施，由实施单位按照国家规定向专利权人支付使用费。

中国集体所有制单位和个人的发明专利，对国家利益或者公共利益具有重大意义，需要推广应用的，参照前款规定办理。

第十五条 专利权人有权在其专利产品或者该产品的包装上标明专利标记和专利号。

第十六条 被授予专利权的单位应当对职务发明创造的发明人或者设计人给予奖励；发明创造专利实施后，根据其推广应用的范围和取得的经济效益，对发明人或者设计人给予合理的报酬。

第十七条 发明人或者设计人有在专利文件中写明自己是发明人或者设计人的权利。

第十八条 在中国没有经常居所或者营业所的外国人、外国企业或者外国其他组织在中国申请专利的，依照其所属国同中国签订的协议或者共同参加的国际条约，或者依照互惠原则，根据本法办理。

第十九条 在中国没有经常居所或者营业所的外国人、外国企业或者外国其他组织在中国申请专利和办理其他专利事务的，应当委托国务院专利行政部门指定的专利代理机构办理。

中国单位或者个人在国内申请专利和办理其他专利事务的，可以委托专利代理机构办理。

专利代理机构应当遵守法律、行政法规，按照被代理人的委托办理专利申请或者其他专利事务；对被代理人发明创造的内容，除专利申请已经公布或者公告的以外，负有保密责任。专利代理机构的具体管理办法由国务院规定。

第二十条 中国单位或者个人将其在国内完成的发明创造向外国申请专利的，应当先向国务院专利行政部门申请专利，委托其指定的专利代理机构办理，并遵守本法第四条的规定。

中国单位或者个人可以根据中华人民共和国参加的有关国际条约提出专利国际申请。申请人提出专利国际申请的，应当遵守前款规定。

国务院专利行政部门依照中华人民共和国参加的有关国际条约、本法和国务院有关规定处理专利国际申请。

第二十一条 国务院专利行政部门及其专利复审委员会应当按照客观、公正、准确、及时的要求，依法处理有关专利的申请和请求。

在专利申请公布或者公告前，国务院专利行政部门的工作人员及有关人员对其内容负有保密责任。

第二章　授予专利权的条件

第二十二条 授予专利权的发明和实用新型，应当具备新颖性、创造性和实用性。

新颖性，是指在申请日以前没有同样的发明或者实用新型在国内外出版物上公开发表过、在国内公开使用过或者以其他方式为公众所知，也没有同样的发明或者实用新型由他人向国务院专利行政部门提出过申请并且记载在申请日以后公布的专利申请文件中。

创造性，是指同申请日以前已有的技术相比，该发明有突出的实质性特点和显著的进步，该实用新型有实质性特点和进步。

实用性，是指该发明或者实用新型能够制造或者使用，并且能够产生积极效果。

第二十三条 授予专利权的外观设计，应当同申请日以前在国内外出版物上公开发表过或者国内公开使用过的外观设计不相同和不相近似，并不得与他人在先取得的合法权利相冲突。

第二十四条 申请专利的发明创造在申请日以前六个月内，有下列情形之一的，不丧失新颖性：

（一）在中国政府主办或者承认的国际展览会上首次展出的；

（二）在规定的学术会议或者技术会议上首次发表的；

（三）他人未经申请人同意而泄露其内容的。

第二十五条 对下列各项，不授予专利权：

（一）科学发现；

（二）智力活动的规则和方法；

（三）疾病的诊断和治疗方法；

（四）动物和植物品种；

（五）用原子核变换方法获得的物质。

对前款第（四）项所列产品的生产方法，可以依照本法规定授予专利权。

第三章 专利的申请

第二十六条 申请发明或者实用新型专利的，应当提交请求书、说明书及其摘要和权利要求书等文件。

请求书应当写明发明或者实用新型的名称，发明人或者设计人的姓名，申请人姓名或者名称、地址，以及其他事项。

说明书应当对发明或者实用新型作出清楚、完整的说明，以所属技术领域的技术人员能够实现为准；必要的时候，应当有附图。摘要应当简要说明发明或者实用新型的技术要点。

权利要求书应当以说明书为依据，说明要求专利保护的范围。

第二十七条 申请外观设计专利的，应当提交请求书以及该外观设计的图片或者照片等文件，并且应当写明使用该外观设计的产品及其所属的类别。

第二十八条 国务院专利行政部门收到专利申请文件之日为申请日。如果申请文件是邮寄的，以寄出的邮戳日为申请日。

第二十九条 申请人自发明或者实用新型在外国第一次提出专利申请之日起十二个月内，或者自外观设计在外国第一次提出专利申请之日起六个月内，又在中国就相同主题提出专利申请的，依照该外国同中国签订的协议或者共同参加的国际条约，或者依照相互承认优先权的原则，可以享有优先权。

申请人自发明或者实用新型在中国第一次提出专利申请之日起十二个月内，又向国务院专利行政部门就相同主题提出专利申请的，可以享有优先权。

第三十条 申请人要求优先权的，应当在申请的时候提出书面声明，并且在三个月内提交第一次提出的专利申请文件的副本；未提出书面声明或者逾期未提交专利申请文件副本的，视为未要求优先权。

第三十一条 一件发明或者实用新型专利申请应当限于一项发明或实用新型。属于一个总的发明构思的两项以上的发明或者实用新型，可以作为一件申请提出。

一件外观设计专利申请应当限于一种产品所使用的一项外观设计。用于同一类别并且成套出售或者使用的产品的两项以上的外观设计，可以作为一件申请提出。

第三十二条 申请人可以在被授予专利权之前随时撤回其专利申请。

第三十三条 申请人可以对其专利申请文件进行修改，但是，对发明和实用新型专利申请文件的修改不得超出原说明书和权利要求书记载的范围，对外观设计专利申请文件的修改不得超出原图片或者照片表示的范围。

第四章 专利申请的审查和批准

第三十四条 国务院专利行政部门收到发明专利申请后，经初步审查认为符合本法要求的，自申请日起满十八个月，即行公布。国务院专利行政部门可以根据申请人的请求早日公布其申请。

第三十五条 发明专利申请自申请日起三年内，国务院专利行政部门可以根据申请人随时提出的请求，对其申请进行实质审查；申请人无正当理由逾期不请求实质审查的，该申请即被视为撤回。

国务院专利行政部门认为必要的时候，可以自行对发明专利申请进行实质审查。

第三十六条 发明专利的申请人请求实质审查的时候，应当提交在申请日前与其发明有关的参考资料。

发明专利已经在外国提出过申请的，国务院专利行政部门可以要求申请人在指定期限内提交该国为审查其申请进行检索的资料或者审查结果的资料；无正当理由逾期不提交的，该申请即被视为撤回。

第三十七条 国务院专利行政部门对发明专利申请进行实质审查后，认为不符合本法规定的，应当通知申请人，要求其在指定的期限内陈述意见，或者对其申请进行修改；无正当理由逾期不答复的，该申请即被视为撤回。

第三十八条 发明专利申请经申请人陈述意见或者进行修改后，国务院专利行政部门仍然认为不符合本法规定的，应当予以驳回。

第三十九条 发明专利申请经实质审查没有发现驳回理由的，由国务院专利行政部门作出授予发明专利权的决定，发给发明专利证书，同时予以登记和公告。发明专利权自公告之日起生效。

第四十条 实用新型和外观设计专利申请经初步审查没有发现驳回理由的，由国务院专利行政部门作出授予实用新型专利权或者外观设计专利权的决定，发给相应的专利证书，同时予以登记和公告。实用新型专利权和外观设计专利权自公告之日起生效。

第四十一条 国务院专利行政部门设立专利复审委员会。专利申请人对国务院专利行政部门驳回申请的决定不服的，可以自收到通知之日起三个月内，向专利复审委员会请求复审。专利复审委员会复审后，作出决定，并通知专利申请人。

专利申请人对专利复审委员会的复审决定不服的，可以自收到通知之日起三个月内向人民法院起诉。

第五章 专利权的期限、终止和无效

第四十二条 发明专利权的期限为二十年，实用新型专利权和外观设计专利权的期限为十年，均自申请日起计算。

第四十三条 专利权人应当自被授予专利权的当年开始缴纳年费。

第四十四条 有下列情形之一的，专利权在期限届满前终止：

（一）没有按照规定缴纳年费的；

（二）专利权人以书面声明放弃其专利权的。

专利权在期限届满前终止的，由国务院专利行政部门登记和公告。

第四十五条 自国务院专利行政部门公告授予专利权之日起，任何单位或者个人认为该专利权的授予不符合本法有关规定的，可以请求专利复审委员会宣告专利权无效。

第四十六条 专利复审委员会对宣告专利权无效的请求应当及时审查和作出决定，并通知请求人和专利权人。宣告专利权无效的决定，由国务院专利行政部门登记和公告。

对专利复审委员会宣告专利权无效或者维持专利权的决定不服的，可以自收到通知之日起三个月内向人民法院起诉。人民法院应当通知无效宣告请求程序的对方当事人作为第三人参加诉讼。

第四十七条 宣告无效的专利权视为自始即不存在。

宣告专利权无效的决定，对在宣告专利权无效前人民法院作出并已执行的专利侵权的判决、裁定，已经履行或者强制执行的专利侵权纠纷处理决定，以及已经履行的专利实施许可合同和专利权转让合同，不具有追溯力。但是因专利权人的恶意给他人造成的损失，应当给予赔偿。

如果依照前款规定，专利权人或者专利权转让人不向被许可实施专利人或者专利权受让人返还专利使用费或者专利权转让费，明显违反公平原则，专利权人或者专利权转让人应当向被许可实施专利人或者专利权受让人返还全部或者部分专利使用费或者专利权转让费。

第六章 专利实施的强制许可

第四十八条 具备实施条件的单位以合理的条件请求发明或者实用新型专利权人许可实施其专利，而未能在合理长的时间内获得这种许可时，国务院专利行政部门根据该单位的申请，可以给予实施该发明专利或者实用新型专利的强制许可。

第四十九条 在国家出现紧急状态或者非常情况时，或者为了公共利益的目的，国务院专利行政部门可以给予实施发明专利或者实用新型专利的强制许可。

第五十条 一项取得专利权的发明或者实用新型比以前已经取得专利权的发明或者实用新型具有显著经济意义的重大技术进步，其实施又有赖于前一发明或者实用新型的实施的，国务院专利行政部门根据后一专利权人的申请，可以给予实施前一发明或者实用新型的强制许可。

在依照前款规定给予实施强制许可的情形下，国务院专利行政部门根据前一专利权人的申请，也可以给予实施后一发明或者实用新型的强制许可。

第五十一条 依照本法规定申请实施强制许可的单位或者个人，应当提出未能以合理条件与专利权人签订实施许可合同的证明。

第五十二条 国务院专利行政部门作出的给予实施强制许可的决定，应当及时通知专利权人，并予以登记和公告。

给予实施强制许可的决定，应当根据强制许可的理由规定实施的范围和时间。强制许可的理由消除并不再发生时，国务院专利行政部门应当根据专利权人的请求，经审查后作出终止实施强制许可的决定。

第五十三条 取得实施强制许可的单位或者个人不享有独占的实施权，并且无权允许他人实施。

第五十四条 取得实施强制许可的单位或者个人应当付给专利权人合理的使用费，其数额由双方协商；双方不能达成协议的，由国务院专利行政部门裁决。

第五十五条 专利权人对国务院专利行政部门关于实施强制许可的决定不服的，专利权人和取得实施强制许可的单位或者个人对国务院专利行政部门关于实施强制许可的使用费的裁决不服的，可以自收到通知之日起三个月内向人民法院起诉。

第七章 专利权的保护

第五十六条 发明或者实用新型专利权的保护范围以其权利要求的内容为准，说明书及附图可以用于解释权利要求。

外观设计专利权的保护范围以表示在图片或者照片中的该外观设计专利产品为准。

第五十七条 未经专利权人许可，实施其专利即侵犯其专利权，引起纠纷的，由当事人协商解决；不愿协商或者协商不成的，专利权人或者利害关系人可以向人民法院起诉，也可以请求管理专利工作的部门处理。管理专利工作的部门处理时，认定侵权行为成立的，可以责令侵权人立即停止侵权行为，当事人不服的，可以自收到处理通知之日起十五日内依照《中华人民共和国行政诉讼法》向人民法院起诉；侵权人期满不起诉又不停止侵权行为的，管理专利工作的部门可以申请人民法院强制执行。进行处理的管理专利工作的部门应当事人的请求，可以就侵犯专利权的赔偿数额进行调解；调解不成的，当事人可以依照《中华人民共和国民事诉讼法》向人民法院起诉。

专利侵权纠纷涉及新产品的制造方法的发明专利的，制造同样产品的单位或者个人应当提供其产品制造方法不同于专利方法的证明；涉及实用新型专利的，人民法院或者管理专利工作的部门可以要求专利权人出具由国务院专利行政部门作出的检索报告。

第五十八条 假冒他人专利的，除依法承担民事责任外，由管理专利工作的部门责令改正并予公告，没收违法所得，可以并处违法所得三倍以下的罚款，没有违法所得的，可以处五万元以下的罚款；构成犯罪的，依法追究刑事责任。

第五十九条 以非专利产品冒充专利产品、以非专利方法冒充专利方法的，由管理专利工作的部门责令改正并予公告，可以处五万元以下的罚款。

第六十条 侵犯专利权的赔偿数额，按照权利人因被侵权所受到的损失或者侵权人因侵权所获得的利益确定；被侵权人的损失或者侵权人获得的利益难以确定的，参照该专利许可使用费的倍数合理确定。

第六十一条 专利权人或者利害关系人有证据证明他人正在实施或者即将实施侵犯其专利权的行为，如不及时制止将会使其合法权益受到难以弥补的损害的，可以在起诉前向人民法院申请采取责令停止有关行为和财产保全的措施。

人民法院处理前款申请，适用《中华人民共和国民事诉讼法》第九十三条至第九十六条和第九十九条的规定。

第六十二条 侵犯专利权的诉讼时效为二年，自专利权人或者利害关系人得知或者应当得知侵权行为之日起计算。

发明专利申请公布后至专利权授予前使用该发明未支付适当使用费的，专利权要求支付使用的诉讼时效为二年，自专利权人得知或者应当得知他人使用其发明之日起计算，但是，专利权人于专利权授予之日前即已得知或者应当得知的，自专利权授予之日起计算。

第六十三条 有下列情形之一的，不视为侵犯专利权：

（一）专利权人制造、进口或者经专利权人许可而制造、进口的专利产品或者依照专利方法直接获得的产品售出后，使用、许诺销售或者销售该产品的；

（二）在专利申请日前已经制造相同产品、使用相同方法或者已经作好制造、使用的必要准备，并且仅在原有范围内继续制造、使用的；

（三）临时通过中国领陆、领水、领空的外国运输工具，依照其所属国同中国签订的协议或者共同参加的国际条约，或者依照互惠原则，为运输工具自身需要而在其装置和设备中使用有关专利的；

（四）专为科学研究和实验而使用有关专利的。

为生产经营目的使用或者销售不知道是未经专利权人许可而制造并售出的专利产品或者依照专利方法直接获得的产品，能证明其产品合法来源的，不承担赔偿责任。

第六十四条 违反本法第二十条规定向外国申请专利，泄露国家秘密的，由所在单位或者上级主管机关给予行政处分；构成犯罪的，依法追究刑事责任。

第六十五条 侵夺发明人或者设计人的非职务发明创造专利申请权和本法规定的其他权益的，由所在单位或者上级主管机关给予行政处分。

第六十六条 管理专利工作的部门不得参与向社会推荐专利产品等经营活动。

管理专利工作的部门违反前款规定的，由其上级机关或者监察机关责令改正，消除影响，有违法收入的予以没收；情节严重的，对直接负责的主管人员和其他直接责任人员依法给予行政处分。

第六十七条 从事专利管理工作的国家机关工作人员以及其他有关国家机关工作人员玩忽职守、滥用职权、徇私舞弊，构成犯罪的，依法追究刑事责任；尚不构成犯罪的，依法给予行政处分。

第八章　附　　则

第六十八条　向国务院专利行政部门申请专利和办理其他手续，应当按照规定缴纳费用。

第六十九条　本法自1985年4月1日起施行。

2.4　中华人民共和国商标法

根据2001年10月27日第九届全国人民代表大会常务委员会第二十四次会议《关于修改〈中华人民共和国商标法〉的决定》（第二次修正）（自2001年12月1日开始施行）

目　　录

第一章　总则
第二章　商标注册的申请
第三章　商标注册的审查和核准
第四章　注册商标的续展、转让和使用许可
第五章　注册商标争议的裁定
第六章　商标使用的管理
第七章　注册商标专用权的保护
第八章　附则

第一章　总　　则

第一条　为了加强商标管理，保护商标专用权，促使生产、经营者保证商品和服务质量，维护商标信誉，以保障消费者和生产、经营者的利益，促进社会主义市场经济的发展，特制定本法。

第二条　国务院工商行政管理部门商标局主管全国商标注册和管理的工作。

国务院工商行政管理部门设立商标评审委员会，负责处理商标争议事宜。

第三条　经商标局核准注册的商标为注册商标，包括商品商标、服务商标和集体商标、证明商标；商标注册人享有商标专用权，受法律保护。

本法所称集体商标，是指以团体、协会或者其他组织名义注册，供该组织成员在商事活动中使用，以表明使用者在该组织中的成员资格的标志。

本法所称证明商标，是指由对某种商品或者服务具有监督能力的组织所控制，而由该组织以外的单位或者个人使用于其商品或者服务，用以证明该商品或者服务的原产地、原料、制造方法、质量或者其他特定品质的标志。

集体商标、证明商标注册和管理的特殊事项，由国务院工商行政管理部门规定。

第四条　自然人、法人或者其他组织对其生产、制造、加工、拣选或者经销的商品，需要取得商标专用权的，应当向商标局申请商品商标注册。

自然人、法人或者其他组织对其提供的服务项目，需要取得商标专用权的，应当向商标局申请服务商标注册。

本法有关商品商标的规定，适用于服务商标。

第五条　两个以上的自然人、法人或者其他组织可以共同向商标局申请注册同一商标，共同享有和行使该商标专用权。

第六条　国家规定必须使用注册商标的商品，必须申请商标注册，未经核准注册的，不得在市场销售。

第七条 商标使用人应当对其使用商标的商品质量负责。各级工商行政管理部门应当通过商标管理，制止欺骗消费者的行为。

第八条 任何能够将自然人、法人或者其他组织的商品与他人的商品区别开的可视性标志，包括文字、图形、字母、数字、三维标志和颜色组合，以及上述要素的组合，均可以作为商标申请注册。

第九条 申请注册的商标，应当有显著特征，便于识别，并不得与他人在先取得的合法权利相冲突。

商标注册人有权标明“注册商标”或者注册标记。

第十条 下列标志不得作为商标使用：

（一）同中华人民共和国的国家名称、国旗、国徽、军旗、勋章相同或者近似的，以及同中央国家机关所在地特定地点的名称或者标志性建筑物的名称、图形相同的；

（二）同外国的国家名称、国旗、国徽、军旗相同或者近似的，但该国政府同意的除外；

（三）同政府间国际组织的名称、旗帜、徽记相同或者近似的，但经该组织同意或者不易误导公众的除外；

（四）与表明实施控制、予以保证的官方标志、检验印记相同或者近似的，但经授权的除外；

（五）同“红十字”、“红新月”的名称、标志相同或者近似的；

（六）带有民族歧视性的；

（七）夸大宣传并带有欺骗性的；

（八）有害于社会主义道德风尚或者有其他不良影响的。

县级以上行政区划的地名或者公众知晓的外国地名，不得作为商标。但是，地名具有其他含义或者作为集体商标、证明商标组成部分的除外；已经注册的使用地名的商标继续有效。

第十一条 下列标志不得作为商标注册：

（一）仅有本商品的通用名称、图形、型号的；

（二）仅仅直接表示商品的质量、主要原料、功能、用途、重量、数量及其他特点的；

（三）缺乏显著特征的。

前款所列标志经过使用取得显著特征，并便于识别的，可以作为商标注册。

第十二条 以三维标志申请注册商标的，仅由商品自身的性质产生的形状、为获得技术效果而需有的商品形状或者使商品具有实质性价值的形状，不得注册。

第十三条 就相同或者类似商品申请注册的商标是复制、摹仿或者翻译他人未在中国注册的驰名商标，容易导致混淆的，不予注册并禁止使用。

就不相同或者不相类似商品申请注册的商标是复制、摹仿或者翻译他人已经在中国注册的驰名商标，误导公众，致使该驰名商标注册人的利益可能受到损害的，不予注册并禁止使用。

第十四条 认定驰名商标应当考虑下列因素：

（一）相关公众对该商标的知晓程度；

（二）该商标使用的持续时间；

（三）该商标的任何宣传工作的持续时间、程度和地理范围；

（四）该商标作为驰名商标受保护的记录；

（五）该商标驰名的其他因素。

第十五条 未经授权，代理人或者代表人以自己的名义将被代理人或者被代表人的商标进行注册，被代理人或者被代表人提出异议的，不予注册并禁止使用。

第十六条 商标中有商品的地理标志，而该商品并非来源于该标志所标示的地区，误导公众的，不予注册并禁止使用；但是，已经善意取得注册的继续有效。

前款所称地理标志，是指标示某商品来源于某地区，该商品的特定质量、信誉或者其他特征，主要由该地区的自然因素或者人文因素所决定的标志。

第十七条 外国人或者外国企业在中国申请商标注册的，应当按其所属国和中华人民共和国签订的协议或者共同参加的国际条约办理，或者按对等原则办理。

第十八条 外国人或者外国企业在中国申请商标注册和办理其他商标事宜的，应当委托国家认可的具有商标代理资格的组织代理。

第二章 商标注册的申请

第十九条 申请商标注册的，应当按规定的商品分类表填报使用商标的商品类别和商品名称。

第二十条 商标注册申请人在不同类别的商品上申请注册同一商标的，应当按商品分类表提出注册申请。

第二十一条 注册商标需要在同一类的其他商品上使用的，应当另行提出注册申请。

第二十二条 注册商标需要改变其标志的，应当重新提出注册申请。

第二十三条 注册商标需要变更注册人的名义、地址或者其他注册事项的，应当提出变更申请。

第二十四条 商标注册申请人自其商标在外国第一次提出商标注册申请之日起六个月内，又在中国就相同商品以同一商标提出商标注册申请的，依照该外国同中国签订的协议或者共同参加的国际条约，或者按照相互承认优先权的原则，可以享有优先权。

依照前款要求优先权的，应当在提出商标注册申请的时候提出书面声明，并且在三个月内提交第一次提出的商标注册申请文件的副本；未提出书面声明或者逾期未提交商标注册申请文件副本的，视为未要求优先权。

第二十五条 商标在中国政府主办的或者承认的国际展览会展出的商品上首次使用的，自该商品展出之日起六个月内，该商标的注册申请人可以享有优先权。

依照前款要求优先权的，应当在提出商标注册申请的时候提出书面声明，并且在三个月内提交展出其商品的展览会名称、在展出商品上使用该商标的证据、展出日期等证明文件；未提出书面声明或者逾期未提交证明文件的，视为未要求优先权。

第二十六条 为申请商标注册所申报的事项和所提供的材料应当真实、准确、完整。

第三章 商标注册的审查和核准

第二十七条 申请注册的商标，凡符合本法有关规定的，由商标局初步审定，予以公告。

第二十八条 申请注册的商标，凡不符合本法有关规定或者同他人在同一种商品或者类似商品上已经注册的或者初步审定的商标相同或者近似的，由商标局驳回申请，不予公告。

第二十九条 两个或者两个以上的商标注册申请人，在同一种商品或者类似商品上，以相同或者近似的商标申请注册的，初步审定并公告申请在先的商标；同一天申请的，初步审定并公告使用在先的商标，驳回其他人的申请，不予公告。

第三十条 对初步审定的商标，自公告之日起三个月内，任何人均可以提出异议。公告期满无异议的，予以核准注册，发给商标注册证，并予公告。

第三十一条 申请商标注册不得损害他人现有的在先权利，也不得以不正当手段抢先注册他人已经使用并有一定影响的商标。

第三十二条 对驳回申请、不予公告的商标，商标局应当书面通知商标注册申请人。商标注册申请人不服的，可以自收到通知之日起十五日内向商标评审委员会申请复审，由商标评审委员会做出决定，并书面通知申请人。

当事人对商标评审委员会的决定不服的，可以自收到通知之日起三十日内向人民法院起诉。

第三十三条 对初步审定、予以公告的商标提出异议的，商标局应当听取异议人和被异议人陈述事实和理由，经调查核实后，作出裁定。当事人不服的，可以自收到通知之日起十五日内向商标评审委员会申请复审，由商标评审委员会作出裁定，并书面通知异议人和被异议人。

当事人对商标评审委员会的裁定不服的，可以自收到通知之日起三十日内向人民法院起诉。人民法院应当通知商标复审程序的对方当事人作为第三人参加诉讼。

第三十四条 当事人在法定期限内对商标局作出的裁定不申请复审或者对商标评审委员会作出的裁定不向人民法院起诉的，裁定生效。

经裁定异议不能成立的，予以核准注册，发给商标注册证，并予公告；经裁定异议成立的，不予核准注册。

经裁定异议不能成立而核准注册的，商标注册申请人取得商标专用权的时间自初审公告三个月期满之日起计算。

第三十五条 对商标注册申请和商标复审申请应当及时进行审查。

第三十六条 商标注册申请人或者注册人发现商标申请文件或者注册文件有明显错误的，可以申请更正。商标局依法在其职权范围内作出更正，并通知当事人。

前款所称更正错误不涉及商标申请文件或者注册文件的实质性内容。

第四章　注册商标的续展、转让和使用许可

第三十七条 注册商标的有效期为十年，自核准注册之日起计算。

第三十八条 注册商标有效期满，需要继续使用的，应当在期满前六个月内申请续展注册；在此期间未能提出申请的，可以给予六个月的宽展期。宽展期满仍未提出申请的，注销其注册商标。

每次续展注册的有效期为十年。

续展注册经核准后，予以公告。

第三十九条 转让注册商标的，转让人和受让人应当签订转让协议，并共同向商标局提出申请。受让人应当保证使用该注册商标的商品质量。

转让注册商标经核准后，予以公告。受让人自公告之日起享有商标专用权。

第四十条 商标注册人可以通过签订商标使用许可合同，许可他人使用其注册商标。许可人应当监督被许可人使用其注册商标的商品质量。被许可人应当保证使用该注册商标的商品质量。

经许可使用他人注册商标的，必须在使用该注册商标的商品上标明被许可人的名称和商品产地。

商标使用许可合同应当报商标局备案。

第五章　注册商标争议的裁定

第四十一条 已经注册的商标，违反本法第十条、第十一条、第十二条规定的，或者是以欺骗手段或者其他不正当手段取得注册的，由商标局撤销该注册商标；其他单位或者个人可以请求商标评审委员会裁定撤销该注册商标。

已经注册的商标，违反本法第十三条、第十五条、第十六条、第三十一条规定的，自商标注册之日起五年内，商标所有人或者利害关系人可以请求商标评审委员会裁定撤销该注册商标。对恶意注册的，驰名商标所有人不受五年的时间限制。

除前两款规定的情形外，对已经注册的商标有争议的，可以自该商标经核准注册之日起五年内，向商标评审委员会申请裁定。

商标评审委员会收到裁定申请后，应当通知有关当事人，并限期提出答辩。

第四十二条 对核准注册前已经提出异议并经裁定的商标，不得再以相同的事实和理由申请裁定。

第四十三条 商标评审委员会做出维持或者撤销注册商标的裁定后，应当书面通知有关当事人。

当事人对商标评审委员会的裁定不服的，可以自收到通知之日起三十日内向人民法院起诉。人民法院应当通知商标裁定程序的对方当事人作为第三人参加诉讼。

第六章 商标使用的管理

第四十四条 使用注册商标，有下列行为之一的，由商标局责令限期改正或者撤销其注册商标：

（一）自行改变注册商标的；

（二）自行改变注册商标的注册人名义、地址或者其他注册事项的；

（三）自行转让注册商标的；

（四）连续三年停止使用的。

第四十五条 使用注册商标，其商品粗制滥造，以次充好，欺骗消费者的，由各级工商行政管理部门分别不同情况，责令限期改正，并可以予以通报或者处以罚款，或者由商标局撤销其注册商标。

第四十六条 注册商标被撤销的或者期满不再续展的，自撤销或者注销之日起一年内，商标局对与该商标相同或者近似的商标注册申请，不予核准。

第四十七条 违反本法第六条规定的，由地方工商行政管理部门责令限期申请注册，可以并处罚款。

第四十八条 使用未注册商标，有下列行为之一的，由地方工商行政管理部门予以制止，限期改正，并可以予以通报或者处以罚款：

（一）冒充注册商标的；

（二）违反本法第十条规定的；

（三）粗制滥造，以次充好，欺骗消费者的。

第四十九条 对商标局撤销注册商标的决定，当事人不服的，可以自收到通知之日起十五日内向商标评审委员会申请复审，由商标评审委员会做出决定，并书面通知申请人。

当事人对商标评审委员会的决定不服的，可以自收到通知之日起三十日内向人民法院起诉。

第五十条 对工商行政管理部门根据本法第四十五条、第四十七条、第四十八条的规定做出的罚款决定，当事人不服的，可以自收到通知之日起十五日内，向人民法院起诉；期满不起诉又不履行的，由有关工商行政管理部门申请人民法院强制执行。

第七章 注册商标专用权的保护

第五十一条 注册商标的专用权，以核准注册的商标和核定使用的商品为限。

第五十二条 有下列行为之一的，均属侵犯注册商标专用权：

（一）未经商标注册人的许可，在同一种商品或者类似商品上使用与其注册商标相同或者近似的商标的；

（二）销售侵犯注册商标专用权的商品的；

（三）伪造、擅自制造他人注册商标标识或者销售伪造、擅自制造的注册商标标识的；

（四）未经商标注册人同意，更换其注册商标并将该更换商标的商品又投入市场的；

（五）给他人的注册商标专用权造成其他损害的。

第五十三条 有本法第五十二条所列侵犯注册商标专用权行为之一，引起纠纷的，由当事人协商解决；不愿协商或者协商不成的，商标注册人或者利害关系人可以向人民法院起诉，也可以请求工商行政管理部门处理。工商行政管理部门处理时，认定侵权行为成立的，责令立即停止侵权行为，没收、销毁侵权商品和专门用于制造侵权商品、伪造注册商标标识的工具，并可处以罚款。当事人对处理决定不服的，可以自收到处理通知之日起十五日内依照《中华人民共和国行政诉讼法》向人民法院起诉；侵权人期满不起诉又不履行的，工商行政管理部门可以申请人民法院强制执行。进行处理的工商行政管理部门根据当事人的请求，可以就侵犯商标专用权的赔偿数额进行调解；调解不成的，当事人可以依照《中华人民共和国民事诉讼法》向人民法院起诉。

第五十四条 对侵犯注册商标专用权的行为，工商行政管理部门有权依法查处；涉嫌犯罪的，应当及时移送司法机关依法处理。

第五十五条 县级以上工商行政管理部门根据已经取得的违法嫌疑证据或者举报，对涉嫌侵犯他人注册商标专用权的行为进行查处时，可以行使下列职权：

（一）询问有关当事人，调查与侵犯他人注册商标专用权有关的情况；

（二）查阅、复制当事人与侵权活动有关的合同、发票、账簿以及其他有关资料；

（三）对当事人涉嫌从事侵犯他人注册商标专用权活动的场所实施现场检查；

（四）检查与侵权活动有关的物品；对有证据证明是侵犯他人注册商标专用权的物品，可以查封或者扣押。

工商行政管理部门依法行使前款规定的职权时，当事人应当予以协助、配合，不得拒绝、阻挠。

第五十六条 侵犯商标专用权的赔偿数额，为侵权人在侵权期间因侵权所获得的利益，或者被侵权人在被侵权期间因被侵权所受到的损失，包括被侵权人为制止侵权行为所支付的合理开支。

前款所称侵权人因侵权所得利益，或者被侵权人因被侵权所受损失难以确定的，由人民法院根据侵权行为的情节判决给予五十万元以下的赔偿。

销售不知道是侵犯注册商标专用权的商品，能证明该商品是自己合法取得的并说明提供者的，不承担赔偿责任。

第五十七条 商标注册人或者利害关系人有证据证明他人正在实施或者即将实施侵犯其注册商标专用权的行为，如不及时制止，将会使其合法权益受到难以弥补的损害的，可以在起诉前向人民法院申请采取责令停止有关行为和财产保全的措施。

人民法院处理前款申请，适用《中华人民共和国民事诉讼法》第九十三条至第九十六条和第九十九条的规定。

第五十八条 为制止侵权行为，在证据可能灭失或者以后难以取得的情况下，商标注册人或者利害关系人可以在起诉前向人民法院申请保全证据。

人民法院接受申请后，必须在四十八小时内做出裁定；裁定采取保全措施的，应当立即开始执行。

人民法院可以责令申请人提供担保，申请人不提供担保的，驳回申请。

申请人在人民法院采取保全措施后十五日内不起诉的，人民法院应当解除保全措施。

第五十九条 未经商标注册人许可，在同一种商品上使用与其注册商标相同的商标，构成犯罪的，除赔偿被侵权人的损失外，依法追究刑事责任。

伪造、擅自制造他人注册商标标识或者销售伪造、擅自制造的注册商标标识，构成犯罪的，除赔偿被侵权人的损失外，依法追究刑事责任。

销售明知是假冒注册商标的商品，构成犯罪的，除赔偿被侵权人的损失外，依法追究刑事责任。

第六十条 从事商标注册、管理和复审工作的国家机关工作人员必须秉公执法，廉洁自律，忠于职守，文明服务。

商标局、商标评审委员会以及从事商标注册、管理和复审工作的国家机关工作人员不得从事商标代理业务和商品生产经营活动。

第六十一条 工商行政管理部门应当建立健全内部监督制度，对负责商标注册、管理和复审工作的国家机关工作人员执行法律、行政法规和遵守纪律的情况，进行监督检查。

第六十二条 从事商标注册、管理和复审工作的国家机关工作人员玩忽职守、滥用职权、徇私舞弊，违法办理商标注册、管理和复审事项，收受当事人财物，牟取不正当利益，构成犯罪的，依法追究刑事责任；尚不构成犯罪的，依法给予行政处分。

第八章 附 则

第六十三条 申请商标注册和办理其他商标事宜的，应当缴纳费用，具体收费标准另定。

第六十四条 本法自 1983 年 3 月 1 日起施行。1963 年 4 月 10 日国务院公布的《商标管理条例》同时废止；其他有关商标管理的规定，凡与本法抵触的，同时失效。

本法施行前已经注册的商标继续有效。

2.5 中华人民共和国商标法实施条例

第一章 总 则

第一条 根据《中华人民共和国商标法》(以下简称商标法)，制定本条例。

第二条 本条例有关商品商标的规定，适用于服务商标。

第三条 商标法和本条例所称商标的使用，包括将商标用于商品、商品包装或者容器以及商品交易文书上，或者将商标用于广告宣传、展览以及其他商业活动中。

第四条 商标法第六条所称国家规定必须使用注册商标的商品，是指法律、行政法规规定的必须使用注册商标的商品。

第五条 依照商标法和本条例的规定，在商标注册、商标评审过程中产生争议时，有关当事人认为其商标构成驰名商标的，可以相应向商标局或者商标评审委员会请求认定驰名商标，驳回违反商标法第十三条规定的商标注册申请或者撤销违反商标法第十三条规定的商标注册。有关当事人提出申请时，应当提交其商标构成驰名商标的证据材料。

商标局、商标评审委员会根据当事人的请求，在查明事实的基础上，依照商标法第十四条的规定，认定其商标是否构成驰名商标。

第六条 商标法第十六条规定的地理标志，可以依照商标法和本条例的规定，作为证明商标或者集体商标申请注册。

以地理标志作为证明商标注册的，其商品符合使用该地理标志条件的自然人、法人或者其他组织可以要求使用该证明商标，控制该证明商标的组织应当允许。以地理标志作为集体商标注册的，其商品符合使用该地理标志条件的自然人、法人或者其他组织，可以要求参加以该地理标志作为集体商标注册的团体、协会或者其他组织，该团体、协会或者其他组织应当依据其章程接纳为会员；不要求参加以该地理标志作为集体商标注册的团体、协会或者其他组织的，也可以正当使用该地理标志，该团体、协会或者其他组织无权禁止。

第七条 当事人委托商标代理组织申请商标注册或者办理其他商标事宜，应当提交代理委托书。代理委托书应当载明代理内容及权限；外国人或者外国企业的代理委托书还应当载明委托人的国籍。

外国人或者外国企业的代理委托书及与其有关的证明文件的公证、认证手续，按照对等原则办理。

商标法第十八条所称外国人或者外国企业，是指在中国没有经常居所或者营业所的外国人或者外国企业。

第八条 申请商标注册或者办理其他商标事宜，应当使用中文。

依照商标法和本条例规定提交的各种证件、证明文件和证据材料是外文的，应当附送中文译文；未附送的，视为未提交该证件、证明文件或者证据材料。

第九条 商标局、商标评审委员会工作人员有下列情形之一的，应当回避，当事人或者利害关系人可以要求其回避：

(一) 是当事人或者当事人、代理人的近亲属的；

(二) 与当事人、代理人有其他关系，可能影响公正的；

(三) 与申请商标注册或者办理其他商标事宜有利害关系的。

第十条 除本条例另有规定的外，当事人向商标局或者商标评审委员会提交文件或者材料的日期，直接递交的，以递交日为准；邮寄的，以寄出的邮戳日为准；邮戳日不清晰或者没有邮戳的，以商标局或者商标评审委员会实际收到日为准，但是当事人能够提出实际邮戳日证据的除外。

第十一条 商标局或者商标评审委员会的各种文件，可以通过邮寄、直接递交或者其他方式送达当事人。当事人委托商标代理组织的，文件送达商标代理组织视为送达当事人。

商标局或者商标评审委员会向当事人送达各种文件的日期，邮寄的，以当事人收到的邮戳日为准；邮戳日不清晰或者没有邮戳的，自文件发出之日起满15日，视为送达当事人；直接递交的，以递交日为准。文件无法邮寄或者无法直接递交的，可以通过公告方式送达当事人，自公告发布之日起满30日，该文件视为已经送达。

第十二条 商标国际注册依照我国加入的有关国际条约办理。具体办法由国务院工商行政管理部门规定。

第二章 商标注册的申请

第十三条 申请商标注册，应当按照公布的商品和服务分类表按类申请。每一件商标注册申请应当向商标局提交《商标注册申请书》1份、商标图样5份；指定颜色的，并应当提交着色图样5份、黑白稿1份。

商标图样必须清晰、便于粘贴，用光洁耐用的纸张印制或者用照片代替，长或者宽应当不大于10厘米，不小于5厘米。

以三维标志申请注册商标的，应当在申请书中予以声明，并提交能够确定三维形状的图样。

以颜色组合申请注册商标的，应当在申请书中予以声明，并提交文字说明。

申请注册集体商标、证明商标的，应当在申请书中予以声明，并提交主体资格证明文件和使用管理规则。

商标为外文或者包含外文的，应当说明含义。

第十四条 申请商标注册的，申请人应当提交能够证明其身份的有效证件的复印件。商标注册申请人的名义应当与所提交的证件相一致。

第十五条 商品名称或者服务项目应当按照商品和服务分类表填写；商品名称或者服务项目未列入商品和服务分类表的，应当附送对该商品或者服务的说明。

商标注册申请等有关文件，应当打字或者印刷。

第十六条 共同申请注册同一商标的，应当在申请书中指定一个代表人；没有指定代表人的，以申请书中顺序排列的第一人为代表人。

第十七条 申请人变更其名义、地址、代理人，或者删减指定的商品的，可以向商标局办理变更手续。

申请人转让其商标注册申请的，应当向商标局办理转让手续。

第十八条 商标注册的申请日期，以商标局收到申请文件的日期为准。申请手续齐备并按照规定填写申请文件的，商标局予以受理并书面通知申请人；申请手续不齐备或者未按照规定填写申请文件的，商标局不予受理，书面通知申请人并说明理由。

申请手续基本齐备或者申请文件基本符合规定，但是需要补正的，商标局通知申请人予以补正，限其自收到通知之日起30日内，按照指定内容补正并交回商标局。在规定期限内补正并交回商标局的，保留申请日期；期满未补正的，视为放弃申请，商标局应当书面通知申请人。

第十九条 两个或者两个以上的申请人，在同一种商品或者类似商品上，分别以相同或者近似的商标在同一天申请注册的，各申请人应当自收到商标局通知之日起30日内提交其申请注册前在先使用该商标的证据。同日使用或者均未使用的，各申请人可以自收到商标局通知之日起30日内自行协商，并将书面协议报送商标局；不愿协商或者协商不成的，商标局通知各申请人以抽签的方式确定一个申请人，驳回其他人的注册申请。商标局已经通知但申请人未参加抽签的，视为放弃申请，商标局应当书面通知未参加抽签的申请人。

第二十条 依照商标法第二十四条规定要求优先权的，申请人提交的第一次提出商标注册申请文件的副本应当经受理该申请的商标主管机关证明，并注明申请日期和申请号。

依照商标法第二十五条规定要求优先权的，申请人提交的证明文件应当经国务院工商行政管理部门规定的机构认证；展出其商品的国际展览会是在中国境内举办的除外。

第三章　商标注册申请的审查

第二十一条　商标局对受理的商标注册申请，依照商标法及本条例的有关规定进行审查，对符合规定的或者在部分指定商品上使用商标的注册申请符合规定的，予以初步审定，并予以公告；对不符合规定或者在部分指定商品上使用商标的注册申请不符合规定的，予以驳回或者驳回在部分指定商品上使用商标的注册申请，书面通知申请人并说明理由。

商标局对在部分指定商品上使用商标的注册申请予以初步审定的，申请人可以在异议期满之日前，申请放弃在部分指定商品上使用商标的注册申请；申请人放弃在部分指定商品上使用商标的注册申请的，商标局应当撤回原初步审定，终止审查程序，并重新公告。

第二十二条　对商标局初步审定予以公告的商标提出异议的，异议人应当向商标局提交商标异议书一式两份。商标异议书应当写明被异议商标刊登《商标公告》的期号及初步审定号。商标异议书应当有明确的请求和事实依据，并附送有关证据材料。

商标局应当将商标异议书副本及时送交被异议人，限其自收到商标异议书副本之日起 30 日内答辩。被异议人不答辩的，不影响商标局的异议裁定。

当事人需要在提出异议申请或者答辩后补充有关证据材料的，应当在申请书或者答辩书中声明，并自提交申请书或者答辩书之日起 3 个月内提交；期满未提交的，视为当事人放弃补充有关证据材料。

第二十三条　商标法第三十四条第二款所称异议成立，包括在部分指定商品上成立。异议在部分指定商品上成立的，在该部分指定商品上的商标注册申请不予核准。

被异议商标在异议裁定生效前已经刊发注册公告的，撤销原注册公告，经异议裁定核准注册的商标重新公告。

经异议裁定核准注册的商标，自该商标异议期满之日起至异议裁定生效前，对他人在同一种或者类似商品上使用与该商标相同或者近似的标志的行为不具有追溯力；但是，因该使用人的恶意给商标注册人造成的损失，应当给予赔偿。

经异议裁定核准注册的商标，对其提出评审申请的期限自该商标异议裁定公告之日起计算。

第四章　注册商标的变更、转让、续展

第二十四条　变更商标注册人名义、地址或者其他注册事项的，应当向商标局提交变更申请书。商标局核准后，发给商标注册人相应证明，并予以公告；不予核准的，应当书面通知申请人并说明理由。

变更商标注册人名义的，还应当提交有关登记机关出具的变更证明文件。未提交变更证明文件的，可以自提出申请之日起 30 日内补交；期满不提交的，视为放弃变更申请，商标局应当书面通知申请人。

变更商标注册人名义或者地址的，商标注册人应当将其全部注册商标一并变更；未一并变更的，视为放弃变更申请，商标局应当书面通知申请人。

第二十五条　转让注册商标的，转让人和受让人应当向商标局提交转让注册商标申请书。转让注册商标申请手续由受让人办理。商标局核准转让注册商标申请后，发给受让人相应证明，并予以公告。

转让注册商标的，商标注册人对其在同一种或者类似商品上注册的相同或者近似的商标，应当一并转让；未一并转让的，由商标局通知其限期改正；期满不改正的，视为放弃转让该注册商标的申请，商标局应当书面通知申请人。

对可能产生误认、混淆或者其他不良影响的转让注册商标申请，商标局不予核准，书面通知申请人并说明理由。

第二十六条　注册商标专用权因转让以外的其他事由发生移转的，接受该注册商标专用权移转的当

事人应当凭有关证明文件或者法律文书到商标局办理注册商标专用权移转手续。

注册商标专用权移转的，注册商标专用权人在同一种或者类似商品上注册的相同或者近似的商标，应当一并移转；未一并移转的，由商标局通知其限期改正；期满不改正的，视为放弃该移转注册商标的申请，商标局应当书面通知申请人。

第二十七条 注册商标需要续展注册的，应当向商标局提交商标续展注册申请书。商标局核准商标注册续展申请后，发给相应证明，并予以公告。

续展注册商标有效期自该商标上一届有效期满次日起计算。

第五章 商标评审

第二十八条 商标评审委员会受理依据商标法第三十二条、第三十三条、第四十一条、第四十九条的规定提出的商标评审申请。商标评审委员会根据事实，依法进行评审。

第二十九条 商标法第四十一条第三款所称对已经注册的商标有争议，是指在先申请注册的商标注册人认为他人在后申请注册的商标与其在同一种或者类似商品上的注册商标相同或者近似。

第三十条 申请商标评审，应当向商标评审委员会提交申请书，并按照对方当事人的数量提交相应份数的副本；基于商标局的决定书或者裁定书申请复审的，还应当同时附送商标局的决定书或者裁定书副本。

商标评审委员会收到申请书后，经审查，符合受理条件的，予以受理；不符合受理条件的，不予受理，书面通知申请人并说明理由；需要补正的，通知申请人自收到通知之日起 30 日内补正。经补正仍不符合规定的，商标评审委员会不予受理，书面通知申请人并说明理由；期满未补正的，视为撤回申请，商标评审委员会应当书面通知申请人。

商标评审委员会受理商标评审申请后，发现不符合受理条件的，予以驳回，书面通知申请人并说明理由。

第三十一条 商标评审委员会受理商标评审申请后，应当及时将申请书副本送交对方当事人，限其自收到申请书副本之日起 30 日内答辩；期满未答辩的，不影响商标评审委员会的评审。

第三十二条 当事人需要在提出评审申请或者答辩后补充有关证据材料的，应当在申请书或者答辩书中声明，并自提交申请书或者答辩书之日起 3 个月内提交；期满未提交的，视为放弃补充有关证据材料。

第三十三条 商标评审委员会根据当事人的请求或者实际需要，可以决定对评审申请进行公开评审。

商标评审委员会决定对评审申请进行公开评审的，应当在公开评审前 15 日书面通知当事人，告知公开评审的日期、地点和评审人员。当事人应当在通知书指定的期限内作出答复。

申请人不答复也不参加公开评审的，其评审申请视为撤回，商标评审委员会应当书面通知申请人；被申请人不答复也不参加公开评审的，商标评审委员会可以缺席评审。

第三十四条 申请人在商标评审委员会作出决定、裁定前，要求撤回申请的，经书面向商标评审委员会说明理由，可以撤回；撤回申请的，评审程序终止。

第三十五条 申请人撤回商标评审申请的，不得以相同的事实和理由再次提出评审申请；商标评审委员会对商标评审申请已经作出裁定或者决定的，任何人不得以相同的事实和理由再次提出评审申请。

第三十六条 依照商标法第四十一条的规定撤销的注册商标，其商标专用权视为自始即不存在。有关撤销注册商标的决定或者裁定，对在撤销前人民法院作出并已执行的商标侵权案件的判决、裁定，工商行政管理部门作出并已执行的商标侵权案件的处理决定，以及已经履行的商标转让或者使用许可合同，不具有追溯力；但是，因商标注册人恶意给他人造成的损失，应当给予赔偿。

第六章 商标使用的管理

第三十七条 使用注册商标，可以在商品、商品包装、说明书或者其他附着物上标明“注册商标”或者注册标记。

注册标记包括（注外加○）和（R外加○）。使用注册标记，应当标注在商标的右上角或者右下角。

第三十八条 《商标注册证》遗失或者破损的，应当向商标局申请补发。《商标注册证》遗失的，应当在《商标公告》上刊登遗失声明。破损的《商标注册证》，应当在提交补发申请时交回商标局。

伪造或者变造《商标注册证》的，依照刑法关于伪造、变造国家机关证件罪或者其他罪的规定，依法追究刑事责任。

第三十九条 有商标法第四十四条第（一）项、第（二）项、第（三）项行为之一的，由工商行政管理部门责令商标注册人限期改正；拒不改正的，报请商标局撤销其注册商标。

有商标法第四十四条第（四）项行为的，任何人可以向商标局申请撤销该注册商标，并说明有关情况。商标局应当通知商标注册人，限其自收到通知之日起2个月内提交该商标在撤销申请提出前使用的证据材料或者说明不使用的正当理由；期满不提供使用的证据材料或者证据材料无效并没有正当理由的，由商标局撤销其注册商标。

前款所称使用的证据材料，包括商标注册人使用注册商标的证据材料和商标注册人许可他人使用注册商标的证据材料。

第四十条 依照商标法第四十四条、第四十五条的规定被撤销的注册商标，由商标局予以公告；该注册商标专用权自商标局的撤销决定作出之日起终止。

第四十一条 商标局、商标评审委员会撤销注册商标，撤销理由仅及于部分指定商品的，撤销在该部分指定商品上使用的商标注册。

第四十二条 依照商标法第四十五条、第四十八条的规定处以罚款的数额为非法经营额20%以下或者非法获利2倍以下。

依照商标法第四十七条的规定处以罚款的数额为非法经营额10%以下。

第四十三条 许可他人使用其注册商标的，许可人应当自商标使用许可合同签订之日起3个月内将合同副本报送商标局备案。

第四十四条 违反商标法第四十条第二款规定的，由工商行政管理部门责令限期改正；逾期不改正的，收缴其商标标识；商标标识与商品难以分离的，一并收缴、销毁。

第四十五条 使用商标违反商标法第十三条规定的，有关当事人可以请求工商行政管理部门禁止使用。当事人提出申请时，应当提交其商标构成驰名商标的证据材料。经商标局依照商标法第十四条的规定认定为驰名商标的，由工商行政管理部门责令侵权人停止违反商标法第十三条规定使用该驰名商标的行为，收缴、销毁其商标标识；商标标识与商品难以分离的，一并收缴、销毁。

第四十六条 商标注册人申请注销其注册商标或者注销其商标在部分指定商品上的注册的，应当向商标局提交商标注销申请书，并交回原《商标注册证》。

商标注册人申请注销其注册商标或者注销其商标在部分指定商品上的注册的，该注册商标专用权或者该注册商标专用权在该部分指定商品上的效力自商标局收到其注销申请之日起终止。

第四十七条 商标注册人死亡或者终止，自死亡或者终止之日起1年期满，该注册商标没有办理移转手续的，任何人可以向商标局申请注销该注册商标。提出注销申请的，应当提交有关该商标注册人死亡或者终止的证据。

注册商标因商标注册人死亡或者终止而被注销的，该注册商标专用权自商标注册人死亡或者终止之日起终止。

第四十八条 注册商标被撤销或者依照本条例第四十六条、第四十七条的规定被注销的，原《商标注册证》作废；撤销该商标在部分指定商品上的注册的，或者商标注册人申请注销其商标在部分指定商品上的注册的，由商标局在原《商标注册证》上加注发还，或者重新核发《商标注册证》，并予公告。

第七章　注册商标专用权的保护

第四十九条　注册商标中含有的本商品的通用名称、图形、型号，或者直接表示商品的质量、主要原料、功能、用途、重量、数量及其他特点，或者含有地名，注册商标专用权人无权禁止他人正当使用。

第五十条　有下列行为之一的，属于商标法第五十二条第（五）项所称侵犯注册商标专用权的行为：

（一）在同一种或者类似商品上，将与他人注册商标相同或者近似的标志作为商品名称或者商品装潢使用，误导公众的；

（二）故意为侵犯他人注册商标专用权行为提供仓储、运输、邮寄、隐匿等便利条件的。

第五十一条　对侵犯注册商标专用权的行为，任何人可以向工商行政管理部门投诉或者举报。

第五十二条　对侵犯注册商标专用权的行为，罚款数额为非法经营额 3 倍以下；非法经营额无法计算的，罚款数额为 10 万元以下。

第五十三条　商标所有人认为他人将其驰名商标作为企业名称登记，可能欺骗公众或者对公众造成误解的，可以向企业名称登记主管机关申请撤销该企业名称登记。企业名称登记主管机关应当依照《企业名称登记管理规定》处理。

第八章　附　　则

第五十四条　连续使用至 1993 年 7 月 1 日的服务商标，与他人在相同或者类似的服务上已注册的服务商标相同或者近似的，可以继续使用；但是，1993 年 7 月 1 日后中断使用 3 年以上的，不得继续使用。

第五十五条　商标代理的具体管理办法由国务院另行规定。

第五十六条　商标注册用商品和服务分类表，由国务院工商行政管理部门制定并公布。

申请商标注册或者办理其他商标事宜的文件格式，由国务院工商行政管理部门制定并公布。

商标评审委员会的评审规则由国务院工商行政管理部门制定并公布。

第五十七条　商标局设置《商标注册簿》，记载注册商标及有关注册事项。

商标局编印发行《商标公告》，刊登商标注册及其他有关事项。

第五十八条　申请商标注册或者办理其他商标事宜，应当缴纳费用。缴纳费用的项目和标准，由国务院工商行政管理部门会同国务院价格主管部门规定并公布。

第五十九条　本条例自 2002 年 9 月 15 日起施行。1983 年 3 月 10 日国务院发布、1988 年 1 月 3 日国务院批准第一次修订、1993 年 7 月 15 日国务院批准第二次修订的《中华人民共和国商标法实施细则》和 1995 年 4 月 23 日《国务院关于办理商标注册附送证件问题的批复》同时废止。

2.6　欧洲联盟设计保护法规

第一款　定　　义

法规中涉及到的定义

1. 设计

设计指产品的整体或部分的外部特征，具体包括：线条、轮廓、色彩、形状、产品本身及其装饰部分的质地和原材料。

2. 产品

产品指任何工业制品和手工艺品，包括其他构成这件组合产品的各个部分：包装、外形、图文符号和排版版面，但不包括电脑程序。

3. 组合产品

组合产品指由多个可替换，可拆装并重新组装的部分所构成的产品。

第　二　款

适用范围

本法规适用于：

1. 已在各成员国中央工业产权办公室注册的设计权；

2. 已在比利时、荷兰、卢森堡国家的设计办公室注册的设计权；

3. 按成员国内有效的国际约定注册的设计权；

4. 本指令应用中所指的设计权指以上三种情形下注册的设计权。

为应用本法规，设计注册也应包括，在成员国工业产权办公室办设计立案并由该办公室发表，该办公室的设计发表能够使设计权成立。

第　三　款

保护条款

1. 成员国通过注册对设计加以保护，并依据该法规的条款授予设计权特有者专利。

2. 设计权保护新颖、有特性的设计。

3. 应用于或构成组合产品部分的设计如符合以下条件，将被视为新颖和有特性。

(1) 假如该部分一旦合并于组合产品。在组合产品的正常使用中是可见的；

(2) 假如该组成部分的可视特征符合具有创新性和独特个性的要求。

4. 3 (1) 中的正常使用指最终用户的使用，不包括保养、服务和修理工作。

第　四　款

创新性

一项设计在申请注册立案以前或者申请优先权的，在优先权申请日期以前，如无其他类似设计公之于众，这项设计应被视为具有创新性。如果两项设计的特征只是在非特质的细节上有区别，这两项设计仍被视为类似。

第　五　款

特性

1. 如果一项设计与另一项在其申请注册立案日期之前，或申请优先权的，在优先权到期之前向公众发表的设计，给专业用户的总体印象相异，则此设计被视为有特性。

2. 在评估设计特性时，应考虑设计者改进设计的自由度。

第　六　款

发表

1. 为了应用第四、第五款，设计必须是已经公之于众的，或注册以后已发展，或已展出，在商业中已被使用，或以其他形式发表。除非这些活动在申请注册在存档到期之前，或如果申请了优先权，在优先权有效期以前，在通常的商务运作过程中有理由不向欧共体内此项计相关领域的同行公布。但当此设计同时在明确的或不明确的保密条件下授予了第三者，则此设计不能视为有效发表。

2. 一项在成员国注册申请受保护的设计将不在适用于第四、第五款，假如此项设计

(1) 由设计者，或其设计的继承人，或设计者授予信息的承受者，或承受人的继承人；

(2) 在申请存档到期前，或如果申请优先权，在优先权到期前12个月内公布于众。

3. 若由于设计者或其设计继承人的滥用而使设计公开，则第2点仍然有效。

第 七 款

由技术功能支配的设计和相互联系的设计

1. 设计不保护完全由技术功能支配的产品的外部特征。

2. 如果其产品必须严格按照它的形式和尺寸复制，合并或应用该设计的产品与其他产品机械地结合，或采取在其他产品内部、周围或正面安装的形式结合从而使两者能发挥各自的作用，则此设计权不保护该产品的外部特征。

3. 设计权应根据第四、第五款的条件保护允许多种组装并在组件系统内联结可互换的产品设计。

第 八 款

违背社会秩序和道德准则的设计

设计权不保护违背社会秩序和普遍道德准则的设计。

第 九 款

1. 设计权的保护范围包括对设计的专业使用者不产生相异的总体印象的任何设计。

2. 在评定保护范围时，应考虑设计者改进本人设计的自由度。

第 十 款

保护期限

一旦注册，一项符合第3款（2）条要求的设计将从申请立案之日起以五年或十年、十五年、二十五年为阶段受到保护。设计权持有者应每隔五年或十年、十五年、二十五年申请继续受保护，申请受保护的总期限为自立案之日起共25年。

第 十 一 款

确定无效或拒绝注册

1. 一项设计在如下情形下将被拒绝注册或已经注册，宣布注册无效：

(1) 不符合第一款第（1）条的设计

(2) 不符合第三款至第八款要求的设计

(3) 设计权申请人或持有者违反有关成员国设计法规定

(4) 假如设计与其前的一项设计发生冲突，并且前一项设计为申请立案之日后，或若申请优先权，在优先权成立之日后已经公之于众的，已在上述之日前受到注册欧共体设计法保护，或已注册为一项欧共体设计，或受到相关成员国设计权保护，或申请获得了这一权利的设计。

2. 成员国应在如下情形，拒绝为一项设计注册或宣布一项已注册的设计无效。

(1) 若在随后的设计中使用一明显标志，并且管理该标志的欧共体法律或相关成员国的法律授予标志权持有者禁止如此使用的权利；

(2) 若此设计违反相关成员国版权法，构成非法使用；

(3) 若设计构成巴黎协约中保护工业产权、标志、标记的第六款中所列产品的不正确使用，但不包括对该条款下在有关成员国引起公众特别关注的产品的不正确使用。

3. 第1（1）只有相当成员国法律保护下的设计权持有者才能使之生效。

4. 第1（4）和第2（1）、（2）只有尚有争议的设计权持有者和申请人可使之成立。

5. 第 2（3）只可由参与使用的人或实体使之生效。

6. 第 4、5 条公平地给予成员国以自由允许其规定第 1（4）和第 2（3）也可由相关成员国的适当机构自主使之生效。

7. 若一项已被拒绝注册或设计权已被宣布无效的设计，依照第 1（2）或第 2 条，可以予以注册，或以修正形式保留设计权，修正形式下保留的设计权如符合保护要求，则保留该设计。以修正形式注册或保留设计时，注册将伴随设计权持有者的部分弃权声明，或在设计注册簿中注明宣布设计权部分失效的法庭决议。

8. 成员国可以规定，通过第 1 至第 7 条中削弱设计权的方式，拒绝注册和决定设计权失效在符合此保护设计指令的必要条款生效之日前，应符合在此日期前和最终注册之日前的设计申请。

9. 设计权过时或被放弃后仍可宣布其失效。

第十二款

设计权规定的权利

1. 设计注册后，设计持有者将享有使用它和阻止任何第三方未经其许可使用此设计的专门权利。这里提到的使用具体包括，制造、提供、出售、进口、出口或使用应用该设计的产品，或为以上目的而库存以上产品。

2. 按照成员国的法律规定，在符合该设计指令的必要条款生效前不能禁止第 1 条中所指的行为，设计权所赋予的权利无法终止已在此日期前开始的如上行为。

第十三款

设计权的权限

1. 注册的设计权在如下情形无效：

（1）秘密行为和为非商业目的而进行的行为；

（2）以实验为目的的行为；

（3）为引用或教学而复制的行为，并且该行为属于正当的商业操作，不过度损害此设计的正常使用，并说明来源。

2. 此外，注册的设计权在如下情形下也无效：

（1）在他国注册，暂时进入相关成员国领土的轮船和飞机上的设备；

（2）成员国内为修理这种船和飞机而进口零部件；

（3）在此船和飞机上进行的修理行为。

第十四款

过渡条款

在本法规依照委员会根据第十八款规定的提议得到修正之前，成员国应保持关于为修理一件综合产品使其恢复原状而使用综合产品，产品组成部分的设计的现有立法条款仍然有效。成员国只有为了放开以上部分的市场才可修改这些条款。

第十五款

权利终止

注册设计权不保护下述行为：当一件合并或应用了某项受保护设计的产品，由设计权持有者本人或经其授权在共同体内出售。

第十六款

执行

1. 成员国在采用该法规条款时应包含参考本法规的说明，或在正式发表时有如此声明。
2. 成员国应告知委员会在本法规管辖领域内采用的国内法律条款。

第十七款

生效

本法规将在自欧共体官方刊物上发表之日起二十日开始生效。

附　录　3

3.1　中华人民共和国广告法

第一章　总　　则

第一条　为了规范广告活动，促进广告业的健康发展，保护消费者的合法权益，维护社会经济秩序，发挥广告在社会主义市场经济中的积极作用，制定本法。

第二条　广告主、广告经营者、广告发布者在中华人民共和国境内从事广告活动，应当遵守本法。本法所称广告，是指商品经营者或者服务提供者承担费用，通过一定媒介和形式直接或者间接地介绍自己所推销的商品或者所提供的服务的商业广告。本法所称广告主，是指为推销商品或者提供服务，自行或者委托他人设计、制作、发布广告的法人、其他经济组织或者个人。本法所称广告经营者，是指受委托提供广告设计、制作、代理服务的法人、其他经济组织或者个人。本法所称广告发布者，是指为广告主或者广告主委托的广告经营者发布广告的法人或者其他经济组织。

第三条　广告应当真实、合法，符合社会主义精神文明建设的要求。

第四条　广告不得含有虚假的内容，不得欺骗和误导消费者。

第五条　广告主、广告经营者、广告发布者从事广告活动，应当遵守法律、行政法规，遵循公平、诚实信用的原则。

第六条　县级以上人民政府工商行政管理部门是广告监督管理机关。

第二章　广告准则

第七条　广告内容应当有利于人民的身心健康，促进商品和服务质量的提高，保护消费者的合法权益，遵守社会公德和职业道德，维护国家的尊严和利益。广告不得有下列情形：

（一）使用中华人民共和国国旗、国徽、国歌；

（二）使用国家机关和国家机关工作人员的名义；

（三）使用国家级、最高级、最佳等用语；

（四）妨碍社会安定和危害人身、财产安全，损害社会公共利益；

（五）妨碍社会公共秩序和违背社会良好风尚；

（六）含有淫秽、迷信、恐怖、暴力、丑恶的内容；

（七）含有民族、种族、宗教、性别歧视的内容；

（八）妨碍环境和自然资源保护；

（九）法律、行政法规规定禁止的其他情形。

第八条　广告不得损害未成年人和残疾人的身心健康。

第九条　广告中对商品的性能、产地、用途、质量、价格、生产者、有效期限、允许或者对服务的内容、形式、质量、价格、允诺有表示的，应当清楚、明白。广告中表明推销商品、提供服务附带赠送礼品的，就当标明赠送的品种和数量。

第十条　广告使用数据、统计资料、调查结果、文摘、引用语，应当真实、准确，并表明出处。

第十一条　广告中涉及专利产品或者专利方法的，应当标明专利号和专利种类。未取得专利权的，不得在广告中谎称取得专利权。禁止使用未授予专利权的专利申请和已经终止、撤销、无效的专利广告。

第十二条 广告不得贬低其他生产经营者的商品或者服务。

第十三条 广告应当具有可识别性，能够使消费者辨明其为广告。大众传播媒介不得以新闻报道形式发布广告。通过大众传播媒介发布的广告应当有广告标记，与其他非广告信息相区别，不得使消费者产生误解。

第十四条 药品、医疗器械广告不得有下列内容：

（一）含有不科学的表示功效的断言或者保证的；

（二）说明治愈率或者有效率的；

（三）与其他药品、医疗器械的功效和安全性比较的；

（四）利用医药科研单位、学术机构、医疗机构或专家、医生、患者的名义和形象作证明的；

（五）法律、行政法规规定禁止的其他内容。

第十五条 药品广告的内容必须以国务院卫生行政部门或者省、自治区、直辖市卫生行政部门批准的说明书为准。国家规定的应当在医生指导下使用的治疗药品广告中，必须注明“按医生处方购买和使用”。

第十六条 麻醉药品、精神药品、毒性药品、放射性药品等特殊药品，不得作广告。

第十七条 农药广告不得有下列内容：

（一）使用无毒、无害等表明安全性的绝对化断言的；

（二）含有不科学的表示功效的断言或者保证的；

（三）含有违反农药安全使用规程的文字、语言或者画面的；

（四）法律、行政法规规定禁止的其他内容。

第十八条 禁止利用广播、电影、电视、报纸、期刊发布烟草广告。禁止在各类等候室、影剧院、会议厅堂、体育比赛场馆等公共场所设置烟草广告。烟草广告中必须标明“吸烟有害健康”。

第十九条 食品、酒类、化妆品广告的内容必须符合卫生许可的事项，并不得使用医疗用语或者易与药品混淆的用语。

第三章 广告活动

第二十条 广告主、广告经营者、广告发布者之间在广告活动中应当依法订立书面合同，明确各方的权利和义务。

第二十一条 广告主、广告经营者、广告发布者不得在广告活动中进行任何形式的不正当竞争。

第二十二条 广告主自行或者委托他人设计、制作、发布广告，所推销的商品或者所提供的服务应当符合广告主的经营范围。

第二十三条 广告主委托设计、制作、发布广告，应当委托具有合法经营资格的广告经营者、广告发布者。

第二十四条 广告主自行或者委托他人设计、制作、发布广告，应当具有或者提供真实、合法、有效的下列证明文件：

（一）营业执照以及其他生产、经营资格的证明文件；

（二）质量检验机构对广告中有关商品质量内容出具的证明文件；

（三）确认广告内容真实性的其他证明文件。

第二十五条 广告主或者广告经营者在广告中使用他人名义、形象的，应当事先取得他人的书面同意；使用无民事行为能力人、限制民事行为能力人的 名义、形象的，应当事先取得其监护人的书面同意。

第二十六条 从事广告经营的，应当具有必要的专业技术人员、制作设备，并依法办理公司或者广告经营登记，方可从事广告活动。广播电台、电视台、报刊出版单位的广告业务，应当由其专门从事广告业务的机构办理，并依法办理兼营广告的登记。

第二十七条 广告经营者、广告发布者依据法律、行政法规查验有关证明文件，核实广告内容。对内容不实或者证明文件不全的广告，广告经营者不得提供设计、制作、代理服务，广告发布者不得发布。

第二十八条 广告经营者、广告发布者按照国家有关规定，建立、健全广告业务的承接登记、审核、档案管理制度。

第二十九条 广告收费应当合理、公开，收费标准和收费办法应当向物价和工商行政管理部门备案。广告经营者、广告发布者应当公布其收费标准和收费办法。

第三十条 广告发布者向广告主、广告经营者提供的媒介覆盖率、收视率、发行量等资料应当真实。

第三十一条 法律、行政法规规定禁止生产、销售的商品或者提供的服务，以及禁止发布广告的商品或者服务，不得设计、制作、发布广告。

第三十二条 有下列情形之一的，不得设置户外广告：

（一）利用交通安全设施、交通标志的；

（二）影响市政公共设施、交通安全设施、交通标志使用的；

（三）妨碍生产者或者人民生活，损害市容市貌的；

（四）国家机关、文物保护单位和名胜风景点的建筑控制地带；

（五）当地县级以上地方人民政府禁止设置户外广告的区域。

第三十三条 户外广告的设置规划和管理办法，由当地县级以上地方人民政府组织广告监督管理、城市建设、环境保护、公安等有关部门制定。

第四章 广告的审查

第三十四条 利用广播、电影、电视、报纸、期刊以及其他媒介发布药品、医疗器械、农药、兽药等商品的广告和法律、行政法规规定应当进行审查的其他广告，必须在发布前依照有关法律、行政法规由有关行政主管部门（以下简称广告审查机关）对广告内容进行审查；未经审查，不得发布。

第三十五条 广告主申请广告审查，应当依照法律、行政法规向广告审查机关提交有关证明文件。广告审查机关应当依照法律、行政法规作出审查决定。

第三十六条 任何单位和个人不得伪造、变造或者转让广告审查决定文件。

第五章 法律责任

第三十七条 违反本法规定，利用广告对商品或者服务作虚假宣传的，由广告监督管理机关责令广告主停止发布、并以等额广告费用在相应范围内公开更正消除影响，并处广告费用一倍以上五倍以下的罚款；对负有责任的广告经营者、广告发布者没收广告费用，并处广告费用一倍以上五倍以下的罚款；情节严重的，依法停止其广告业务。构成犯罪的，依法追究刑事责任。

第三十八条 违反本法规定，发布虚假广告，欺骗和误导消费者，使购买商品或者接受服务的消费者的合法权益受到损害的，由广告主依法承担民事责任；广告经营者、广告发布者明知或者应知广告虚假仍设计、制作、发布的，应当依法承担连带责任。广告经营者、广告发布者不能提供广告主的真实名称、地址的，应当承担全部民事责任。社会团体或者其他组织，在虚假广告中向消费者推荐商品或者服务，使消费者的合法权益受到损害的，应当依法承担连带责任。

第三十九条 发布广告违反本法第七条第二款规定的，由广告监督管理机关责令负有责任的广告主、广告经营者、广告发布者停止发布公开更正，没收广告费用，并处广告费用一倍以上五倍以下的罚款；情节严重的，依法停止其广告业务。构成犯罪的，依法追究刑事责任。

第四十条 发布广告违反本法第九条至第十二条规定的，由广告监督管理机关责令负有责任的广告主、广告经营者、广告发布者停止发布、公开更正，没收广告费用，可以并处广告费用一倍以上五倍以下的罚款。发布广告违反本法第十三条规定的，由广告监督管理机关责令广告发布者改正，处以一千元以上一万元以下的罚款。

第四十一条 违反本法第十四条至第十七条、第十九条规定，发布药品、医疗器械、农药、食品、酒类、化妆品广告的，或者违反本法第三十一条规定发布广告的，由广告监督管理机关责令负有责任的广告主、广告经营者、广告发布者改正或者停止发布，没收广告费用，可以并处广告费用一倍以上五倍以下的罚款；情节严重的，依法停止其广告业务。

第四十二条 违反本法第十八条的规定，利用广播、电影、电视、报纸、期刊发布烟草广告，或者在公共场所设置烟草广告的，由广告监督管理机关责令负有责任的广告主、广告经营者、广告发布者停止发布，没收广告费用，可以并处广告费用一倍以上五倍以下的罚款。

第四十三条 违反本法第三十四条的规定，未经广告审查机关审查批准，发布广告的，由广告监督管理机关责令负有责任的广告主、广告经营者、广告发布者停止发布，没收广告费用，并处广告费用一倍以上五倍以下的罚款。

第四十四条 广告主提供虚假证明文件的，由广告监督管理机关处以一万元以上十万元以下的罚款。伪造、变造或者转让广告审查决定文件的，由广告监督管理机关没收违法所得，并处一万元以上十万元以下的罚款。构成犯罪的，依法追究刑事责任。

第四十五条 广告审查机关对违法的广告内容作出审查批准决定的，对直接负责的主管人员和其他直接责任人员，由其所在单位、上级机关、行政监察部门依法给予行政处分。

第四十六条 广告监督管理机关和广告审查机关的工作人员玩忽职守、滥用职权、徇私舞弊的，给予行政处分。构成犯罪的，依法追究刑事责任。

第四十七条 广告主、广告经营者、广告发布者违反本法规定，有下列侵权行为之一的，依法承担民事责任：

（一）在广告中损害未成年人或者残疾人身心健康的；

（二）假冒他人专利的；

（三）贬低其他生产经营者的商品或者服务的；

（四）广告中未经同意使用他人名义、形象的；

（五）其他侵犯他人合法民事权益的。

第四十八条 当事人对行政处罚决定不服的，可以在接到处罚通知之日起十五日内向作出处罚决定的机关的上一级机关申请复议；当事人也可以在接到处罚通知之日起十五日内直接向人民法院起诉。复议机关应当在接到复议申请之日起六十日内作出复议决定。当事人对复议决定不服的，可以在接到复议决定之日起十五日内向人民法院起诉。复议机关逾期不作出复议决定的，当事人可以在复议期满之日起十五日内向人民法院起诉。当事人逾期不申请复议也不向人民法院起诉，又不履行处罚决定的，作出处罚决定的机关可以申请人民法院强制执行。

第六章 附 则

第四十九条 本法自1995年2月1日起施行。本法施行前制定的其他有关广告的法律、法规的内容与本法不符的，以本法为准。

3.2 中华人民共和国反不正当竞争法

（1993年9月2日第八届全国人民代表大会常务委员会第三次会议通过
1993年9月2日中华人民共和国主席令第10号公布自1993年12月1日起施行）

第一章 总 则

第一条 为保障社会主义市场经济健康发展，鼓励和保护公平竞争，制止不正当竞争行为，保护经营者和消费者的合法权益，制定本法。

第二条 经营者在市场交易中，应当遵循自愿、平等、公平、诚实信用的原则，遵守公认的商业道德。

本法所称的不正当竞争，是指经营者违反本法规定，损害其他经营者的合法权益，扰乱社会经济秩序的行为。

本法所称的经营者，是指从事商品经营或者营利性服务（以下所称商品包括服务）的法人、其他经济组织和个人。

第三条 各级人民政府应当采取措施，制止不正当竞争行为，为公平竞争创造良好的环境和条件。

县级以上人民政府工商行政管理部门对不正当竞争行为进行监督检查；法律、行政法规规定由其他部门监督检查的，依照其规定。

第四条 国家鼓励、支持和保护一切组织和个人对不正当竞争行为进行社会监督。

国家机关工作人员不得支持、包庇不正当竞争行为。

第二章 不正当竞争行为

第五条 经营者不得采用下列不正当手段从事市场交易，损害竞争对手。

（一）假冒他人的注册商标；

（二）擅自使用知名商品特有的名称、包装、装潢，或者使用与知名商品近似的名称、包装、装潢，造成和他人的知名商品相混淆，使购买者误认为是该知名商品；

（三）擅自使用他人的企业名称或者姓名，引人误认为是他人的商品；

（四）在商品上伪造或者冒用认证标志、名优标志等质量标志，伪造产地，对商品质量作引人误解的虚假表示。

第六条 公用企业或者其他依法具有独立地位的经营者，不得限定他人购买其指定的经营者的商品，以排挤其他经营者的公平竞争。

第七条 政府及其所属部门不得滥用行政权力，限定他人购买其指定的经营者的商品，限制其他经营者正当的经营活动。

政府及其所属部门不得滥用行政权力，限制外地商品进入本地市场，或者本地商品流向外地市场。

第八条 经营者不得采用财物或者其他手段进行贿赂以销售或者购买商品。在账外暗中给予对方单位或者个人回扣的，以行贿论处；对方单位或者个人在账外暗中收受回扣的，以受贿论处。

经营者销售或者购买商品，可以以明示方式给对方折扣，可以给中间人佣金。经营者给对方折扣、给中间人佣金的，必须如实入账。接受折扣、佣金的经营者必须如实入账。

第九条 经营者不得利用广告或者其他方法，对商品的质量、制作方法、性能、用途、生产者、有效期限、产地等作引人误解的虚假宣传。

广告的经营者不得在明知或者应知的情况下，代理、设计、制作、发布虚假广告。

第十条 经营者不得采用下列手段侵犯商业秘密：

（一）以盗窃、利诱、胁迫或者其他不正当手段获取权利人的商业秘密；

（二）披露、使用或者允许他人使用以前项手段获取的权利人的商业秘密；

（三）违反约定或者违反权利人有关保守商业秘密的要求，披露、使用或者允许他人使用其所掌握的商业秘密。

第三人明知或者应知前款所列违法行为，获取、使用或者披露他人的商业秘密，视为侵犯商业秘密。

本条所称的商业秘密，是指不为公众所知悉、能为权利人带来经济利益、具有实用性并经权利人采取保密措施的技术信息和经营信息。

第十一条 经营者不得以排挤竞争对手为目的，以低于成本的价格销售商品。

有下列情形之一的，不属于不正当竞争行为：

（一）销售鲜活商品；

（二）处理有效期限即将到期的商品或者其他积压的商品；

（三）季节性降价；

（四）因清偿债务、转产、歇业降价销售商品。

第十二条 经营者销售商品，不得违背购买者的意愿搭售商品或者附加其他不合理的条件。

第十三条 经营者不得从事下列有奖销售：

（一）采用谎称有奖或者故意让内定人员中奖的欺骗方式进行有奖销售；

（二）利用有奖销售的手段推销质次价高的商品；

（三）抽奖式的有奖销售，最高奖的金额超过五千元。

第十四条 经营者不得捏造、散布虚伪事实，损害竞争对手的商业信誉、商品声誉。

第十五条 投标者不得串通投标，抬高标价或者压低标价。

投标者和招标者不得相互勾结，以排挤竞争对手的公平竞争。

第三章 监督检查

第十六条 县级以上监督检查部门对不正当竞争行为，可以进行监督检查。

第十七条 监督检查部门在监督检查不正当竞争行为时，有权行使下列职权：

（一）按照规定程序询问被检查的经营者、利害关系人、证明人，并要求提供证明材料或者与不正当竞争行为有关的其他资料；

（二）查询、复制与不正当竞争行为有关的协议、账册、单据、文件、记录、业务函电和其他资料；

（三）检查与本法第五条规定的不正当竞争行为有关的财物，必要时可以责令被检查的经营者说明该商品的来源和数量，暂停销售，听候检查，不得转移、隐匿、销毁该财物。

第十八条 监督检查部门工作人员监督检查不正当竞争行为时，应当出示检查证件。

第十九条 监督检查部门在监督检查不正当竞争行为时，被检查的经营者、利害关系人和证明人应当如实提供有关资料或者情况。

第四章 法律责任

第二十条 经营者违反本法规定，给被侵害的经营者造成损害的，应当承担损害赔偿责任，被侵害的经营者的损失难以计算的，赔偿额为侵权人在侵权期间因侵权所获得的利润；并应当承担被侵害的经营者因调查该经营者分割其合法权益的不正当竞争行为所支付的合理费用。

被侵害的经营者的合法权益受到不正当竞争行为损害的，可以向人民法院提起诉讼。

第二十一条 经营者假冒他人的注册商标，擅自使用他人的企业名称或者姓名，伪造或者冒用认证标志、名优标志等质量标志，伪造产地，对商品质量作引人误解的虚假表示的，依照《中华人民共和国商标法》、《中华人民共和国产品质量法》的规定处罚。

经营者擅自使用知名商品特有的名称、包装、装潢，或者使用与知名商品近似的名称、包装、装潢，造成和他人的知名商品相混淆，使购买者误认为是该知名商品的，监督检查部门应当责令停止违法行为，没收违法所得，可以根据情节处以违法所得一倍以上三倍以下的罚款；情节严重的，可以吊销营业执照；销售伪劣商品，构成犯罪的，依法追究刑事责任。

第二十二条 经营者采用财物或者其他手段进行贿赂以销售或者购买商品、构成犯罪的，依法追究刑事责任；不构成犯罪的，监督检查部门可以根据情节处以一万元以上二十万元以下的罚款，有违法所得的，予以没收。

第二十三条 公用企业或者其他依法具有独占地位的经营者，限定他人购买其指定的经营者的商品，以排挤其他经营者的公平竞争的，省级或者设区的市的监督检查部门应当责令停止违法行为，可以根据情节处以五万元以上二十万元以下的罚款。被指定的经营者借此销售质次价高商品或者滥收费用的，监督检查部门应当没收违法所得，可以根据情节处以违法所得一倍以上三倍以下的罚款。

第二十四条 经营者利用广告或者其他方法，对商品作引人误解的虚假宣传的，监督检查部门应当责令停止违法行为，消除影响，可以根据情节处以一万元以上二十万元以下的罚款。

广告的经营者，在明知或者应知的情况下，代理、设计、制作、发布虚假广告的，监督检查部门应当责令停止违法行为，没收违法所得，并依法处以罚款。

第二十五条 违反本法第十条规定侵犯商业秘密的，监督检查部门应当责令停止违法行为，可以根据情节处以一万元以上二十万以下的罚款。

第二十六条 经营者违反本法第十三条规定进行有奖销售的，监督检查部门应当责令停止违法行为，可以根据情节处以一万元以上十万元以下的罚款。

第二十七条 投标者串通投标，抬高标价或者压低标价；投标者和招标者相互勾结，以排挤竞争对手的公平竞争的，其中标无效。监督检查部门可以根据情节处以一万元以上二十万元以下的罚款。

第二十八条 经营者有违反被责令暂停销售，不得转移、隐匿、销毁与不正当竞争行为有关的财物的行为的，监督检查部门可以根据情节处以被销售、转移、隐匿、销毁财物的价款的一倍以上三倍以下的罚款。

第二十九条 当事人对监督检查部门作出的处罚决定不服的，可以自收到处罚决定之日起十五日内向上一级主管机关申请复议；对复议决定不服的，可以自收到复议决定书之日起十五日内向人民法院提起诉讼；也可以直接向人民法院提起诉讼。

第三十条 政府及其所属部门违反本法第七条规定，限定他人购买其指定的经营的商品、限制其他经营者正当的经营活动，或者限制商品在地区之间正常流通的，由上级机关责令其改正；情节严重的，由同级或者上级机关对直接责任人员给予行政处分。被指定的经营者借此销售质次价高商品或者滥收费用的，监督检查部门应当没收违法所得，可以根据情节处以违法所得一倍以上三倍以下的罚款。

第三十一条 监督检查不正当竞争行为的国家机关工作人员滥用职权、玩忽职守，构成犯罪的，依法追究刑事责任；不构成犯罪的，给予行政处分。

第三十二条 监督检查不正当竞争行为的国家机关工作人员徇私舞弊，对明知有违反本法规定构成犯罪的经营者故意包庇不使他受追诉的，依法追究刑事责任。

3.3 传统工艺美术保护条例

第一条 为了保护传统工艺美术，促进传统工艺美术事业的繁荣与发展，制定本条例。

第二条 本条例所称传统工艺美术，是指百年以上，历史悠久，技艺精湛，世代相传，有完整的工艺流程，采用天然原材料制作，具有鲜明的民族风格和地方特色，在国内外享有声誉的手工艺品种和技艺。

第三条 国家对传统工艺美术品种和技艺实行保护、发展、提高的方针。地方各级人民政府应当加强对传统工艺美术保护工作的领导，采取有效措施，扶持和促进本地区传统工艺美术事业的繁荣和发展。

第四条 国务院负责传统工艺美术保护工作的部门负责全国传统工艺美术保护工作。

第五条 国家对传统工艺美术品种和技艺实行认定制度。符合本条例第二条规定条件的工艺美术品种和技艺，依照本条例的规定认定为传统工艺美术品种和技艺。

第六条 传统工艺美术品种和技艺，由国务院负责传统工艺美术保护工作的部门聘请专家组成评审委员会进行评审；国务院负责传统工艺美术保护工作的部门根据评审委员会的评审结论，予以认定和公布。

第七条 制作传统工艺美术产品的企业和个人，可以向当地县级人民政府负责传统工艺美术保护工作的部门提出要求保护的品种和技艺的申请，由省、自治区、直辖市人民政府负责传统工艺美术保护工作的部门审核后，向国务院负责传统工艺美术保护工作的部门推荐。

第八条 申请认定传统工艺美术品种和技艺的企业和个人，应当按照国务院负责传统工艺美术保护工作的部门的规定，提交完整、详实的资料。

第九条 国家对认定的传统工艺美术技艺采取下列保护措施：

（一）搜集、整理、建立档案；

（二）征集、收藏优秀代表作品；

（三）对其工艺技术秘密确定密级，依法实施保密；

（四）资助研究，培养人才。

第十条 传统工艺美术品种中的卓越作品，经国务院负责传统工艺美术保护工作的部门聘请专家组成评审委员会进行评审后，由国务院负责传统工艺美术保护工作的部门命名为中国工艺美术珍品（以下简称珍品）。

第十一条 国家对珍品采取下列保护措施：

（一）国家征集、收购的珍品由中国工艺美术馆或者省、自治区、直辖市工艺美术馆、博物馆珍藏。

（二）珍品禁止出口。珍品出国展览必须经国务院负责传统工艺美术保护工作的部门会同国务院有关部门批准。

第十二条 符合下列条件并长期从事传统工艺美术制作的人员，经评审委员会评审，国务院负责传统工艺美术保护工作的部门可以授予中国工艺美术大师称号：

（一）成就卓越，在国内外享有声誉的；

（二）技艺精湛，自成流派的。

第十三条 各级人民政府和有关部门、单位应当关心和支持工艺美术大师的创作，按照下列规定为他们创造良好的工作环境和条件：

（一）工艺美术大师所在单位为其设立大师工作室；

（二）工艺美术大师有权在其作品上镂刻姓名；

（三）为工艺美术大师带徒传艺创造便利条件；

（四）工艺美术大师的退休年龄可以按照国家有关规定适当推迟。

第十四条 县级以上人民政府有关部门对制作传统工艺美术品种特需的天然原料、材料，应当统筹规划、妥善安排。

第十五条 对制作传统工艺美术品种特需的宝石、玉石等珍稀矿种，国家依法加强保护，严禁乱采滥挖。

第十六条 国家鼓励地方各级人民政府根据本地区实际情况，采取必要措施，发掘和抢救传统工艺美术技艺，征集传统工艺美术精品，培养传统工艺美术技艺人才，资助传统工艺美术科学研究。

第十七条 对于制作经济效益不高、艺术价值很高并且面临失传的工艺美术品种的企业，各级人民政府应当采取必要措施，给予扶持和帮助。

第十八条 制作传统工艺美术产品的企业应当建立、健全传统工艺美术技艺的保护或者保密制度，切实加强对传统工艺美术技艺的管理。从事传统工艺美术产品制作的人员，应当遵守国家有关法律、法规的规定，不得泄露在制作传统工艺美术产品过程中知悉的技术秘密和其他商业秘密。

第十九条 国家对在继承、保护、发展传统工艺美术事业中做出突出贡献的单位和个人，给予奖励。

第二十条 违反本条例规定，有下列行为之一的，由有关部门依照有关法律、行政法规的规定，给予行政处分或者行政处罚；构成犯罪的，依法追究刑事责任：

（一）窃取或者泄露传统工艺美术技艺秘密的；

（二）非法开采用于制作传统工艺美术的珍稀矿产资源或者盗卖用于制作传统工艺美术的珍稀矿产品的；

（三）私运珍品出境的。制作、出售假冒中国工艺美术大师署名的传统工艺美术作品的，应当依法承担民事责任；有关部门可以依照有关法律、行政法规的规定给予行政处罚。

第二十一条 本条例自发布之日起施行。

附 录 4

4.1 中华人民共和国建筑法

(1997年11月1日第八届全国人大常委会第28次会议通过)

第一章 总 则

第一条 为了加强对建筑活动的监督管理，维护建筑市场秩序，保证建筑工程的质量和安全，促进建筑业健康发展，制定本法。

第二条 在中华人民共和国境内从事建筑活动，实施对建筑活动的监督管理，应当遵守本法。本法所称建筑活动，是指各类房屋建筑及其附属设施的建造和与其配套的线路、管道、设备的安装活动。

第三条 建筑活动应当确保建筑工程质量和安全，符合国家的建筑工程安全标准。

第四条 国家扶持建筑业的发展，支持建筑科学技术研究，提高房屋建筑设计水平，鼓励节约能源和保护环境，提倡采用先进技术、先进设备、先进工艺、新型建筑材料和现代管理方式。

第五条 从事建筑活动应当遵守法律、法规，不得损害社会公共利益和他人的合法权益。任何单位和个人都不得妨碍和阻挠依法进行的建筑活动。

第六条 国务院建设行政主管部门对全国的建筑活动实施统一监督管理。

第二章 建筑许可

第一节 建筑工程施工许可

第七条 建筑工程开工前，建设单位应当按照国家有关规定向工程所在地县级以上人民政府建设行政主管部门申请领取施工许可证；但是，国务院建设行政主管部门确定的限额以下的小型工程除外。按照国务院规定的权限和程序批准开工报告的建筑工程，不再领取施工许可证。

第八条 申请领取施工许可证，应当具备下列条件：

(一) 已经办理该建筑工程用地批准手续；

(二) 在城市规划区的建筑工程，已经取得规划许可证；

(三) 需要拆迁的，其拆迁进度符合施工要求；

(四) 已经确定建筑施工企业；

(五) 有满足施工需要的施工图纸及技术资料；

(六) 有保证工程质量和安全的具体措施；

(七) 建设资金已经落实；

(八) 法律、行政法规规定的其他条件。

建设行政主管部门应当自收到申请之日起十五日内，对符合条件的申请颁发施工许可证。

第九条 建设单位应当自领取施工许可证之日起三个月内开工。因故不能按期开工的，应当向发证机关申请延期；延期以两次为限，每次不超过三个月。既不开工又不申请延期或者超过延期时限的，施工许可证自行废止。

第十条 在建的建筑工程因故中止施工的，建设单位应当自中止施工之日起一个月内，向发证机关报告，并按照规定做好建筑工程的维护管理工作。建筑工程恢复施工时，应当向发证机关报告；中止施工满一年的工程恢复施工前，建设单位应当报发证机关核验施工许可证。

第十一条 按照国务院有关规定批准开工报告的建筑工程，因故不能按期开工或者中止施工的，应当及时向批准机关报告情况。因故不能按期开工超过六个月的，应当重新办理开工报告的批准手续。

第二节 从业资格

第十二条 从事建筑活动的建筑施工企业、勘察单位、设计单位和工程监理单位，应当具备下列条件：

（一）有符合国家规定的注册资本；

（二）有与其从事的建筑活动相适应的具有法定执业资格的专业技术人员；

（三）有从事相关建筑活动所应有的技术装备；

（四）法律、行政法规规定的其他条件。

第十三条 从事建筑活动的建筑施工企业、勘察单位、设计单位和工程监理单位，按照其拥有的注册资本、专业技术人员、技术装备和已完成的建筑工程业绩等资质条件，划分为不同的资质等级，经资质审查合格，取得相应等级的资质证书后，方可在其资质等级许可的范围内从事建筑活动。

第十四条 从事建筑活动的专业技术人员，应当依法取得相应的执业资格证书，并在执业资格证书许可的范围内从事建筑活动。

第三章 建筑工程发包与承包

第一节 一般规定

第十五条 建筑工程的发包单位与承包单位应当依法订立书面合同，明确双方的权利和义务。发包单位和承包单位应当全面履行合同约定的义务。不按照合同约定履行义务的，依法承担违约责任。

第十六条 建筑工程发包与承包的招标投标活动，应当遵循公开、公正、平等竞争的原则，择优选择承包单位。建筑工程的招标投标，本法没有规定的，适用有关招标投标法律的规定。

第十七条 发包单位及其工作人员在建筑工程发包中不得收受贿赂、回扣或者索取其他好处。承包单位及其工作人员不得利用向发包单位及其工作人员行贿、提供回扣或者给予其他好处等不正当手段承揽工程。

第十八条 建筑工程造价应当按照国家有关规定，由发包单位与承包单位在合同中约定。公开招标发包的，其造价的约定，需遵守招标投标法律的规定。发包单位应当按照合同的约定，及时拨付工程款项。

第二节 发 包

第十九条 建筑工程依法实行招标发包，对不适于招标发包的可以直接发包。

第二十条 建筑工程实行公开招标的，发包单位应当依照法定程序和方式，发布招标公告，提供载有招标工程的主要技术要求、主要的合同条款、评标的标准和方法以及开标、评标、定标的程序等内容的招标文件。开标应当在招标文件规定的时间、地点公开进行。开标后应当按照招标文件规定的评标标准和程序对标书进行评价、比较，在具备相应资质条件的投标者中，择优选定中标者。

第二十一条 建筑工程招标的开标、评标、定标由建设单位依法组织实施，并接受有关行政主管部门的监督。

第二十二条 建筑工程实行招标发包的，发包单位应当将建筑工程发包给依法中标的承包单位。建筑工程实行直接发包的，发包单位应当将建筑工程发包给具有相应资质条件的承包单位。

第二十三条 政府及其所属部门不得滥用行政权力，限定发包单位将招标发包的建筑工程发包给指定的承包单位。

第二十四条 提倡对建筑工程实行总承包，禁止将建筑工程肢解发包。建筑工程的发包单位可以将建筑工程的勘察、设计、施工、设备采购一并发包给一个工程总承包单位，也可以将建筑工程勘察、设计、施工、设备采购的一项或者多项发包给一个工程总承包单位；但是，不得将应当由一个承包单位完成的建筑工程肢解成若干部分发包给几个承包单位。

第二十五条 按照合同约定，建筑材料、建筑构配件和设备由工程承包单位采购的，发包单位不得指定承包单位购入用于工程的建筑材料、建筑构配件和设备或者指定生产厂、供应商。

第三节 承 包

第二十六条 承包建筑工程的单位应当持有依法取得的资质证书，并在其资质等级许可的业务范围内承揽工程。禁止建筑施工企业超越本企业资质等级许可的业务范围或者以任何形式用其他建筑施工企业的名义承揽工程。禁止建筑施工企业以任何形式允许其他单位或者个人使用本企业的资质证书、营业执照，以本企业的名义承揽工程。

第二十七条 大型建筑工程或者结构复杂的建筑工程，可以由两个以上的承包单位联合共同承包。共同承包的各方对承包合同的履行承担连带责任。两个以上不同资质等级的单位实行联合共同承包的，应当按照资质等级低的单位的业务许可范围承揽工程。

第二十八条 禁止承包单位将其承包的全部建筑工程转包给他人，禁止承包单位将其承包的全部建筑工程肢解以后以分包的名义分别转包给他人。

第二十九条 建筑工程总承包单位可以将承包工程中的部分工程发包给具有相应资质条件的分包单位；但是，除总承包合同中约定的分包外，必须经建设单位认可。施工总承包的，建筑工程主体结构的施工必须由总承包单位自行完成。建筑工程总承包单位按照总承包合同的约定对建设单位负责；分包单位按照分包合同的约定对总承包单位负责。总承包单位和分包单位就分包工程对建设单位承担连带责任。禁止总承包单位将工程分包给不具备相应资质条件的单位。禁止分包单位将其承包的工程再分包。

第四章 建筑工程监理

第三十条 国家推行建筑工程监理制度。

国务院可以规定实行强制监理的建筑工程的范围。

第三十一条 实行监理的建筑工程，由建设单位委托具有相应资质条件的工程监理单位监理。建设单位与其委托的工程监理单位应当订立书面委托监理合同。

第三十二条 建筑工程监理应当依照法律、行政法规及有关的技术标准、设计文件和建筑工程承包合同，对承包单位在施工质量、建设工期和建设资金使用等方面，代表建设单位实施监督。工程监理人员认为工程施工不符合工程设计要求、施工技术标准和合同约定的，有权要求建筑施工企业改正。工程监理人员发现工程设计不符合建筑工程质量标准或者合同约定的质量要求的，应当报告建设单位要求设计单位改正。

第三十三条 实施建筑工程监理前，建设单位应当将委托的工程监理单位、监理的内容及监理权限，书面通知被监理的建筑施工企业。

第三十四条 工程监理单位应当在其资质等级许可的监理范围内，承担工程监理业务。工程监理单位应当根据建设单位的委托，客观、公正地执行监理任务。工程监理单位与被监理工程的承包单位以及建筑材料、建筑构配件和设备供应单位不得有隶属关系或者其他利害关系。工程监理单位不得转让工程监理业务。

第三十五条 工程监理单位不按照委托监理合同的约定履行监理义务，对应当监督检查的项目不检查或者不按照规定检查，给建设单位造成损失的，应当承担相应的赔偿责任。工程监理单位与承包单位串通，为承包单位谋取非法利益，给建设单位造成损失的，应当与承包单位承担连带赔偿责任。

第五章 建筑安全生产管理

第三十六条 建筑工程安全生产管理必须坚持安全第一、预防为主的方针，建立健全安全生产的责任制度和群防群治制度。

第三十七条 建筑工程设计应当符合按照国家规定制定的建筑安全规程和技术规范，保证工程的安全性能。

第三十八条 建筑施工企业在编制施工组织设计时，应当根据建筑工程的特点制定相应的安全技术措施；对专业性较强的工程项目，应当编制专项安全施工组织设计，并采取安全技术措施。

第三十九条 建筑施工企业应当在施工现场采取维护安全、防范危险、预防火灾等措施；有条件的，应当对施工现场实行封闭管理。施工现场对毗邻的建筑物、构筑物和特殊作业环境可能造成损害的，建筑施工企业应当采取安全防护措施。

第四十条 建设单位应当向建筑施工企业提供与施工现场相关的地下管线资料，建筑施工企业应当采取措施加以保护。

第四十一条 建筑施工企业应当遵守有关环境保护和安全生产的法律、法规的规定，采取控制和处理施工现场的各种粉尘、废气、废水、固体废物以及噪声、振动对环境的污染和危害的措施。

第四十二条 有下列情形之一的，建设单位应当按照国家有关规定办理申请批准手续：

（一）需要临时占用规划批准范围以外场地的；

（二）可能损坏道路、管线、电力、邮电通讯等公共设施的；

（三）需要临时停水、停电、中断道路交通的；

（四）需要进行爆破作业的；

（五）法律、法规规定需要办理报批手续的其他情形。

第四十三条 建设行政主管部门负责建筑安全生产的管理，并依法接受劳动行政主管部门对建筑安全生产的指导和监督。

第四十四条 建筑施工企业必须依法加强对建筑安全生产的管理，执行安全生产责任制度，采取有效措施，防止伤亡和其他安全生产事故的发生。建筑施工企业的法定代表人对本企业的安全生产负责。

第四十五条 施工现场安全由建筑施工企业负责。实行施工总承包的，由总承包单位负责。分包单位向总承包单位负责，服从总承包单位对施工现场的安全生产管理。

第四十六条 建筑施工企业应当建立健全劳动安全生产教育培训制度，加强对职工安全生产的教育培训；未经安全生产教育培训的人员，不得上岗作业。

第四十七条 建筑施工企业和作业人员在施工过程中，应当遵守有关安全生产的法律、法规和建筑行业安全规章、规程，不得违章指挥或者违章作业。作业人员有权对影响人身健康的作业程序和作业条件提出改进意见，有权获得安全生产所需的防护用品。作业人员对危及生命安全和人身健康的行为有权提出批评、检举和控告。

第四十八条 建筑施工企业必须为从事危险作业的职工办理意外伤害保险，支付保险费。

第四十九条 涉及建筑主体和承重结构变动的装修工程，建设单位应当在施工前委托原设计单位或者具有相应资质条件的设计单位提出设计方案；没有设计方案的，不得施工。

第五十条 房屋拆除应当由具备保证安全条件的建筑施工单位承包，由建筑施工单位负责人对安全负责。

第五十一条 施工中发生事故时，建筑施工企业应当采取紧急措施减少人员伤亡和事故损失，并按照国家有关规定及时向有关部门报告。

第六章 建筑工程质量管理

第五十二条 建筑工程勘察、设计、施工的质量必须符合国家有关建筑工程安全标准的要求，具体管理办法由国务院规定。有关建筑工程安全的国家标准不能适应确保建筑安全的要求时，应当及时修订。

第五十三条 国家对从事建筑活动的单位推行质量体系认证制度。从事建筑活动的单位根据自愿原则可以向国务院产品质量监督管理部门或者国务院产品质量监督管理部门授权的部门认可的认证机构申请质量体系认证。经认证合格的，由认证机构颁发质量体系认证证书。

第五十四条 建设单位不得以任何理由，要求建筑设计单位或者建筑施工企业在工程设计或者施工作业中，违反法律、行政法规和建筑工程质量、安全标准，降低工程质量。

建筑设计单位和建筑施工企业对建设单位违反前款规定提出的降低工程质量的要求，应当予以拒绝。

第五十五条 建筑工程实行总承包的，工程质量由工程总承包单位负责，总承包单位将建筑工程分包给其他单位的，应当对分包工程的质量与分包单位承担连带责任。分包单位应当接受总承包单位的质量管理。

第五十六条 建筑工程的勘察、设计单位必须对其勘察、设计的质量负责。勘察、设计文件应当符合有关法律、行政法规的规定和建筑工程质量、安全标准、建筑工程勘察、设计技术规范以及合同的约定。设计文件选用的建筑材料、建筑构配件和设备，应当注明其规格、型号、性能等技术指标，其质量要求必须符合国家规定的标准。

第五十七条 建筑设计单位对设计文件选用的建筑材料、建筑构配件和设备，不得指定生产厂、供应商。

第五十八条 建筑施工企业对工程的施工质量负责。建筑施工企业必须按照工程设计图纸和施工技术标准施工，不得偷工减料。工程设计的修改由原设计单位负责，建筑施工企业不得擅自修改工程设计。

第五十九条 建筑施工企业必须按照工程设计要求、施工技术标准和合同的约定，对建筑材料、建筑构配件和设备进行检验，不合格的不得使用。

第六十条 建筑物在合理使用寿命内，必须确保地基基础工程和主体结构的质量。建筑工程竣工时，屋顶、墙面不得留有渗漏、开裂等质量缺陷；对已发现的质量缺陷，建筑施工企业应当修复。

第六十一条 交付竣工验收的建筑工程，必须符合规定的建筑工程质量标准，有完整的工程技术经济资料和经签署的工程保修书，并具备国家规定的其他竣工条件。建筑工程竣工经验收合格后，方可交付使用；未经验收或者验收不合格的，不得交付使用。

第六十二条 建筑工程实行质量保修制度。

建筑工程的保修范围应当包括地基基础工程、主体结构工程、屋面防水工程和其他土建工程，以及电气管线、上下水管线的安装工程，供热、供冷系统工程等项目；保修的期限应当按照保证建筑物合理寿命年限内正常使用，维护使用者合法权益的原则确定。具体的保修范围和最低保修期限由国务院规定。

第六十三条 任何单位和个人对建筑工程的质量事故、质量缺陷都有权向建设行政主管部门或者其他有关部门进行检举、控告、投诉。

第七章 法律责任

第六十四条 违反本法规定，未取得施工许可证或者开工报告未经批准擅自施工的，责令改正，对不符合开工条件的责令停止施工，可以处以罚款。

第六十五条 发包单位将工程发包给不具有相应资质条件的承包单位的，或者违反本法规定将建筑工程肢解发包的，责令改正，处以罚款。超越本单位资质等级承揽工程的，责令停止违法行为，处以罚款，可以责令停业整顿，降低资质等级；情节严重的，吊销资质证书；有违法所得的，予以没收。未取得资质证书承揽工程的，予以取缔，并处罚款；有违法所得的，予以没收。以欺骗手段取得资质证书的，吊销资质证书，处以罚款；构成犯罪的，依法追究刑事责任。

第六十六条 建筑施工企业转让、出借资质证书或者以其他方式允许他人以本企业的名义承揽工程的，责令改正，没收违法所得，并处罚款，可以责令停业整顿，降低资质等级；情节严重的，吊销资质证书。对因该项承揽工程不符合规定的质量标准造成的损失，建筑施工企业与使用本企业名义的单位或者个人承担连带赔偿责任。

第六十七条 承包单位将承包的工程转包的，或者违反本法规定进行分包的，责令改正，没收违法所得，并处罚款，可以责令停业整顿，降低资质等级；情节严重的，吊销资质证书。

承包单位有前款规定的违法行为的，对因转包工程或者违法分包的工程不符合规定的质量标准造成的损失，与接受转包或者分包的单位承担连带赔偿责任。

第六十八条 在工程发包与承包中索贿、受贿、行贿，构成犯罪的，依法追究刑事责任；不构成犯罪的，分别处以罚款，没收贿赂的财物，对直接负责的主管人员和其他直接责任人员给予处分。

对在工程承包中行贿的承包单位，除依照前款规定处罚外，可以责令停业整顿，降低资质等级或者吊销资质证书。

第六十九条 工程监理单位与建设单位或者建筑施工企业串通，弄虚作假、降低工程质量的，责令改正，处以罚款，降低资质等级或者吊销资质证书；有违法所得的，予以没收；造成损失的，承担连带赔偿责任；构成犯罪的，依法追究刑事责任。

工程监理单位转让监理业务的，责令改正，没收违法所得，可以责令停业整顿，降低资质等级；情节严重的，吊销资质证书。

第七十条 违反本法规定，涉及建筑主体或者承重结构变动的装修工程擅自施工的，责令改正，处以罚款；造成损失的，承担赔偿责任；构成犯罪的，依法追究刑事责任。

第七十一条 建筑施工企业违反本法规定，对建筑安全事故隐患不采取措施予以消除的，责令改正，可以处以罚款；情节严重的，责令停业整顿，降低资质等级或者吊销资质证书；构成犯罪的，依法追究刑事责任。

建筑施工企业的管理人员违章指挥、强令职工冒险作业，因而发生重大伤亡事故或者造成其他严重后果的，依法追究刑事责任。

第七十二条 建设单位违反本法规定，要求建筑设计单位或者建筑施工企业违反建筑工程质量、安全标准，降低工程质量的，责令改正，可以处以罚款；构成犯罪的，依法追究刑事责任。

第七十三条 建筑设计单位不按照建筑工程质量、安全标准进行设计的，责令改正，处以罚款；造成工程质量事故的，责令停业整顿，降低资质等级或者吊销资质证书，没收违法所得，并处罚款；造成损失的，承担赔偿责任；构成犯罪的，依法追究刑事责任。

第七十四条 建筑施工企业在施工中偷工减料的，使用不合格的建筑材料、建筑构配件和设备的，或者有其他不按照工程设计图纸或者施工技术标准施工的行为的，责令改正，处以罚款；情节严重的，责令停业整顿，降低资质等级或者吊销资质证书；造成建筑工程质量不符合规定的质量标准的，负责返工、修理，并赔偿因此造成的损失；构成犯罪的，依法追究刑事责任。

第七十五条 建筑施工企业违反本法规定，不履行保修义务或者拖延履行保修义务的，责令改正，可以处以罚款，并对在保修期内因屋顶、墙面渗漏、开裂等质量缺陷造成的损失，承担赔偿责任。

第七十六条 本法规定的责令停业整顿、降低资质等级和吊销资质证书的行政处罚，由颁发资质证书的机关决定；其他行政处罚，由建设行政主管部门或者有关部门依照法律和国务院规定的职权范围决定。依照本法规定被吊销资质证书的，由工商行政管理部门吊销其营业执照。

第七十七条 违反本法规定，对不具备相应资质等级条件的单位颁发该等级资质证书的，由其上级机关责令收回所发的资质证书，对直接负责的主管人员和其他直接人员给予行政处分；构成犯罪的，依法追究刑事责任。

第七十八条 政府及其所属部门的工作人员违反本法规定，限定发包单位将招标发包的工程发包给指定的承包单位的，由上级机关责令改正；构成犯罪的，依法追究刑事责任。

第七十九条 负责颁发建筑工程施工许可证的部门及其工作人员对不符合施工条件的建筑工程颁发施工许可证的，负责工程质量监督检查或者竣工验收的部门及其工作人员对不合格的建筑工程出具质量合格文件或者按合格工程验收的，由上级机关责令改正，对责任人员给予行政处分；构成犯罪的，依法追究刑事责任；造成损失的，由该部门承担相应的赔偿责任。

第八十条 在建筑物的合理使用寿命内，因建筑工程质量不合格受到损害的，有权向责任者要求赔偿。

第八章　附　　则

第八十一条　本法关于施工许可、建筑施工企业资质审查和建筑工程发包、承包、禁止转包，以及建筑工程监理、建筑工程安全和质量管理的规定，适用于其他专业建筑工程的建筑活动，具体办法由国务院规定。

第八十二条　建设行政主管部门和其他有关部门在对建筑活动实施监督管理中，除按照国务院有关规定收取费用外，不得收取其他费用。

第八十三条　省、自治区、直辖市人民政府确定的小型房屋建筑工程的建筑活动，参照本法执行。

依法核定作为文物保护的纪念建筑物和古建筑等的修缮，依照文物保护的有关法律规定执行。

抢险救灾及其他临时性房屋建筑和农民自建低层住宅的建筑活动，不适用本法。

第八十四条　军用房屋建筑工程建筑活动的具体管理办法，由国务院、中央军事委员会依据本法制定。

第八十五条　本法自 1998 年 3 月 1 日起施行。

4.2　中华人民共和国注册建筑师条例

第一章　总　　则

第一条　为了加强对注册建筑师的管理，提高建筑设计质量与水平，保障公民生命和财产安全，维护社会公共利益，制定本条例。

第二条　本条例所称注册建筑师，是指依法取得注册建筑师证书并从事房屋建筑设计及相关业务的人员。

注册建筑师分为一级注册建筑师和二级注册建筑师。

第三条　注册建筑师的考试、注册和执业，适用本条例。

第四条　国务院建设行政主管部门、人事行政主管部门和省、自治区、直辖市人民政府建设行政主管部门、人事行政主管部门依照本条例的规定对注册建筑师的考试、注册和执业实施指导和监督。

第五条　全国注册建筑师管理委员会和省、自治区、直辖市注册建筑师管理委员会，依照本条例的规定负责注册建筑师的考试和注册的具体工作。

全国注册建筑师管理委员会由国务院建设行政主管部门、人事行政主管部门、其他有关行政主管部门的代表和建筑设计专家组成。

省、自治区、直辖市注册建筑师管理委员会由省、自治区、直辖市建设行政主管部门、人事行政主管部门、其他有关行政主管部门的代表和建筑设计专家组成。

第六条　注册建筑师可以组建注册建筑师协会，维护会员的合法权益。

第二章　考试和注册

第七条　国家实行注册建筑师全国统一考试制度。注册建筑师全国统一考试办法，由国务院建设行政主管部门会同国务院人事行政主管部门或国务院其他有关行政主管部门共同制定，由全国注册建筑师管理委员会组织实施。

第八条　符合下列条件之一的，可以申请参加一级注册建筑师考试：

（一）取得建筑学硕士以上学位或者相近专业工学博士学位，并从事建筑设计或者相关业务 2 年以上的；

（二）取得建筑学学士学位或者相近专业工学硕士学位，并从事建筑设计或者相关业务 3 年以上的；

（三）具有建筑学专业大学本科毕业学历并从事建筑设计或者相关业务 5 年以上的，或者具有建筑学相近专业大学本科毕业学历并从事建筑设计或者相关业务7年以上的；

（四）取得高级工程师技术职称并从事建筑设计或者相关业务3年以上的，或者取得工程师技术职称并从事建筑设计或者相关业务5年以上的；

（五）不具有前四项规定的条件，但设计成绩突出，经全国注册建筑师管理委员会认定达到前四项规定的专业水平的。

第九条 符合下列条件之一的，可以申请参加二级注册建筑师考试：

（一）具有建筑学或者相近专业大学本科毕业以上学历，从事建筑设计或者相关业务2年以上的；

（二）具有建筑设计技术专业或者相近专业大专毕业以上学历，并从事建筑设计或者相关业务3年以上的；

（三）具有建筑设计技术专业4年制中专毕业学历，并从事建筑设计或者相关业务5年以上的；

（四）具有建筑设计技术相近专业中专毕业学历，并从事建筑设计或者相关业务7年以上的；

（五）取得助理工程师以上技术职称，并从事建筑设计或者相关业务3年以上的。

第十条 本条例施行前已取得高级、中级技术职称的建筑设计人员，经所在单位推荐，可以按照注册建筑师全国统一考试办法的规定，免予部分科目的考试。

第十一条 注册建筑师考试合格，取得相应的注册建筑师资格的，可以申请注册。

第十二条 一级注册建筑师的注册，由全国注册建筑师管理委员会负责；二级注册建筑师的注册，由省、自治区、直辖市注册建筑师管理委员会负责。

第十三条 有下列情形之一的，不予注册：

（一）不具有完全民事行为能力的；

（二）因受刑事处罚，自刑罚执行完毕之日起至申请注册之日止不满5年的；

（三）因在建筑设计或者相关业务中犯有错误受行政处罚或者撤职以上行政处分，自处罚、处分决定之日起至申请注册之日止不满2年的；

（四）受吊销注册建筑师证书的行政处罚，自处罚决定之日起至申请注册之日止不满5年的；

（五）有国务院规定不予注册的其他情形的。

第十四条 全国注册建筑师管理委员会和省、自治区、直辖市注册建筑师管理委员会依照本条例第十三条的规定，决定不予注册的，应当自决定之日起15日内书面通知申请人；申请人有异议的，可以自收到通知之日起15日内向国务院建设行政主管部门或者省、自治区、直辖市人民政府建设行政主管部门申请复议。

第十五条 全国注册建筑师管理委员会应当将准予注册的一级注册建筑师名单报国务院建设行政主管部门备案；省、自治区、直辖市注册建筑师管理委员会应当将准予注册的二级注册建筑师名单报省、自治区、直辖市人民政府建设行政主管部门备案。

国务院建设行政主管部门或者省、自治区、直辖市人民政府建设行政主管部门发现有关注册建筑师管理委员会的注册不符合本条例规定的，应当通知有关注册建筑师管理委员会撤销注册，收回注册建筑师证书。

第十六条 准予注册的申请人，分别由全国注册建筑师管理委员会和省、自治区、直辖市注册建筑师管理委员会核发由国务院建设行政主管部门统一制作的一级注册建筑师证书或者二级注册建筑师证书。

第十七条 注册建筑师注册的有效期为2年。有效期届满需要继续注册的，应当在期满前30日内办理注册手续。

第十八条 已取得注册建筑师证书的人员，除本条例第十五条第二款规定的情形外，注册后有下列情形之一的，由准予注册的全国注册建筑师管理委员会或者省、自治区、直辖市注册建筑师管理委员会撤销注册，收回注册建筑师证书

（一）完全丧失民事行为能力的；

（二）受刑事处罚的；

（三）因在建筑设计或者相关业务中犯有错误，受到行政处罚或者撤职以上行政处分的；

（四）自行停止注册建筑师业务满 2 年的。

被撤销注册的当事人对撤销注册、收回注册建筑师证书有异议的，可以自接到撤销注册、收回注册建筑师证书的通知之日起 15 日内向国务院建设行政主管部门或者省、自治区、直辖市人民政府建设行政主管部门申请复议。

第十九条 被撤销注册的人员可以依照本条例的规定重新注册。

第三章 执 业

第二十条 注册建筑师的执业范围：

（一）建筑设计；

（二）建筑设计技术咨询；

（三）建筑物调查与鉴定；

（四）对本人主持设计的项目进行施工指导和监督；

（五）国务院建设行政主管部门规定的其他业务。

第二十一条 注册建筑师执行业务，应当加入建筑设计单位。

建筑设计单位的资质等级及其业务范围，由国务院建设行政主管部门规定。

第二十二条 一级注册建筑师的执业范围不受建筑规模和工程复杂程度的限制。二级注册建筑师的执业范围不得超越国家规定的建筑规模和工程复杂程度。

第二十三条 注册建筑师执行业务，由建筑设计单位统一接受委托并统一收费。

第二十四条 因设计质量造成的经济损失，由建筑设计单位承担赔偿责任；建筑设计单位有权向签字的注册建筑师追偿。

第四章 权利和义务

第二十五条 注册建筑师有权以注册建筑师的名义执行注册建筑师业务。

非注册建筑师不得以注册建筑师的名义执行注册建筑师业务。二级注册建筑师不得以一级注册建筑师的名义执行业务，也不得超越国家规定的二级注册建筑师的执业范围执行业务。

第二十六条 国家规定的一定跨度、跨径和高度以上的房屋建筑，应当由注册建筑师进行设计。

第二十七条 任何单位和个人修改注册建筑师的设计图纸，应当征得该注册建筑师同意；但是，因特殊情况不能征得该注册建筑师同意的除外。

第二十八条 注册建筑师应当履行下列义务：

（一）遵守法律、法规和职业道德，维护社会公共利益；

（二）保证建筑设计的质量，并在其负责的设计图纸上签字；

（三）保守在执业中知悉的单位和个人的秘密；

（四）不得同时受聘于二个以上建筑设计单位执行业务；

（五）不得准许他人以本人名义执行业务。

第五章 法律责任

第二十九条 以不正当手段取得注册建筑师考试合格资格或者注册建筑师证书的，由全国注册建筑师管理委员会或者省、自治区、直辖市注册建筑师管理委员会取消考试合格资格或者吊销注册建筑师证书；对负有直接责任的主管人员和其他直接责任人员，依法给予行政处分。

第三十条 未经注册擅自以注册建筑师名义从事注册建筑师业务的，由县级以上人民政府建设行政主管部门责令停止违法活动，没收违法所得，并可以处以违法所得 5 倍以下的罚款；造成损失的，应当承担赔偿责任。

第三十一条 注册建筑师违反本条例规定，有下列行为之一的，由县级以上人民政府建设行政主管部门责令停止违法活动，没收违法所得，并可以处以违法所得 5 倍以下的罚款；情节严重的，可以责令停止执行业务或者由全国注册建筑师管理委员会或者省、自治区、直辖市注册建筑师管理委员会吊销注册建筑师证书：

（一）以个人名义承接注册建筑师业务、收取费用的；

（二）同时受聘于二个以上建筑设计单位执行业务的；

（三）在建筑设计或者相关业务中侵犯他人合法权益的；

（四）准许他人以本人名义执行业务的；

（五）二级注册建筑师以一级注册建筑师的名义执行业务或者超越国家规定的执业范围执行业务的。

第三十二条 因建筑设计质量不合格发生重大责任事故，造成重大损失的，对该建筑设计负有直接责任的注册建筑师，由县级以上人民政府建设行政主管部门责令停止执行业务；情节严重的，由全国注册建筑师管理委员会或者省、自治区、直辖市注册建筑师管理委员会吊销注册建筑师证书。

第三十三条 违反本条例规定，未经注册建筑师同意擅自修改其设计图纸的，由县级以上人民政府建设行政主管部门责令纠正；造成损失的，应当承担赔偿责任。

第三十四条 违反本条例规定，构成犯罪的，依法追究刑事责任。

第六章　附　　则

第三十五条 本条例所称建筑设计单位，包括专门从事建筑设计的工程设计单位和其他从事建筑设计的工程设计单位。

第三十六条 外国人申请参加中国注册建筑师全国统一考试和注册以及外国建筑师申请在中国境内执行注册建筑师业务，按照对等原则办理。

第三十七条 本条例自发布之日起施行。

4.3　中华人民共和国招标投标法

第一章　总　　则

第一条 为了规范招标投标活动，保护国家利益、社会公共利益和招标投标活动当事人的合法权益，提高经济效益，保证项目质量，制定本法。

第二条 在中华人民共和国境内进行招标投标活动，适用本法。

第三条 在中华人民共和国境内进行下列工程建设项目包括项目的勘察、设计、施工、监理以及与工程建设有关的重要设备、材料等的采购，必须进行招标：

（一）大型基础设施、公用事业等关系社会公共利益、公众安全的项目；

（二）全部或者部分使用国有资金投资或者国家融资的项目；

（三）使用国际组织或者外国政府贷款、援助资金的项目。

前款所列项目的具体范围和规模标准，由国务院发展计划部门会同国务院有关部门制订，报国务院批准。法律或者国务院对必须进行招标的其他项目的范围有规定的，依照其规定。

第四条 任何单位和个人不得将依法必须进行招标的项目化整为零或者以其他任何方式规避招标。

第五条 招标投标活动应当遵循公开、公平、公正和诚实信用的原则。

第六条 依法必须进行招标的项目，其招标投标活动不受地区或者部门的限制。任何单位和个人不得违法限制或者排斥本地区、本系统以外的法人或者其他组织参加投标，不得以任何方式非法干涉招标投标活动。

第七条 招标投标活动及其当事人应当接受依法实施的监督。有关行政监督部门依法对招标投标活动实施监督，依法查处招标投标活动中的违法行为。对招标投标活动的行政监督及有关部门的具体职权划分，由国务院规定。

第二章 招 标

第八条 招标人是依照本法规定提出招标项目、进行招标的法人或者其他组织。

第九条 招标项目按照国家有关规定需要履行项目审批手续的，应当先履行审批手续，取得批准。招标人应当有进行招标项目的相应资金或者资金来源已经落实，并应当在招标文件中如实载明。

第十条 招标分为公开招标和邀请招标。

公开招标，是指招标人以招标公告的方式邀请不特定的法人或者其他组织投标。

邀请招标，是指招标人以投标邀请书的方式邀请特定的法人或者其他组织投标。

第十一条 国务院发展计划部门确定的国家重点项目和省、自治区、直辖市人民政府确定的地方重点项目不适宜公开招标的，经国务院发展计划部门或者省、自治区、直辖市人民政府批准，可以进行邀请招标。

第十二条 招标人有权自行选择招标代理机构，委托其办理招标事宜。任何单位和个人不得以任何方式为招标人指定招标代理机构。

招标人具有编制招标文件和组织评标能力的，可以自行办理招标事宜。任何单位和个人不得强制其委托招标代理机构办理招标事宜。

依法必须进行招标的项目，招标人自行办理招标事宜的，应当向有关行政监督部门备案。

第十三条 招标代理机构是依法设立、从事招标代理业务并提供相关服务的社会中介组织。

招标代理机构应当具备下列条件：

（一）有从事招标代理业务的营业场所和相应资金；

（二）有能够编制招标文件和组织评标的相应专业力量；

（三）有符合本法第三十七条第三款规定条件、可以作为评标委员会成员人选的技术、经济等方面的专家库。

第十四条 从事工程建设项目招标代理业务的招标代理机构，其资格由国务院或者省、自治区、直辖市人民政府的建设行政主管部门认定。具体办法由国务院建设行政主管部门会同国务院有关部门制定。从事其他招标代理业务的招标代理机构，其资格认定的主管部门由国务院规定。

招标代理机构与行政机关和其他国家机关不得存在隶属关系或者其他利益关系。

第十五条 招标代理机构应当在招标人委托的范围内办理招标事宜，并遵守本法关于招标人的规定。

第十六条 招标人采用公开招标方式的，应当发布招标公告。依法必须进行招标的项目的招标公告，应当通过国家指定的报刊、信息网络或者其他媒介发布。

招标公告应当载明招标人的名称和地址、招标项目的性质、数量、实施地点和时间以及获取招标文件的办法等事项。

第十七条 招标人采用邀请招标方式的，应当向三个以上具备承担招标项目的能力、资信良好的特定的法人或者其他组织发出投标邀请书。投标邀请书应当载明本法第十六条第二款规定的事项。

第十八条 招标人可以根据招标项目本身的要求，在招标公告或者投标邀请书中，要求潜在投标人提供有关资质证明文件和业绩情况，并对潜在投标人进行资格审查；国家对投标人的资格条件有规定的，依照其规定。

招标人不得以不合理的条件限制或者排斥潜在投标人，不得对潜在投标人实行歧视待遇。

第十九条 招标人应当根据招标项目的特点和需要编制招标文件。招标文件应当包括招标项目的技术要求、对投标人资格审查的标准、投标报价要求和评标标准等所有实质性要求和条件以及拟签订合同的主要条款。

国家对招标项目的技术、标准有规定的，招标人应当按照其规定在招标文件中提出相应要求。

招标项目需要划分标段、确定工期的，招标人应当合理划分标段、确定工期，并在招标文件中载明。

第二十条 招标文件不得要求或者标明特定的生产供应者以及含有倾向或者排斥潜在投标人的其他内容。

第二十一条 招标人根据招标项目的具体情况，可以组织潜在投标人踏勘项目现场。

第二十二条 招标人不得向他人透露已获取招标文件的潜在投标人的名称、数量以及可能影响公平竞争的有关招标投标的其他情况。

招标人设有标底的，标底必须保密。

第二十三条 招标人对已发出的招标文件进行必要的澄清或者修改的，应当在招标文件要求提交投标文件截止时间至少十五日前，以书面形式通知所有招标文件收受人。该澄清或者修改的内容为招标文件的组成部分。

第二十四条 招标人应当确定投标人编制投标文件所需要的合理时间；但是，依法必须进行招标的项目，自招标文件开始发出之日起至投标提交投标文件截止之日止，最短不得少于二十日。

第三章　投　　标

第二十五条 投标人是响应招标、参加投标竞争的法人或者其他组织。

依法招标的科研项目允许个人参加投标的，投标的个人适用本法有关投标人的规定。

第二十六条 投标人应当具备承担招标项目的能力；国家有关规定对投标人资格条件或者招标文件对投标人资格条件有规定的，投标人应当具备规定的资格条件。

第二十七条 投标人应当按照招标文件的要求编制投标文件。投标文件应当对招标文件提出的实质性要求和条件作出响应。

招标项目属于建设施工的，投标文件的内容应当包括拟派出的项目负责人与主要技术人员的简历、业绩和拟用于完成招标项目的机械设备等。

第二十八条 投标人应当在招标文件要求提交投标文件的截止时间前，将投标文件送达投标地点。招标人收到投标文件后，应当签收保存，不得开启。投标人少于三个的，招标人应当依照本法重新招标。

在招标文件要求提交投标文件的截止时间后送达的投标文件，招标人应当拒收。

第二十九条 投标人在招标文件要求提交投标文件的截止时间前，可以补充、修改或者撤回已提交的投标文件，并书面通知招标人。补充、修改的内容为投标文件的组成部分。

第三十条 投标人根据招标文件载明的项目实际情况，拟在中标后将中标项目的部分非主体、非关键性工作进行分包的，应当在投标文件中载明。

第三十一条 两个以上法人或者其他组织可以组成一个联合体，以一个投标人的身份共同投标。

联合体各方均应当具备承担招标项目的相应能力；国家有关规定或者招标文件对投标人资格条件有规定的，联合体各方均应当具备规定的相应资格条件。由同一专业的单位组成的联合体，按照资质等级较低的单位确定资质等级。

联合体各方应当签订共同投标协议，明确约定各方拟承担的工作和责任，并将共同投标协议连同投标文件一并提交招标人。联合体中标的，联合体各方应当共同与招标人签订合同，就中标项目向招标人承担连带责任。

招标人不得强制投标人组成联合体共同投标，不得限制投标人之间的竞争。

第三十二条 投标人不得相互串通投标报价，不得排挤其他投标人的公平竞争，损害招标人或者其他投标人的合法权益。

投标人不得与招标人串通投标，损害国家利益、社会公共利益或者他人的合法权益。禁止投标人以向招标人或者评标委员会成员行贿的手段谋取中标。

第三十三条 投标人不得以低于成本的报价竞标，也不得以他人名义投标或者以其他方式弄虚作假，骗取中标。

第四章 开标、评标和中标

第三十四条 开标应当在招标文件确定的提交投标文件截止时间的同一时间公开进行；开标地点应当为招标文件中预先确定的地点。

第三十五条 开标由招标人主持，邀请所有投标人参加。

第三十六条 开标时，由投标人或者其推选的代表检查投标文件的密封情况，也可以由招标人委托的公证机构检查并公证；经确认无误后，由工作人员当众拆封，宣读投标人名称、投标价格和投标文件的其他主要内容。

招标人在招标文件要求提交投标文件的截止时间前收到的所有投标文件，开标时都应当当众予以拆封、宣读。开标过程应当记录，并存档备查。

第三十七条 评标由招标人依法组建的评标委员会负责。

依法必须进行招标的项目，其评标委员会由招标人的代表和有关技术、经济等方面的专家组成，成员人数为五人以上单数，其中技术、经济等方面的专家不得少于成员总数的三分之二。

前款专家应当从事相关领域工作满八年并具有高级职称或者具有同等专业水平，由招标人从国务院有关部门或者省、自治区、直辖市人民政府有关部门提供的专家名册或者招标代理机构的专家库内的相关专业的专家名单中确定；一般招标项目可以采取随机抽取方式，特殊招标项目可以由招标人直接确定。与投标人有利害关系的人不得进入相关项目的评标委员会；已经进入的应当更换。

评标委员会成员的名单在中标结果确定前应当保密。

第三十八条 招标人应当采取必要的措施，保证评标在严格保密的情况下进行。

任何单位和个人不得非法干预、影响评标的过程和结果。

第三十九条 评标委员会可以要求投标人对投标文件中含义不明确的内容作必要的澄清或者说明，但是澄清或者说明不得超出投标文件的范围或者改变投标文件的实质性内容。

第四十条 评标委员会应当按照招标文件确定的评标标准和方法，对投标文件进行评审和比较；设有标底的，应当参考标底。评标委员会完成评标后，应当向招标人提出书面评标报告，并推荐合格的中标候选人。

招标人根据评标委员会提出的书面评标报告和推荐的中标候选人确定中标人。招标人也可以授权评标委员会直接确定中标人。国务院对特定招标项目的评标有特别规定的，从其规定。

第四十一条 中标人的投标应当符合下列条件

（一）能够最大限度地满足招标文件中规定的各项综合评价标准；

（二）能够满足招标文件的实质性要求，并且经评审的投标价格最低；但是投标价格低于成本的除外。

第四十二条 评标委员会经评审，认为所有投标都不符合招标文件要求的，可以否决所有投标。

依法必须进行招标的项目的所有投标被否决的，招标人应当依照本法重新招标。

第四十三条 在确定中标人前，招标人不得与投标人就投标价格、投标方案等实质性内容进行谈判。

第四十四条 评标委员会成员应当客观、公正地履行职务，遵守职业道德，对所提出的评审意见承担个人责任。

评标委员会成员不得私下接触投标人，不得收受投标人的财物或者其他好处。

评标委员会成员和参与评标的有关工作人员不得透露对投标文件的评审和比较、中标候选人的推荐情况以及与评标有关的其他情况。

第四十五条 中标人确定后，招标人应当向中标人发出中标通知书，并同时将中标结果通知所有未中标的投标人。

中标通知书对招标人和中标人具有法律效力。中标通知书发出后，招标人改变中标结果的，或者中标人放弃中标项目的，应当依法承担法律责任。

第四十六条 招标人和中标人应当自中标通知书发出之日起三十日内，按照招标文件和中标人的投标文件订立书面合同。招标人和中标人不得再行订立背离合同实质性内容的其他协议。

招标文件要求中标人提交履约保证金的，中标人应当提交。

第四十七条 依法必须进行招标的项目，招标人应当自确定中标人之日起十五日内，向有关行政监督部门提交招标投标情况的书面报告。

第四十八条 中标人应当按照合同约定履行义务，完成中标项目。中标人不得向他人转让中标项目，也不得将中标项目肢解后分别向他人转让。

中标人按照合同约定或者经招标人同意，可以将中标项目的部分非主体、非关键性工作分包给他人完成。接受分包的人应当具备相应的资格条件，并不得再次分包。

中标人应当就分包项目向招标人负责，接受分包的人就分包项目承担连带责任。

第五章 法律责任

第四十九条 违反本法规定，必须进行招标的项目而不招标的，将必须进行招标的项目化整为零或者以其他任何方式规避招标的，责令限期改正，可以处项目合同金额千分之五以上千分之十以下的罚款；对全部或者部分使用国有资金的项目，可以暂停项目执行或者暂停资金拨付；对单位直接负责的主管人员和其他直接责任人员依法给予处分。

第五十条 招标代理机构违反本法规定，泄露应当保密的与招标投标活动有关的情况和资料的，或者与招标人、投标人串通损害国家利益、社会公共利益或者他人合法权益的，处五万元以上二十五万元以下的罚款，对单位直接负责的主管人员和其他直接责任人员处单位罚款数额百分之五以上百分之十以下的罚款；有违法所得的，并处没收违法所得；情节严重的，暂停直至取消招标代理资格；构成犯罪的，依法追究刑事责任。给他人造成损失的，依法承担赔偿责任。

前款所列行为影响中标结果的，中标无效。

第五十一条 招标人以不合理的条件限制或者排斥潜在投标人的，对潜在投标人实行歧视待遇的，强制要求投标人组成联合体共同投标的，或者限制投标人之间竞争的，责令改正，可以处一万元以上五万元以下的罚款。

第五十二条 依法必须进行招标的项目的招标人向他人透露已获取招标文件的潜在投标人的名称、数量或者可能影响公平竞争的有关招标投标的其他情况的，或者泄露标底的，给予警告，可以并处一万元以上十万元以下的罚款；对单位直接负责的主管人员和其他直接责任人员依法给予处分；构成犯罪的，依法追究刑事责任。

前款所列行为影响中标结果的，中标无效。

第五十三条 投标人相互串通投标或者与招标人串通投标的，投标人以向招标人或者评标委员会成员行贿的手段谋取中标的，中标无效，处中标项目金额千分之五以上千分之十以下的罚款，对单位直接负责的主管人员和其他直接责任人员处单位罚款数额百分之五以上百分之十以下的罚款；有违法所得的，并处没收违法所得；情节严重的，取消其一年至二年内参加依法必须进行招标的项目的投标资格并予以公告，直至由工商行政管理机关吊销营业执照；构成犯罪的，依法追究刑事责任。给他人造成损失的，依法承担赔偿责任。

第五十四条 投标人以他人名义投标或者以其他方式弄虚作假，骗取中标的，中标无效，给招标人造成损失的，依法承担赔偿责任；构成犯罪的，依法追究刑事责任。

依法必须进行招标的项目的投标人有前款所列行为尚未构成犯罪的，处中标项目金额千分之五以上千分之十以下的罚款，对单位直接负责的主管人员和其他直接责任人员处单位罚款数额百分之五以上百分之十以下的罚款；有违法所得的，并处没收违法所得；情节严重的，取消其一年至三年内参加依法必须进行招标的项目的投标资格并予以公告，直至由工商行政管理机关吊销营业执照。

第五十五条 依法必须进行招标的项目，招标人违反本法规定，与投标人就投标价格、投标方案等实质性内容进行谈判的，给予警告，对单位直接负责的主管人员和其他直接责任人员依法给予处分。

前款所列行为影响中标结果的，中标无效。

第五十六条 评标委员会成员收受投标人的财物或者其他好处的，评标委员会成员或者参加评标的有关工作人员向他人透露对投标文件的评审和比较、中标候选人的推荐以及与评标有关的其他情况的，给予警告，没收收受的财物，可以并处三千元以上五万元以下的罚款，对有所列违法行为的评标委员会成员取消担任评标委员会成员的资格，不得再参加任何依法必须进行招标的项目的评标；构成犯罪的，依法追究刑事责任。

第五十七条 招标人在评标委员会依法推荐的中标候选人以外确定中标人的，依法必须进行招标的项目在所有投标被评标委员会否决后自行确定中标人的，中标无效。责令改正，可以处中标项目金额千分之五以上千分之十以下的罚款；对单位直接负责的主管人员和其他直接责任人员依法给予处分。

第五十八条 中标人将中标项目转让给他人的，将中标项目肢解后分别转让给他人的，违反本法规定将中标项目的部分主体、关键性工作分包给他人的，或者分包人再次分包的，转让、分包无效，处转让、分包项目金额千分之五以上千分之十以下的罚款；有违法所得的，并处没收违法所得；可以责令停业整顿；情节严重的，由工商行政管理机关吊销营业执照。

第五十九条 招标人与中标人不按照招标文件和中标人的投标文件订立合同的，或者招标人、中标人订立背离合同实质性内容的协议的，责令改正；可以处中标项目金额千分之五以上千分之十以下的罚款。

第六十条 中标人不履行与招标人订立的合同的，履约保证金不予退还，给招标人造成的损失超过履约保证金数额的，还应当对超过部分予以赔偿；没有提交履约保证金的，应当对招标人的损失承担赔偿责任。

中标人不按照与招标人订立的合同履行义务，情节严重的，取消其二年至五年内参加依法必须进行招标的项目的投标资格并予以公告，直至由工商行政管理机关吊销营业执照。因不可抗力不能履行合同的，不适用前两款规定。

第六十一条 本章规定的行政处罚，由国务院规定的有关行政监督部门决定。本法已对实施行政处罚的机关作出规定的除外。

第六十二条 任何单位违反本法规定，限制或者排斥本地区、本系统以外的法人或者其他组织参加投标的，为招标人指定招标代理机构的，强制招标人委托招标代理机构办理招标事宜的，或者以其他方式干涉招标投标活动的，责令改正；对单位直接负责的主管人员和其他直接责任人员依法给予警告、记过、记大过的处分，情节较重的，依法给予降级、撤职、开除的处分。

个人利用职权进行前款违法行为的，依照前款规定追究责任。

第六十三条 对招标投标活动依法负有行政监督职责的国家机关工作人员徇私舞弊、滥用职权或者玩忽职守，构成犯罪的，依法追究刑事责任；不构成犯罪的，依法给予行政处分。

第六十四条 依法必须进行招标的项目违反本法规定，中标无效的，应当依照本法规定的中标条件从其余投标人中重新确定中标人或者依照本法重新进行招标。

第六章 附 则

第六十五条 投标人和其他利害关系人认为招标投标活动不符合本法有关规定的，有权向招标人提出异议或者依法向有关行政监督部门投诉。

第六十六条 涉及国家安全、国家秘密、抢险救灾或者属于利用扶贫资金实行以工代赈、需要使用农民工等特殊情况，不适宜进行招标的项目，按照国家有关规定可以不进行招标。

第六十七条 使用国际组织或者外国政府贷款、援助资金的项目进行招标，贷款方、资金提供方对招标投标的具体条件和程序有不同规定的，可以适用其规定。但违背中华人民共和国的社会公共利益的除外。

第六十八条 本法自 2000 年 1 月 1 日起施行。

4.4 中华人民共和国标准化法

第一章 总 则

第一条 为了发展社会主义商品经济，促进技术进步，改进产品质量，提高社会经济效益，维护国家和人民的利益，使标准化工作适应社会主义代化建设和发展对外经济关系的需要，制定本法。

第二条 对下列需要统一的技术要求，应当制定标准：

（一）工业产品的品种、规格、质量、等级或者安全、卫生要求。

（二）工业产品的设计、生产、检验、包装、储存、运输、使用的方法或者生产、储存、运输过程中的安全、卫生要求。

（三）有关环境保护的各项技术要求和检验方法。

（四）建设工程的设计、施工方法和安全要求。

（五）有关工业生产、工程建设和环境保护的技术术语、符号、代号和制图方法。重要农产品和其他需要制定标准的项目，由国务院规定。

第三条 标准化工作的任务是制定标准、组织实施标准和对标准的实施进行监督。标准化工作应当纳入国民经济和社会发展计划。

第四条 国家鼓励积极采用国际标准。

第五条 国务院标准化行政主管部门统一管理全国标准化工作。国务院有关行政主管部门分工管理本部门、本行业的标准化工作。

省、自治区、直辖市标准化行政主管部门统一管理本行政区域的标准化工作。省、自治区、直辖市政府有关行政主管部门分工管理本行政区域内本部门、本行业的标准化工作。

市、县标准化行政主管部门和有关行政主管部门，按照省、自治区、直辖市政府规定的各自的职责，管理本行政区域内的标准化工作。

第二章 标准的制定

第六条 对需要在全国范围内统一的技术要求，应当制定国家标准。国家标准由国务院标准化行政主管部门制定。对没有国家标准而又需要在全国某个行业范围内统一的技术要求，可以制定行业标准。行业标准由国务院有关行政主管部门制定，并报国务院标准化行政主管部门备案，在公布国家标准之后，该项行业标准即行废止。对没有国家标准和行业标准而又需要在省、自治区、直辖市范围内统一的工业产品的安全、卫生要求，可以制定地方标准。地方标准由省、自治区、直辖市标准化行政主管部门制定，并报国务院标准化行政主管部门和国务院有关行政主管部门备案，在公布国家标准或者行业标准之后，该项地方标准即行废止。

企业生产的产品没有国家标准和行业标准的，应当制定企业标准，作为组织生产的依据。企业的产品标准须报当地政府标准化行政主管部门和有关行政主管部门备案。已有国家标准或者行业标准的，国家鼓励企业制定严于国家标准或者行业标准的企业标准，在企业内部适用。

法律对标准的制定另有规定的，依照法律的规定执行。

第七条 国家标准、行业标准分为强制性标准和推荐性标准。保障人体健康，人身、财产安全的标准和法律、行政法规规定强制执行的标准是强制性标准，其他标准是推荐性标准。

省、自治区、直辖市标准化行政主管部门制定的工业产品的安全、卫生要求的地方标准，在本行政区域内是强制性标准。

第八条 制定标准应当有利于保障安全和人民的身体健康，保护消费者的利益，保护环境。

第九条 制定标准应当有利于合理利用国家资源，推广科学技术成果，提高经济效益，并符合使用要求，有利于产品的通用互换，做到技术上先进，经济上合理。

第十条 制定标准应当做到有关标准的协调配套。

第十一条 制定标准应当有利于促进对外经济技术合作和对外贸易。

第十二条 制定标准应当发挥行业协会、科学研究机构和学术团体的作用。制定标准的部门应当组织由专家组成的标准化技术委员会，负责标准的草拟，参加标准草案的审查工作。

第十三条 标准实施后，制定标准的部门应当根据科学技术的发展和经济建设的需要适时进行复审，以确认现行标准继续有效或者予以修订、废止。

第三章 标准的实施

第十四条 强制性标准，必须执行。不符合强制性标准的产品，禁止生产、销售和进口。推荐性标准，国家鼓励企业自愿采用。

第十五条 企业对有国家标准或者行业标准的产品，可以向国务院标准化行政主管部门或者国务院标准化行政主管部门授权的部门申请产品质量认证。认证合格的，由认证部门授予认证证书，准许在产品或者其包装上使用规定的认证标志。

已经取得认证证书的产品不符合国家标准或者行业标准的，以及产品未经认证或者认证不合格的，不得使用认证标志出厂销售。

第十六条 出口产品的技术要求，依照合同的约定执行。

第十七条 企业研制新产品，改进产品，进行技术改造，应当符合标准化要求。

第十八条 县级以上政府标准化行政主管部门负责对标准的实施进行监督检查。

第十九条 县级以上政府标准化行政主管部门，可以根据需要设置检验机构，或者授权其他单位的检验机构，对产品是否符合标准进行检验。法律、行政法规对检验机构另有规定的，依照法律、行政法规的规定执行。

处理有关产品是否符合标准的争议，以前款规定的检验机构的检验数据为准。

第四章 法律责任

第二十条 生产、销售、进口不符合强制性标准的产品的，由法律、行政法规规定的行政主管部门依法处理，法律、行政法规未作规定的，由工商行政管理部门没收产品和违法所得，并处罚款；造成严重后果构成犯罪的，对直接责任人员依法追究刑事责任。

第二十一条 已经授予认证证书的产品不符合国家标准或者行业标准而使用认证标志出厂销售的，由标准化行政主管部门责令停止销售，并处罚款；情节严重的，由认证部门撤销其认证证书。

第二十二条 产品未经认证或者认证不合格而擅自使用认证标志出厂销售的，由标准化行政主管部门责令停止销售，并处罚款。

第二十三条 当事人对没收产品、没收违法所得和罚款的处罚不服的，可以在接到处罚通知之日起十五日内，向作出处罚决定的机关的上一级机关申请复议；对复议决定不服的，可以在接到复议决定之日起十五日内，向人民法院起诉。当事人也可以在接到处罚通知之日起十五日内，直接向人民法院起诉。当事人逾期不申请复议或者不向人民法院起诉又不履行处罚决定的，由作出处罚决定的机关申请人民法院强制执行。

第二十四条 标准化工作的监督、检验、管理人员违法失职、徇私舞弊的，给予行政处分；构成犯罪的，依法追究刑事责任。

4.5 中华人民共和国文物保护法（修正本）

【文号】 中华人民共和国主席令第76号

【标题】 中华人民共和国文物保护法（修订）

（2002 年 10 月 28 日第九届全国人民代表大会常务委员会第三十次会议通过 2002 年 10 月 28 日中华人民共和国主席令第 76 号公布施行）

目录

第一章　总则
第二章　不可移动文物
第三章　考古发掘
第四章　馆藏文物
第五章　民间收藏文物
第六章　文物出境进境
第七章　法律责任
第八章　附则

第一章　总　　则

第一条　为了加强对文物的保护，继承中华民族优秀的历史文化遗产，促进科学研究工作，进行爱国主义和革命传统教育，建设社会主义精神文明和物质文明，根据宪法，制定本法。

第二条　在中华人民共和国境内，下列文物受国家保护：

（一）具有历史、艺术、科学价值的古文化遗址、古墓葬、古建筑、石窟寺和石刻、壁画；

（二）与重大历史事件、革命运动或者著名人物有关的以及具有重要纪念意义、教育意义或者史料价值的近代现代重要史迹、实物、代表性建筑；

（三）历史上各时代珍贵的艺术品、工艺美术品；

（四）历史上各时代重要的文献资料以及具有历史、艺术、科学价值的手稿和图书资料等；

（五）反映历史上各时代、各民族社会制度、社会生产、社会生活的代表性实物。

文物认定的标准和办法由国务院文物行政部门制定，并报国务院批准。

具有科学价值的古脊椎动物化石和古人类化石同文物一样受国家保护。

第三条　古文化遗址、古墓葬、古建筑、石窟寺、石刻、壁画、近代现代重要史迹和代表性建筑等不可移动文物，根据它们的历史、艺术、科学价值，可以分别确定为全国重点文物保护单位，省级文物保护单位，市、县级文物保护单位。

历史上各时代重要实物、艺术品、文献、手稿、图书资料、代表性实物等可移动文物，分为珍贵文物和一般文物；珍贵文物分为一级文物、二级文物、三级文物。

第四条　文物工作贯彻保护为主、抢救第一、合理利用、加强管理的方针。

第五条　中华人民共和国境内地下、内水和领海中遗存的一切文物，属于国家所有。

古文化遗址、古墓葬、石窟寺属于国家所有。国家指定保护的纪念建筑物、古建筑、石刻、壁画、近代现代代表性建筑等不可移动文物，除国家另有规定的以外，属于国家所有。

国有不可移动文物的所有权不因其所依附的土地所有权或者使用权的改变而改变。

下列可移动文物，属于国家所有：

（一）中国境内出土的文物，国家另有规定的除外；

（二）国有文物收藏单位以及其他国家机关、部队和国有企业、事业组织等收藏、保管的文物；

（三）国家征集、购买的文物；

（四）公民、法人和其他组织捐赠给国家的文物；

（五）法律规定属于国家所有的其他文物。

属于国家所有的可移动文物的所有权不因其保管、收藏单位的终止或者变更而改变。

国有文物所有权受法律保护，不容侵犯。

第六条 属于集体所有和私人所有的纪念建筑物、古建筑和祖传文物以及依法取得的其他文物，其所有权受法律保护。文物的所有者必须遵守国家有关文物保护的法律、法规的规定。

第七条 一切机关、组织和个人都有依法保护文物的义务。

第八条 国务院文物行政部门主管全国文物保护工作。

地方各级人民政府负责本行政区域内的文物保护工作。县级以上地方人民政府承担文物保护工作的部门对本行政区域内的文物保护实施监督管理。

县级以上人民政府有关行政部门在各自的职责范围内，负责有关的文物保护工作。

第九条 各级人民政府应当重视文物保护，正确处理经济建设、社会发展与文物保护的关系，确保文物安全。

基本建设、旅游发展必须遵守文物保护工作的方针，其活动不得对文物造成损害。

公安机关、工商行政管理部门、海关、城乡建设规划部门和其他有关国家机关，应当依法认真履行所承担的保护文物的职责，维护文物管理秩序。

第十条 国家发展文物保护事业。县级以上人民政府应当将文物保护事业纳入本级国民经济和社会发展规划，所需经费列入本级财政预算。

国家用于文物保护的财政拨款随着财政收入增长而增加。

国有博物馆、纪念馆、文物保护单位等的事业性收入，专门用于文物保护，任何单位或者个人不得侵占、挪用。

国家鼓励通过捐赠等方式设立文物保护社会基金，专门用于文物保护，任何单位或者个人不得侵占、挪用。

第十一条 文物是不可再生的文化资源。国家加强文物保护的宣传教育，增强全民文物保护的意识，鼓励文物保护的科学研究，提高文物保护的科学技术水平。

第十二条 有下列事迹的单位或者个人，由国家给予精神鼓励或者物质奖励：

（一）认真执行文物保护法律、法规，保护文物成绩显著的；

（二）为保护文物与违法犯罪行为作坚决斗争的；

（三）将个人收藏的重要文物捐献给国家或者为文物保护事业作出捐赠的；

（四）发现文物及时上报或者上交，使文物得到保护的；

（五）在考古发掘工作中作出重大贡献的；

（六）在文物保护科学技术方面有重要发明创造或者其他重要贡献的；

（七）在文物面临破坏危险时，抢救文物有功的；

（八）长期从事文物工作，作出显著成绩的。

第二章　不可移动文物

第十三条 国务院文物行政部门在省级、市、县级文物保护单位中，选择具有重大历史、艺术、科学价值的确定为全国重点文物保护单位，或者直接确定为全国重点文物保护单位，报国务院核定公布。

省级文物保护单位，由省、自治区、直辖市人民政府核定公布，并报国务院备案。

市级和县级文物保护单位，分别由设区的市、自治州和县级人民政府核定公布，并报省、自治区、直辖市人民政府备案。

尚未核定公布为文物保护单位的不可移动文物，由县级人民政府文物行政部门予以登记并公布。

第十四条 保存文物特别丰富并且具有重大历史价值或者革命纪念意义的城市，由国务院核定公布为历史文化名城。

保存文物特别丰富并且具有重大历史价值或者革命纪念意义的城镇、街道、村庄，由省、自治区、直辖市人民政府核定公布为历史文化街区、村镇，并报国务院备案。

历史文化名城和历史文化街区、村镇所在地的县级以上地方人民政府应当组织编制专门的历史文化名城和历史文化街区、村镇保护规划，并纳入城市总体规划。

历史文化名城和历史文化街区、村镇的保护办法，由国务院制定。

第十五条 各级文物保护单位，分别由省、自治区、直辖市人民政府和市、县级人民政府划定必要的保护范围，作出标志说明，建立记录档案，并区别情况分别设置专门机构或者专人负责管理。全国重点文物保护单位的保护范围和记录档案，由省、自治区、直辖市人民政府文物行政部门报国务院文物行政部门备案。

县级以上地方人民政府文物行政部门应当根据不同文物的保护需要，制定文物保护单位和未核定为文物保护单位的不可移动文物的具体保护措施，并公告施行。

第十六条 各级人民政府制定城乡建设规划，应当根据文物保护的需要，事先由城乡建设规划部门会同文物行政部门商定对本行政区域内各级文物保护单位的保护措施，并纳入规划。

第十七条 文物保护单位的保护范围内不得进行其他建设工程或者爆破、钻探、挖掘等作业。但是，因特殊情况需要在文物保护单位的保护范围内进行其他建设工程或者爆破、钻探、挖掘等作业的，必须保证文物保护单位的安全，并经核定公布该文物保护单位的人民政府批准，在批准前应当征得上一级人民政府文物行政部门同意；在全国重点文物保护单位的保护范围内进行其他建设工程或者爆破、钻探、挖掘等作业的，必须经省、自治区、直辖市人民政府批准，在批准前应当征得国务院文物行政部门同意。

第十八条 根据保护文物的实际需要，经省、自治区、直辖市人民政府批准，可以在文物保护单位的周围划出一定的建设控制地带，并予以公布。

在文物保护单位的建设控制地带内进行建设工程，不得破坏文物保护单位的历史风貌；工程设计方案应当根据文物保护单位的级别，经相应的文物行政部门同意后，报城乡建设规划部门批准。

第十九条 在文物保护单位的保护范围和建设控制地带内，不得建设污染文物保护单位及其环境的设施，不得进行可能影响文物保护单位安全及其环境的活动。对已有的污染文物保护单位及其环境的设施，应当限期治理。

第二十条 建设工程选址，应当尽可能避开不可移动文物；因特殊情况不能避开的，对文物保护单位应当尽可能实施原址保护。

实施原址保护的，建设单位应当事先确定保护措施，根据文物保护单位的级别报相应的文物行政部门批准，并将保护措施列入可行性研究报告或者设计任务书。

无法实施原址保护，必须迁移异地保护或者拆除的，应当报省、自治区、直辖市人民政府批准；迁移或者拆除省级文物保护单位的，批准前须征得国务院文物行政部门同意。全国重点文物保护单位不得拆除；需要迁移的，须由省、自治区、直辖市人民政府报国务院批准。

依照前款规定拆除的国有不可移动文物中具有收藏价值的壁画、雕塑、建筑构件等，由文物行政部门指定的文物收藏单位收藏。

本条规定的原址保护、迁移、拆除所需费用，由建设单位列入建设工程预算。

第二十一条 国有不可移动文物由使用人负责修缮、保养；非国有不可移动文物由所有人负责修缮、保养。非国有不可移动文物有损毁危险，所有人不具备修缮能力的，当地人民政府应当给予帮助；所有人具备修缮能力而拒不依法履行修缮义务的，县级以上人民政府可以给予抢救修缮，所需费用由所有人负担。

对文物保护单位进行修缮，应当根据文物保护单位的级别报相应的文物行政部门批准；对未核定为文物保护单位的不可移动文物进行修缮，应当报登记的县级人民政府文物行政部门批准。

文物保护单位的修缮、迁移、重建，由取得文物保护工程资质证书的单位承担。

对不可移动文物进行修缮、保养、迁移，必须遵守不改变文物原状的原则。

第二十二条 不可移动文物已经全部毁坏的，应当实施遗址保护，不得在原址重建。但是，因特殊情况需要在原址重建的，由省、自治区、直辖市人民政府文物行政部门征得国务院文物行政部门同意后，报省、自治区、直辖市人民政府批准；全国重点文物保护单位需要在原址重建的，由省、自治区、直辖市人民政府报国务院批准。

第二十三条 核定为文物保护单位的属于国家所有的纪念建筑物或者古建筑，除可以建立博物馆、保管所或者辟为参观游览场所外，如果必须作其他用途的，应当经核定公布该文物保护单位的人民政府文物行政部门征得上一级文物行政部门同意后，报核定公布该文物保护单位的人民政府批准；全国重点文物保护单位作其他用途的，应当由省、自治区、直辖市人民政府报国务院批准。国有未核定为文物保护单位的不可移动文物作其他用途的，应当报告县级人民政府文物行政部门。

第二十四条 国有不可移动文物不得转让、抵押。建立博物馆、保管所或者辟为参观游览场所的国有文物保护单位，不得作为企业资产经营。

第二十五条 非国有不可移动文物不得转让、抵押给外国人。

非国有不可移动文物转让、抵押或者改变用途的，应当根据其级别报相应的文物行政部门备案；由当地人民政府出资帮助修缮的，应当报相应的文物行政部门批准。

第二十六条 使用不可移动文物，必须遵守不改变文物原状的原则，负责保护建筑物及其附属文物的安全，不得损毁、改建、添建或者拆除不可移动文物。

对危害文物保护单位安全、破坏文物保护单位历史风貌的建筑物、构筑物，当地人民政府应当及时调查处理，必要时，对该建筑物、构筑物予以拆迁。

第三章 考古发掘

第二十七条 一切考古发掘工作，必须履行报批手续；从事考古发掘的单位，应当经国务院文物行政部门批准。

地下埋藏的文物，任何单位或者个人都不得私自发掘。

第二十八条 从事考古发掘的单位，为了科学研究进行考古发掘，应当提出发掘计划，报国务院文物行政部门批准；对全国重点文物保护单位的考古发掘计划，应当经国务院文物行政部门审核后报国务院批准。国务院文物行政部门在批准或者审核前，应当征求社会科学研究机构及其他科研机构和有关专家的意见。

第二十九条 进行大型基本建设工程，建设单位应当事先报请省、自治区、直辖市人民政府文物行政部门组织从事考古发掘的单位在工程范围内有可能埋藏文物的地方进行考古调查、勘探。

考古调查、勘探中发现文物的，由省、自治区、直辖市人民政府文物行政部门根据文物保护的要求会同建设单位共同商定保护措施；遇有重要发现的，由省、自治区、直辖市人民政府文物行政部门及时报国务院文物行政部门处理。

第三十条 需要配合建设工程进行的考古发掘工作，应当由省、自治区、直辖市文物行政部门在勘探工作的基础上提出发掘计划，报国务院文物行政部门批准。国务院文物行政部门在批准前，应当征求社会科学研究机构及其他科研机构和有关专家的意见。

确因建设工期紧迫或者有自然破坏危险，对古文化遗址、古墓葬急需进行抢救发掘的，由省、自治区、直辖市人民政府文物行政部门组织发掘，并同时补办审批手续。

第三十一条 凡因进行基本建设和生产建设需要的考古调查、勘探、发掘，所需费用由建设单位列入建设工程预算。

第三十二条 在进行建设工程或者在农业生产中，任何单位或者个人发现文物，应当保护现场，立即报告当地文物行政部门，文物行政部门接到报告后，如无特殊情况，应当在二十四小时内赶赴现场，并在七日内提出处理意见。文物行政部门可以报请当地人民政府通知公安机关协助保护现场；发现重要文物的，应当立即上报国务院文物行政部门，国务院文物行政部门应当在接到报告后十五日内提出处理意见。

依照前款规定发现的文物属于国家所有，任何单位或者个人不得哄抢、私分、藏匿。

第三十三条 非经国务院文物行政部门报国务院特别许可，任何外国人或者外国团体不得在中华人民共和国境内进行考古调查、勘探、发掘。

第三十四条 考古调查、勘探、发掘的结果，应当报告国务院文物行政部门和省、自治区、直辖市人民政府文物行政部门。

考古发掘的文物，应当登记造册，妥善保管，按照国家有关规定移交给由省、自治区、直辖市人民政府文物行政部门或者国务院文物行政部门指定的国有博物馆、图书馆或者其他国有收藏文物的单位收藏。经省、自治区、直辖市人民政府文物行政部门或者国务院文物行政部门批准，从事考古发掘的单位可以保留少量出土文物作为科研标本。

考古发掘的文物，任何单位或者个人不得侵占。

第三十五条 根据保证文物安全、进行科学研究和充分发挥文物作用的需要，省、自治区、直辖市人民政府文物行政部门经本级人民政府批准，可以调用本行政区域内的出土文物；国务院文物行政部门经国务院批准，可以调用全国的重要出土文物。

第四章 馆藏文物

第三十六条 博物馆、图书馆和其他文物收藏单位对收藏的文物，必须区分文物等级，设置藏品档案，建立严格的管理制度，并报主管的文物行政部门备案。

县级以上地方人民政府文物行政部门应当分别建立本行政区域内的馆藏文物档案；国务院文物行政部门应当建立国家一级文物藏品档案和其主管的国有文物收藏单位馆藏文物档案。

第三十七条 文物收藏单位可以通过下列方式取得文物：

（一）购买；

（二）接受捐赠；

（三）依法交换；

（四）法律、行政法规规定的其他方式。

国有文物收藏单位还可以通过文物行政部门指定保管或者调拨方式取得文物。

第三十八条 文物收藏单位应当根据馆藏文物的保护需要，按照国家有关规定建立、健全管理制度，并报主管的文物行政部门备案。未经批准，任何单位或者个人不得调取馆藏文物。

文物收藏单位的法定代表人对馆藏文物的安全负责。国有文物收藏单位的法定代表人离任时，应当按照馆藏文物档案办理馆藏文物移交手续。

第三十九条 国务院文物行政部门可以调拨全国的国有馆藏文物。省、自治区、直辖市人民政府文物行政部门可以调拨本行政区域内其主管的国有文物收藏单位馆藏文物；调拨国有馆藏一级文物，应当报国务院文物行政部门备案。

国有文物收藏单位可以申请调拨国有馆藏文物。

第四十条 文物收藏单位应当充分发挥馆藏文物的作用，通过举办展览、科学研究等活动，加强对中华民族优秀的历史文化和革命传统的宣传教育。

国有文物收藏单位之间因举办展览、科学研究等需借用馆藏文物的，应当报主管的文物行政部门备案；借用馆藏一级文物，应当经国务院文物行政部门批准。

非国有文物收藏单位和其他单位举办展览需借用国有馆藏文物的，应当报主管的文物行政部门批准；借用国有馆藏一级文物，应当经国务院文物行政部门批准。

文物收藏单位之间借用文物的最长期限不得超过三年。

第四十一条 已经建立馆藏文物档案的国有文物收藏单位，经省、自治区、直辖市人民政府文物行政部门批准，并报国务院文物行政部门备案，其馆藏文物可以在国有文物收藏单位之间交换；交换馆藏一级文物的，必须经国务院文物行政部门批准。

第四十二条 未建立馆藏文物档案的国有文物收藏单位，不得依照本法第四十条、第四十一条的规定处置其馆藏文物。

第四十三条 依法调拨、交换、借用国有馆藏文物，取得文物的文物收藏单位可以对提供文物的文物收藏单位给予合理补偿，具体管理办法由国务院文物行政部门制定。

国有文物收藏单位调拨、交换、出借文物所得的补偿费用，必须用于改善文物的收藏条件和收集新的文物，不得挪作他用；任何单位或者个人不得侵占。

调拨、交换、借用的文物必须严格保管，不得丢失、损毁。

第四十四条 禁止国有文物收藏单位将馆藏文物赠与、出租或者出售给其他单位、个人。

第四十五条 国有文物收藏单位不再收藏的文物的处置办法，由国务院另行制定。

第四十六条 修复馆藏文物，不得改变馆藏文物的原状；复制、拍摄、拓印馆藏文物，不得对馆藏文物造成损害。具体管理办法由国务院制定。

不可移动文物的单体文物的修复、复制、拍摄、拓印，适用前款规定。

第四十七条 博物馆、图书馆和其他收藏文物的单位应当按照国家有关规定配备防火、防盗、防自然损坏的设施，确保馆藏文物的安全。

第四十八条 馆藏一级文物损毁的，应当报国务院文物行政部门核查处理。其他馆藏文物损毁的，应当报省、自治区、直辖市人民政府文物行政部门核查处理；省、自治区、直辖市人民政府文物行政部门应当将核查处理结果报国务院文物行政部门备案。

馆藏文物被盗、被抢或者丢失的，文物收藏单位应当立即向公安机关报案，并同时向主管的文物行政部门报告。

第四十九条 文物行政部门和国有文物收藏单位的工作人员不得借用国有文物，不得非法侵占国有文物。

第五章　民间收藏文物

第五十条 文物收藏单位以外的公民、法人和其他组织可以收藏通过下列方式取得的文物：

（一）依法继承或者接受赠与；

（二）从文物商店购买；

（三）从经营文物拍卖的拍卖企业购买；

（四）公民个人合法所有的文物相互交换或者依法转让；

（五）国家规定的其他合法方式。

文物收藏单位以外的公民、法人和其他组织收藏的前款文物可以依法流通。

第五十一条 公民、法人和其他组织不得买卖下列文物：

（一）国有文物，但是国家允许的除外；

（二）非国有馆藏珍贵文物；

（三）国有不可移动文物中的壁画、雕塑、建筑构件等，但是依法拆除的国有不可移动文物中的壁画、雕塑、建筑构件等不属于本法第二十条第四款规定的应由文物收藏单位收藏的除外；

（四）来源不符合本法第五十条规定的文物。

第五十二条 国家鼓励文物收藏单位以外的公民、法人和其他组织将其收藏的文物捐赠给国有文物收藏单位或者出借给文物收藏单位展览和研究。

国有文物收藏单位应当尊重并按照捐赠人的意愿，对捐赠的文物妥善收藏、保管和展示。

国家禁止出境的文物，不得转让、出租、质押给外国人。

第五十三条 文物商店应当由国务院文物行政部门或者省、自治区、直辖市人民政府文物行政部门批准设立，依法进行管理。

文物商店不得从事文物拍卖经营活动，不得设立经营文物拍卖的拍卖企业。

第五十四条 依法设立的拍卖企业经营文物拍卖的，应当取得国务院文物行政部门颁发的文物拍卖许可证。

经营文物拍卖的拍卖企业不得从事文物购销经营活动，不得设立文物商店。

第五十五条 文物行政部门的工作人员不得举办或者参与举办文物商店或者经营文物拍卖的拍卖企业。

文物收藏单位不得举办或者参与举办文物商店或者经营文物拍卖的拍卖企业。

禁止设立中外合资、中外合作和外商独资的文物商店或者经营文物拍卖的拍卖企业。

除经批准的文物商店、经营文物拍卖的拍卖企业外，其他单位或者个人不得从事文物的商业经营活动。

第五十六条 文物商店销售的文物，在销售前应当经省、自治区、直辖市人民政府文物行政部门审核；对允许销售的，省、自治区、直辖市人民政府文物行政部门应当作出标识。

拍卖企业拍卖的文物，在拍卖前应当经省、自治区、直辖市人民政府文物行政部门审核，并报国务院文物行政部门备案；省、自治区、直辖市人民政府文物行政部门不能确定是否可以拍卖的，应当报国务院文物行政部门审核。

第五十七条 文物商店购买、销售文物，拍卖企业拍卖文物，应当按照国家有关规定作出记录，并报原审核的文物行政部门备案。

拍卖文物时，委托人、买受人要求对其身份保密的，文物行政部门应当为其保密；但是，法律、行政法规另有规定的除外。

第五十八条 文物行政部门在审核拟拍卖的文物时，可以指定国有文物收藏单位优先购买其中的珍贵文物。购买价格由文物收藏单位的代表与文物的委托人协商确定。

第五十九条 银行、冶炼厂、造纸厂以及废旧物资回收单位，应当与当地文物行政部门共同负责拣选掺杂在金银器和废旧物资中的文物。拣选文物除供银行研究所必需的历史货币可以由人民银行留用外，应当移交当地文物行政部门。移交拣选文物，应当给予合理补偿。

第六章　文物出境进境

第六十条 国有文物、非国有文物中的珍贵文物和国家规定禁止出境的其他文物，不得出境；但是依照本法规定出境展览或者因特殊需要经国务院批准出境的除外。

第六十一条 文物出境，应当经国务院文物行政部门指定的文物进出境审核机构审核。经审核允许出境的文物，由国务院文物行政部门发给文物出境许可证，从国务院文物行政部门指定的口岸出境。

任何单位或者个人运送、邮寄、携带文物出境，应当向海关申报；海关凭文物出境许可证放行。

第六十二条 文物出境展览，应当报国务院文物行政部门批准；一级文物超过国务院规定数量的，应当报国务院批准。

一级文物中的孤品和易损品，禁止出境展览。

出境展览的文物出境，由文物进出境审核机构审核、登记。海关凭国务院文物行政部门或者国务院的批准文件放行。出境展览的文物复进境，由原文物进出境审核机构审核查验。

第六十三条 文物临时进境，应当向海关申报，并报文物进出境审核机构审核、登记。

临时进境的文物复出境，必须经原审核、登记的文物进出境审核机构审核查验；经审核查验无误的，由国务院文物行政部门发给文物出境许可证，海关凭文物出境许可证放行。

第七章　法律责任

第六十四条 违反本法规定，有下列行为之一，构成犯罪的，依法追究刑事责任：

（一）盗掘古文化遗址、古墓葬的；

（二）故意或者过失损毁国家保护的珍贵文物的；

（三）擅自将国有馆藏文物出售或者私自送给非国有单位或者个人的；

（四）将国家禁止出境的珍贵文物私自出售或者送给外国人的；

（五）以牟利为目的倒卖国家禁止经营的文物的；

（六）走私文物的；

（七）盗窃、哄抢、私分或者非法侵占国有文物的；

（八）应当追究刑事责任的其他妨害文物管理行为。

第六十五条 违反本法规定，造成文物灭失、损毁的，依法承担民事责任。

违反本法规定，构成违反治安管理行为的，由公安机关依法给予治安管理处罚。

违反本法规定，构成走私行为，尚不构成犯罪的，由海关依照有关法律、行政法规的规定给予处罚。

第六十六条 有下列行为之一，尚不构成犯罪的，由县级以上人民政府文物主管部门责令改正，造成严重后果的，处五万元以上五十万元以下的罚款；情节严重的，由原发证机关吊销资质证书：

（一）擅自在文物保护单位的保护范围内进行建设工程或者爆破、钻探、挖掘等作业的；

（二）在文物保护单位的建设控制地带内进行建设工程，其工程设计方案未经文物行政部门同意、报城乡建设规划部门批准，对文物保护单位的历史风貌造成破坏的；

（三）擅自迁移、拆除不可移动文物的；

（四）擅自修缮不可移动文物，明显改变文物原状的；

（五）擅自在原址重建已全部毁坏的不可移动文物，造成文物破坏的；

（六）施工单位未取得文物保护工程资质证书，擅自从事文物修缮、迁移、重建的。

刻划、涂污或者损坏文物尚不严重的，或者损毁依照本法第十五条第一款规定设立的文物保护单位标志的，由公安机关或者文物所在单位给予警告，可以并处罚款。

第六十七条 在文物保护单位的保护范围内或者建设控制地带内建设污染文物保护单位及其环境的设施的，或者对已有的污染文物保护单位及其环境的设施未在规定的期限内完成治理的，由环境保护行政部门依照有关法律、法规的规定给予处罚。

第六十八条 有下列行为之一的，由县级以上人民政府文物主管部门责令改正，没收违法所得，违法所得一万元以上的，并处违法所得二倍以上五倍以下的罚款；违法所得不足一万元的，并处五千元以上二万元以下的罚款：

（一）转让或者抵押国有不可移动文物，或者将国有不可移动文物作为企业资产经营的；

（二）将非国有不可移动文物转让或者抵押给外国人的；

（三）擅自改变国有文物保护单位的用途的。

第六十九条 历史文化名城的布局、环境、历史风貌等遭到严重破坏的，由国务院撤销其历史文化名城称号；历史文化城镇、街道、村庄的布局、环境、历史风貌等遭到严重破坏的，由省、自治区、直辖市人民政府撤销其历史文化街区、村镇称号；对负有责任的主管人员和其他直接责任人员依法给予行政处分。

第七十条 有下列行为之一，尚不构成犯罪的，由县级以上人民政府文物主管部门责令改正，可以并处二万元以下的罚款，有违法所得的，没收违法所得：

（一）文物收藏单位未按照国家有关规定配备防火、防盗、防自然损坏的设施的；

（二）国有文物收藏单位法定代表人离任时未按照馆藏文物档案移交馆藏文物，或者所移交的馆藏文物与馆藏文物档案不符的；

（三）将国有馆藏文物赠与、出租或者出售给其他单位、个人的；

（四）违反本法第四十条、第四十一条、第四十五条规定处置国有馆藏文物的；

（五）违反本法第四十三条规定挪用或者侵占依法调拨、交换、出借文物所得补偿费用的。

第七十一条 买卖国家禁止买卖的文物或者将禁止出境的文物转让、出租、质押给外国人，尚不构成犯罪的，由县级以上人民政府文物主管部门责令改正，没收违法所得，违法经营额一万元以上的，并处违法经营额二倍以上五倍以下的罚款；违法经营额不足一万元的，并处五千元以上二万元以下的罚款。

第七十二条 未经许可，擅自设立文物商店、经营文物拍卖的拍卖企业，或者擅自从事文物的商业经营活动，尚不构成犯罪的，由工商行政管理部门依法予以制止，没收违法所得、非法经营的文物，违法经营额五万元以上的，并处违法经营额二倍以上五倍以下的罚款；违法经营额不足五万元的，并处二万元以上十万元以下的罚款。

第七十三条 有下列情形之一的，由工商行政管理部门没收违法所得、非法经营的文物，违法经营额五万元以上的，并处违法经营额一倍以上三倍以下的罚款；违法经营额不足五万元的，并处五千元以上五万元以下的罚款；情节严重的，由原发证机关吊销许可证书：

（一）文物商店从事文物拍卖经营活动的；

（二）经营文物拍卖的拍卖企业从事文物购销经营活动的；

（三）文物商店销售的文物、拍卖企业拍卖的文物，未经审核的；

（四）文物收藏单位从事文物的商业经营活动的。

第七十四条 有下列行为之一，尚不构成犯罪的，由县级以上人民政府文物主管部门会同公安机关追缴文物；情节严重的，处五千元以上五万元以下的罚款：

（一）发现文物隐匿不报或者拒不上交的；

（二）未按照规定移交拣选文物的。

第七十五条 有下列行为之一的，由县级以上人民政府文物主管部门责令改正：

（一）改变国有未核定为文物保护单位的不可移动文物的用途，未依照本法规定报告的；

（二）转让、抵押非国有不可移动文物或者改变其用途，未依照本法规定备案的；

（三）国有不可移动文物的使用人拒不依法履行修缮义务的；

（四）考古发掘单位未经批准擅自进行考古发掘，或者不如实报告考古发掘结果的；

（五）文物收藏单位未按照国家有关规定建立馆藏文物档案、管理制度，或者未将馆藏文物档案、管理制度备案的；

（六）违反本法第三十八条规定，未经批准擅自调取馆藏文物的；

（七）馆藏文物损毁未报文物行政部门核查处理，或者馆藏文物被盗、被抢或者丢失，文物收藏单位未及时向公安机关或者文物行政部门报告的；

（八）文物商店销售文物或者拍卖企业拍卖文物，未按照国家有关规定作出记录或者未将所作记录报文物行政部门备案的。

第七十六条 文物行政部门、文物收藏单位、文物商店、经营文物拍卖的拍卖企业的工作人员，有下列行为之一的，依法给予行政处分，情节严重的，依法开除公职或者吊销其从业资格；构成犯罪的，依法追究刑事责任：

（一）文物行政部门的工作人员违反本法规定，滥用审批权限、不履行职责或者发现违法行为不予查处，造成严重后果的；

（二）文物行政部门和国有文物收藏单位的工作人员借用或者非法侵占国有文物的；

（三）文物行政部门的工作人员举办或者参与举办文物商店或者经营文物拍卖的拍卖企业的；

（四）因不负责任造成文物保护单位、珍贵文物损毁或者流失的；

（五）贪污、挪用文物保护经费的。

前款被开除公职或者被吊销从业资格的人员，自被开除公职或者被吊销从业资格之日起十年内不得担任文物管理人员或者从事文物经营活动。

第七十七条 有本法第六十六条、第六十八条、第七十条、第七十一条、第七十四条、第七十五条规定所列行为之一的，负有责任的主管人员和其他直接责任人员是国家工作人员的，依法给予行政处分。

第七十八条 公安机关、工商行政管理部门、海关、城乡建设规划部门和其他国家机关，违反本法规定滥用职权、玩忽职守、徇私舞弊，造成国家保护的珍贵文物损毁或者流失的，对负有责任的主管人员和其他直接责任人员依法给予行政处分；构成犯罪的，依法追究刑事责任。

第七十九条 人民法院、人民检察院、公安机关、海关和工商行政管理部门依法没收的文物应当登记造册，妥善保管，结案后无偿移交文物行政部门，由文物行政部门指定的国有文物收藏单位收藏。

第八章 附 则

第八十条 本法自公布之日起施行。

4.6 产品质量法

中华人民共和国主席令

（第三十三号）

《全国人民代表大会常务委员会关于修改〈中华人民共和国产品质量法〉的决定》已由中华人民共和国第九届全国人民代表大会常务委员会第十六次会议于2000年7月8日通过，现予公布，自2000年9月1日起施行。

中华人民共和国主席 江泽民

2000年7月8日

中华人民共和国产品质量法

1993年2月22日第七届全国人民代表大会常务委员会第三十次会议通过

根据2000年7月8日第九届全国人民代表大会常务委员会第十六次会议《关于修改〈中华人民共和国产品质量法〉的决定》修正

目录

第一章 总则
第二章 产品质量的监督
第三章 生产者、销售者的产品质量责任和义务
第一节 生产者的产品质量责任和义务
第二节 销售者的产品质量责任和义务
第四章 损害赔偿
第五章 罚则
第六章 附则

第一章 总 则

第一条 为了加强对产品质量的监督管理，提高产品质量水平，明确产品质量责任，保护消费者的合法权益，维护社会经济秩序，制定本法。

第二条 在中华人民共和国境内从事产品生产、销售活动，必须遵守本法。

本法所称产品是指经过加工、制作，用于销售的产品。

建设工程不适用本法规定；但是，建设工程使用的建筑材料、建筑构配件和设备，属于前款规定的产品范围的，适用本法规定。

第三条 生产者、销售者应当建立健全内部产品质量管理制度，严格实施岗位质量规范、质量责任以及相应的考核办法。

第四条 生产者、销售者依照本法规定承担产品质量责任。

第五条 禁止伪造或者冒用认证标志等质量标志；禁止伪造产品的产地，伪造或者冒用他人的厂名、厂址；禁止在生产、销售的产品中掺杂、掺假，以假充真，以次充好。

第六条 国家鼓励推行科学的质量管理方法，采用先进的科学技术，鼓励企业产品质量达到并且超过行业标准、国家标准和国际标准。

对产品质量管理先进和产品质量达到国际先进水平、成绩显著的单位和个人，给予奖励。

第七条 各级人民政府应当把提高产品质量纳入国民经济和社会发展规划，加强对产品质量工作的统筹规划和组织领导，引导、督促生产者、销售者加强产品质量管理，提高产品质量，组织各有关部门依法采取措施，制止产品生产、销售中违反本法规定的行为，保障本法的施行。

第八条 国务院产品质量监督部门主管全国产品质量监督工作。国务院有关部门在各自的职责范围内负责产品质量监督工作。

县级以上地方产品质量监督部门主管本行政区域内的产品质量监督工作。县级以上地方人民政府有关部门在各自的职责范围内负责产品质量监督工作。

法律对产品质量的监督部门另有规定的，依照有关法律的规定执行。

第九条 各级人民政府工作人员和其他国家机关工作人员不得滥用职权、玩忽职守或者徇私舞弊，包庇、放纵本地区、本系统发生的产品生产、销售中违反本法规定的行为，或者阻挠、干预依法对产品生产、销售中违反本法规定的行为进行查处。

各级地方人民政府和其他国家机关有包庇、放纵产品生产、销售中违反本法规定的行为的，依法追究其主要负责人的法律责任。

第十条 任何单位和个人有权对违反本法规定的行为，向产品质量监督部门或者其他有关部门检举。

产品质量监督部门和有关部门应当为检举人保密，并按照省、自治区、直辖市人民政府的规定给予奖励。

第十一条 任何单位和个人不得排斥非本地区或者非本系统企业生产的质量合格产品进入本地区、本系统。

第二章 产品质量的监督

第十二条 产品质量应当检验合格，不得以不合格产品冒充合格产品。

第十三条 可能危及人体健康和人身、财产安全的工业产品，必须符合保障人体健康和人身、财产安全的国家标准、行业标准；未制定国家标准、行业标准的，必须符合保障人体健康和人身、财产安全的要求。

禁止生产、销售不符合保障人体健康和人身、财产安全的标准和要求的工业产品。具体管理办法由国务院规定。

第十四条 国家根据国际通用的质量管理标准，推行企业质量体系认证制度。企业根据自愿原则可以向国务院产品质量监督部门认可的或者国务院产品质量监督部门授权的部门认可的认证机构申请企业质量体系认证。经认证合格的，由认证机构颁发企业质量体系认证证书。

国家参照国际先进的产品标准和技术要求，推行产品质量认证制度。企业根据自愿原则可以向国务院产品质量监督部门认可的或者国务院产品质量监督部门授权的部门认可的认证机构申请产品质量认证。经认证合格的，由认证机构颁发产品质量认证证书，准许企业在产品或者其包装上使用产品质量认证标志。

第十五条 国家对产品质量实行以抽查为主要方式的监督检查制度，对可能危及人体健康和人身、财产安全的产品，影响国计民生的重要工业产品以及消费者、有关组织反映有质量问题的产品进行抽查。抽查的样品应当在市场上或者企业成品仓库内的待销产品中随机抽取。监督抽查工作由国务院产品质量监督部门规划和组织。县级以上地方产品质量监督部门在本行政区域内也可以组织监督抽查。法律对产品质量的监督检查另有规定的，依照有关法律的规定执行。

国家监督抽查的产品，地方不得另行重复抽查；上级监督抽查的产品，下级不得另行重复抽查。

根据监督抽查的需要，可以对产品进行检验。检验抽取样品的数量不得超过检验的合理需要，并不得向被检查人收取检验费用。监督抽查所需检验费用按照国务院规定列支。

生产者、销售者对抽查检验的结果有异议的，可以自收到检验结果之日起十五日内向实施监督抽查的产品质量监督部门或者其上级产品质量监督部门申请复检，由受理复检的产品质量监督部门作出复检结论。

第十六条 对依法进行的产品质量监督检查，生产者、销售者不得拒绝。

第十七条 依照本法规定进行监督抽查的产品质量不合格的，由实施监督抽查的产品质量监督部门责令其生产者、销售者限期改正。逾期不改正的，由省级以上人民政府产品质量监督部门予以公告；公告后经复查仍不合格的，责令停业，限期整顿；整顿期满后经复查产品质量仍不合格的，吊销营业执照。

监督抽查的产品有严重质量问题的，依照本法第五章的有关规定处罚。

第十八条 县级以上产品质量监督部门根据已经取得的违法嫌疑证据或者举报，对涉嫌违反本法规定的行为进行查处时，可以行使下列职权：

（一）对当事人涉嫌从事违反本法的生产、销售活动的场所实施现场检查；

（二）向当事人的法定代表人、主要负责人和其他有关人员调查、了解与涉嫌从事违反本法的生产、销售活动有关的情况；

（三）查阅、复制当事人有关的合同、发票、账簿以及其他有关资料；

（四）对有根据认为不符合保障人体健康和人身、财产安全的国家标准、行业标准的产品或者有其他严重质量问题的产品，以及直接用于生产、销售该项产品的原辅材料、包装物、生产工具，予以查封或者扣押。

县级以上工商行政管理部门按照国务院规定的职责范围，对涉嫌违反本法规定的行为进行查处时，可以行使前款规定的职权。

第十九条 产品质量检验机构必须具备相应的检测条件和能力，经省级以上人民政府产品质量监督部门或者其授权的部门考核合格后，方可承担产品质量检验工作。法律、行政法规对产品质量检验机构另有规定的，依照有关法律、行政法规的规定执行。

第二十条 从事产品质量检验、认证的社会中介机构必须依法设立，不得与行政机关和其他国家机关存在隶属关系或者其他利益关系。

第二十一条 产品质量检验机构、认证机构必须依法按照有关标准，客观、公正地出具检验结果或者认证证明。

产品质量认证机构应当依照国家规定对准许使用认证标志的产品进行认证后的跟踪检查；对不符合认证标准而使用认证标志的，要求其改正；情节严重的，取消其使用认证标志的资格。

第二十二条 消费者有权就产品质量问题，向产品的生产者、销售者查询；向产品质量监督部门、工商行政管理部门及有关部门申诉，接受申诉的部门应当负责处理。

第二十三条 保护消费者权益的社会组织可以就消费者反映的产品质量问题建议有关部门负责处理，支持消费者对因产品质量造成的损害向人民法院起诉。

第二十四条 国务院和省、自治区、直辖市人民政府的产品质量监督部门应当定期发布其监督抽查的产品的质量状况公告。

第二十五条 产品质量监督部门或者其他国家机关以及产品质量检验机构不得向社会推荐生产者的产品；不得以对产品进行监制、监销等方式参与产品经营活动。

第三章 生产者、销售者的产品质量责任和义务

第一节 生产者的产品质量责任和义务

第二十六条 生产者应当对其生产的产品质量负责。

产品质量应当符合下列要求：

（一）不存在危及人身、财产安全的不合理的危险，有保障人体健康和人身、财产安全的国家标准、行业标准的，应当符合该标准；

（二）具备产品应当具备的使用性能，但是，对产品存在使用性能的瑕疵作出说明的除外；

（三）符合在产品或者其包装上注明采用的产品标准，符合以产品说明、实物样品等方式表明的质量状况。

第二十七条 产品或者其包装上的标识必须真实，并符合下列要求：

（一）有产品质量检验合格证明；

（二）有中文标明的产品名称、生产厂厂名和厂址；

（三）根据产品的特点和使用要求，需要标明产品规格、等级、所含主要成分的名称和含量的，用中文相应予以标明；需要事先让消费者知晓的，应当在外包装上标明，或者预先向消费者提供有关资料；

（四）限期使用的产品，应当在显著位置清晰地标明生产日期和安全使用期或者失效日期；

（五）使用不当，容易造成产品本身损坏或者可能危及人身、财产安全的产品，应当有警示标志或者中文警示说明。

裸装的食品和其他根据产品的特点难以附加标识的裸装产品，可以不附加产品标识。

第二十八条 易碎、易燃、易爆、有毒、有腐蚀性、有放射性等危险物品以及储运中不能倒置和其他有特殊要求的产品，其包装质量必须符合相应要求，依照国家有关规定作出警示标志或者中文警示说明，标明储运注意事项。

第二十九条 生产者不得生产国家明令淘汰的产品。

第三十条 生产者不得伪造产地，不得伪造或者冒用他人的厂名、厂址。

第三十一条 生产者不得伪造或者冒用认证标志等质量标志。

第三十二条 生产者生产产品，不得掺杂、掺假，不得以假充真、以次充好，不得以不合格产品冒充合格产品。

第二节 销售者的产品质量责任和义务

第三十三条 销售者应当建立并执行进货检查验收制度，验明产品合格证明和其他标识。

第三十四条 销售者应当采取措施，保持销售产品的质量。

第三十五条 销售者不得销售国家明令淘汰并停止销售的产品和失效、变质的产品。

第三十六条 销售者销售的产品的标识应当符合本法第二十七条的规定。

第三十七条 销售者不得伪造产地，不得伪造或者冒用他人的厂名、厂址。

第三十八条 销售者不得伪造或者冒用认证标志等质量标志。

第三十九条 销售者销售产品，不得掺杂、掺假，不得以假充真、以次充好，不得以不合格产品冒充合格产品。

第四章 损害赔偿

第四十条 售出的产品有下列情形之一的，销售者应当负责修理、更换、退货；给购买产品的消费者造成损失的，销售者应当赔偿损失：

（一）不具备产品应当具备的使用性能而事先未作说明的；

（二）不符合在产品或者其包装上注明采用的产品标准的；

（三）不符合以产品说明、实物样品等方式表明的质量状况的。

销售者依照前款规定负责修理、更换、退货、赔偿损失后，属于生产者的责任或者属于向销售者提供产品的其他销售者（以下简称供货者）的责任的，销售者有权向生产者、供货者追偿。

销售者未按照第一款规定给予修理、更换、退货或者赔偿损失的，由产品质量监督部门或者工商行政管理部门责令改正。

生产者之间，销售者之间，生产者与销售者之间订立的买卖合同、承揽合同有不同约定的，合同当事人按照合同约定执行。

第四十一条 因产品存在缺陷造成人身、缺陷产品以外的其他财产（以下简称他人财产）损害的，生产者应当承担赔偿责任。

生产者能够证明有下列情形之一的，不承担赔偿责任：

（一）未将产品投入流通的；

（二）产品投入流通时，引起损害的缺陷尚不存在的；

（三）将产品投入流通时的科学技术水平尚不能发现缺陷的存在的。

第四十二条 由于销售者的过错使产品存在缺陷，造成人身、他人财产损害的，销售者应当承担赔偿责任。

销售者不能指明缺陷产品的生产者也不能指明缺陷产品的供货者的，销售者应当承担赔偿责任。

第四十三条 因产品存在缺陷造成人身、他人财产损害的，受害人可以向产品的生产者要求赔偿，也可以向产品的销售者要求赔偿。属于产品的生产者的责任，产品的销售者赔偿的，产品的销售者有权向产品的生产者追偿。属于产品销售者的责任，产品的生产者赔偿的，产品的生产者有权向产品的销售者追偿。

第四十四条 因产品存在缺陷造成受害人人身伤害的，侵害人应当赔偿医疗费、治疗期间的护理费、因误工减少的收入等费用；造成残疾的，还应当支付残疾者生活自助具费、生活补助费、残疾赔偿金以及由其扶养的人所必需的生活费等费用；造成受害人死亡的，并应当支付丧葬费、死亡赔偿金以及由死者生前扶养的人所必需的生活费等费用。

因产品存在缺陷造成受害人财产损失的，侵害人应当恢复原状或者折价赔偿。受害人因此遭受其他重大损失的，侵害人应当赔偿损失。

第四十五条 因产品存在缺陷造成损害要求赔偿的诉讼时效期间为二年，自当事人知道或者应当知道其权益受到损害时起计算。

因产品存在缺陷造成损害要求赔偿的请求权，在造成损害的缺陷产品交付最初消费者满十年丧失；但是，尚未超过明示的安全使用期的除外。

第四十六条 本法所称缺陷，是指产品存在危及人身、他人财产安全的不合理的危险；产品有保障人体健康和人身、财产安全的国家标准、行业标准的，是指不符合该标准。

第四十七条 因产品质量发生民事纠纷时，当事人可以通过协商或者调解解决。当事人不愿通过协商、调解解决或者协商、调解不成的，可以根据当事人各方的协议向仲裁机构申请仲裁；当事人各方没有达成仲裁协议或者仲裁协议无效的，可以直接向人民法院起诉。

第四十八条 仲裁机构或者人民法院可以委托本法第十九条规定的产品质量检验机构，对有关产品质量进行检验。

第五章 罚 则

第四十九条 生产、销售不符合保障人体健康和人身、财产安全的国家标准、行业标准的产品的，责令停止生产、销售，没收违法生产、销售的产品，并处违法生产、销售产品（包括已售出和未售出的产品，下同）货值金额等值以上三倍以下的罚款；有违法所得的，并处没收违法所得；情节严重的，吊销营业执照；构成犯罪的，依法追究刑事责任。

第五十条 在产品中掺杂、掺假，以假充真，以次充好，或者以不合格产品冒充合格产品的，责令停止生产、销售，没收违法生产、销售的产品，并处违法生产、销售产品货值金额百分之五十以上三倍以下的罚款；有违法所得的，并处没收违法所得；情节严重的，吊销营业执照；构成犯罪的，依法追究刑事责任。

第五十一条 生产国家明令淘汰的产品的，销售国家明令淘汰并停止销售的产品的，责令停止生产、销售，没收违法生产、销售的产品，并处违法生产、销售产品货值金额等值以下的罚款；有违法所得的，并处没收违法所得；情节严重的，吊销营业执照。

第五十二条 销售失效、变质的产品的，责令停止销售，没收违法销售的产品，并处违法销售产品货值金额二倍以下的罚款；有违法所得的，并处没收违法所得；情节严重的，吊销营业执照；构成犯罪的，依法追究刑事责任。

第五十三条 伪造产品产地的，伪造或者冒用他人厂名、厂址的，伪造或者冒用认证标志等质量标志的，责令改正，没收违法生产、销售的产品，并处违法生产、销售产品货值金额等值以下的罚款；有违法所得的，并处没收违法所得；情节严重的，吊销营业执照。

第五十四条 产品标识不符合本法第二十七条规定的，责令改正；有包装的产品标识不符合本法第二十七条第（四）项、第（五）项规定，情节严重的，责令停止生产、销售，并处违法生产、销售产品货值金额百分之三十以下的罚款；有违法所得的，并处没收违法所得。

第五十五条 销售者销售本法第四十九条至第五十三条规定禁止销售的产品，有充分证据证明其不知道该产品为禁止销售的产品并如实说明其进货来源的，可以从轻或者减轻处罚。

第五十六条 拒绝接受依法进行的产品质量监督检查的，给予警告，责令改正；拒不改正的，责令停业整顿；情节特别严重的，吊销营业执照。

第五十七条 产品质量检验机构、认证机构伪造检验结果或者出具虚假证明的，责令改正，对单位处五万元以上十万元以下的罚款，对直接负责的主管人员和其他直接责任人员处一万元以上五万元以下的罚款；有违法所得的，并处没收违法所得；情节严重的，取消其检验资格、认证资格；构成犯罪的，依法追究刑事责任。

产品质量检验机构、认证机构出具的检验结果或者证明不实，造成损失的，应当承担相应的赔偿责任；造成重大损失的，撤销其检验资格、认证资格。

产品质量认证机构违反本法第二十一条第二款的规定，对不符合认证标准而使用认证标志的产品，未依法要求其改正或者取消其使用认证标志资格的，对因产品不符合认证标准给消费者造成的损失，与产品的生产者、销售者承担连带责任；情节严重的，撤销其认证资格。

第五十八条 社会团体、社会中介机构对产品质量作出承诺、保证，而该产品又不符合其承诺、保证的质量要求，给消费者造成损失的，与产品的生产者、销售者承担连带责任。

第五十九条 在广告中对产品质量作虚假宣传，欺骗和误导消费者的，依照《中华人民共和国广告法》的规定追究法律责任。

第六十条 对生产者专门用于生产本法第四十九条、第五十一条所列的产品或者以假充真的产品的原辅材料、包装物、生产工具，应当予以没收。

第六十一条 知道或者应当知道属于本法规定禁止生产、销售的产品而为其提供运输、保管、仓储等便利条件的，或者为以假充真的产品提供制假生产技术的，没收全部运输、保管、仓储或者提供制假生产技术的收入，并处违法收入百分之五十以上三倍以下的罚款；构成犯罪的，依法追究刑事责任。

第六十二条 服务业的经营者将本法第四十九条至第五十二条规定禁止销售的产品用于经营性服务的，责令停止使用；对知道或者应当知道所使用的产品属于本法规定禁止销售的产品的，按照违法使用的产品（包括已使用和尚未使用的产品）的货值金额，依照本法对销售者的处罚规定处罚。

第六十三条 隐匿、转移、变卖、损毁被产品质量监督部门或者工商行政管理部门查封、扣押的物品的，处被隐匿、转移、变卖、损毁物品货值金额等值以上三倍以下的罚款；有违法所得的，并处没收违法所得。

第六十四条 违反本法规定，应当承担民事赔偿责任和缴纳罚款、罚金，其财产不足以同时支付时，先承担民事赔偿责任。

第六十五条 各级人民政府工作人员和其他国家机关工作人员有下列情形之一的，依法给予行政处分；构成犯罪的，依法追究刑事责任：

（一）包庇、放纵产品生产、销售中违反本法规定行为的；

（二）向从事违反本法规定的生产、销售活动的当事人通风报信，帮助其逃避查处的；

（三）阻挠、干预产品质量监督部门或者工商行政管理部门依法对产品生产、销售中违反本法规定的行为进行查处，造成严重后果的。

第六十六条 产品质量监督部门在产品质量监督抽查中超过规定的数量索取样品或者向被检查人收取检验费用的，由上级产品质量监督部门或者监察机关责令退还；情节严重的，对直接负责的主管人员和其他直接责任人员依法给予行政处分。

第六十七条 产品质量监督部门或者其他国家机关违反本法第二十五条的规定，向社会推荐生产者的产品或者以监制、监销等方式参与产品经营活动的，由其上级机关或者监察机关责令改正，消除影响，有违法收入的予以没收；情节严重的，对直接负责的主管人员和其他直接责任人员依法给予行政处分。

产品质量检验机构有前款所列违法行为的，由产品质量监督部门责令改正，消除影响，有违法收入的予以没收，可以并处违法收入一倍以下的罚款；情节严重的，撤销其质量检验资格。

第六十八条 产品质量监督部门或者工商行政管理部门的工作人员滥用职权、玩忽职守、徇私舞弊，构成犯罪的，依法追究刑事责任；尚不构成犯罪的，依法给予行政处分。

第六十九条 以暴力、威胁方法阻碍产品质量监督部门或者工商行政管理部门的工作人员依法执行职务的，依法追究刑事责任；拒绝、阻碍未使用暴力、威胁方法的，由公安机关依照治安管理处罚条例的规定处罚。

第七十条 本法规定的吊销营业执照的行政处罚由工商行政管理部门决定，本法第四十九条至第五十七条、第六十条至第六十三条规定的行政处罚由产品质量监督部门或者工商行政管理部门按照国务院规定的职权范围决定。法律、行政法规对行使行政处罚权的机关另有规定的，依照有关法律、行政法规的规定执行。

第七十一条 对依照本法规定没收的产品，依照国家有关规定进行销毁或者采取其他方式处理。

第七十二条 本法第四十九条至第五十四条、第六十二条、第六十三条所规定的货值金额以违法生产、销售产品的标价计算；没有标价的，按照同类产品的市场价格计算。

第六章 附 则

第七十三条 军工产品质量监督管理办法，由国务院、中央军事委员会另行制定。

因核设施、核产品造成损害的赔偿责任，法律、行政法规另有规定的，依照其规定。

第七十四条 本法自 2000 年 9 月 1 日起施行。

4.7 建筑装饰装修管理规定

第一章 总 则

第一条 为了加强对建筑装饰装修的管理，促进建筑装饰装修业的发展，保障建筑装饰装修活动当事人的合法权益，确保公共安全，制订本规定。

第二条 凡新建、扩建、改建工程和对原有房屋等建筑物、构筑物进行装饰装修的，均适用本规定。具有文物保护价值的建筑、古建筑的装饰装修，依照有关规定执行。本规定所称的建筑装饰装修，是指为使建筑物、构筑物内、外空间达到一定的环境质量要求，使用装饰装修材料，对建筑物、构筑物外表和内部进行修饰处理的工程建筑活动。本规定所称原有房屋，是指已取得房屋所有权证书并已投入使用的各类房屋。

第三条 房屋所有权人、使用人、建筑装饰装修设计单位、施工单位、质量安全监督单位、建设监理单位、房屋安全鉴定单位等，均应当遵守本规定。

第四条 建筑装饰装修应当做到安全适用、优化环境、经济合理，并符合城市规划、消防、供电、环保等有关规定和标准第五条国务院建设行政主管部门归口管理全国的建筑装饰装修工作。县级别以上地方人民政府建设行政主管部门归口管理本行政区域内的建筑装饰装修工作。

第二章　建筑装饰装修工程的报建许可

第五条　新建建设项目的装饰装修工程与主体建筑共同发包的，执行建设部《工程建设报建管理办法》。独立发包的大中型建设项目的装饰装修工程、工艺要求高、工程量大的装饰装修工程，可参照执行建设部《工程建设报建管理办法》。

第六条　原有房屋的使用人装饰装修房屋，应征得房屋所有权人同意，并签订协议。协议中应明确装饰装修后的修缮、拆适和补偿等内容。

第七条　原有房屋装饰装修时，凡涉及拆改主体结构和明显加大荷载的，应当按照下列办法办理：

（一）房屋所有权人、使用人必须向房屋所在地的房地产行政主管部门提出申请，并由房屋安全鉴定单位对装饰装修方案的使用安全进行审定。房地产行政主管部门应当自受理房屋装饰装修申请之日起 20 日内决定是否予以批准。

（二）房屋装饰装修申请人持批准书向建设行政主管部门办理报建手续，并领取施工许可证。

第八条　建设单位按照工程建设质量安全监督管理的有关规定，到工程所在地的质量安全监督部门办理建筑装饰装修工程质量安全监督手续。

4.8　工程建设项目实施阶段程序管理暂行规定

【颁布单位】　建设部

【颁布日期】　1995.07.29

【实施日期】　1995.07.29

【文号】　建建（1995）第 494 号

第一条　为加强建筑市场管理，规范工程建设项目实施程序，维护建筑市场的正常秩序，根据国家有关法律、法规，制定本规定。

第二条　本规定所称工程建设项目实施阶段程序，是指土木建筑工程，线路、管道及设备安装工程，建筑装修装饰工程等新建、扩建、改建活动的施工准备阶段、施工阶段、竣工阶段应遵循的有关工作步骤。

第三条　凡在我国境内投资兴建的工程建设项目，包括外国独资，中外合资、合作的工程建设项目，除法律、法规另有规定外，均应遵守本规定。

第四条　施工准备阶段分为工程建设项目报建、委托建设监理、招标投标、施工合同签订；施工阶段分为建设工程施工许可证领取、施工；竣工阶段分为竣工验收及期内保修。

工程建设项目报建表示项目前期工作结束，施工准备阶段开始；取得工程建设项目施工许可证表示施工准备阶段结束，施工阶段开始；竣工验收表示施工阶段结束，竣工阶段开始；保修期限届满，全部工程建设项目实施阶段程序结束。

第五条　建设单位或其代理机构在工程建设项目可行性研究报告或其他立项文件批准后须向当地建设行政主管部门或其授权机构进行报建，交验工程建设项目立项的批准文件，包括银行出具的资信证明及批准的建设用地等其他有关文件。

工程建设项目报建的具体程序，按建设部建建［1994］482 号文《工程建设项目报建管理办法》的规定执行。

第六条　建设单位应当具备管理其工程建设项目的能力。凡不具备相应管理能力的，需委托具有相应资质的建设监理单位或其他机构承包工程建设项目的管理工作。

第七条　工程建设项目施工，除某些不适宜招标的特殊工程建设项目外，均需实行招标投标。施工招标可采取公开招标、邀请招标、议标的方式。

工程建设项目的施工招标投标，按建设部第 23 号令《工程建设施工招标投标管理办法》的规定执行。

第八条 建设单位和承包单位必须签订工程建设项目承包（施工）合同。总承包企业将承包的工程建设项目分包给其他单位时，应当签订分包合同。分包合同与总承包合同的约定应当一致；不一致的，以总承包合同为准。

工程建设项目施工合同的签订，应参照使用国家工商行政管理局、建设部制订的《建设工程施工合同》（GF－91－0201）示范文本，并严格执行建建［1993］78号文《建设工程施工合同管理办法》的规定。

第九条 建设单位必须在开工前向工程建设项目所在地县级以上人民政府建设行政主管部门或其授权的部门办理工程建设项目施工许可证手续。未取得施工许可证的，不得开工。

施工许可证的办理及管理，按照建设部第15号令《建设工程施工现场管理规定》的规定执行。

第十条 承包工程建设项目的建筑业企业必须持有资质证书，并在资质许可的业务范围内承揽工程。在中国境内承包工程的外国企业的资质管理，按照建设部第32号令《在中国境内承包工程的外国企业资质管理暂行办法》的有关规定执行。

建筑业企业项目经理必须持有资质证书，并在资质许可的业务范围内履行项目经理职责。项目经理的资质管理，按照建设部建建［1995］1号文《建筑施工企业项目经理资质管理办法》的规定执行。

第十一条 建设单位向承包工程建设项目的建筑业企业发送设计文件后，承包单位应组织有关人员认真学习。在设计文件送出一个月内，由建设单位牵头组织设计、承包单位等参加的技术交底，并写出会议纪要。

第十二条 建筑业企业应严格按照有关法律、法规和工程建设技术标准的规定，编制施工组织设计，制定质量、安全、技术、文明施工等各项保证措施，确保工程质量、施工安全和现场文明施工。

第十三条 建筑业企业必须严格按照批准的设计文件、施工合同和国家现行的施工及验收规范进行工程建设项目施工。施工中若需变更设计，应按有关规定和程序进行，不得擅自变更。

第十四条 建设、监理、勘察设计、施工单位和建筑材料、构配件及设备生产供应单位，应按照建设部第29号令《建设工程质量管理办法》的规定承担工程质量责任。

第十五条 建筑业企业应按照建设部第15号令《建设工程施工现场管理规定》的规定，加强施工现场管理。

第十六条 建筑业企业应按照国务院第75号令《企业职工伤亡事故报告和处理规定》、建设部第3号令《工程建设重大事故报告和调查程序规定》的规定，认真报告、调查和处理所承包工程建设项目在施工过程中发生的职工伤亡事故。

第十七条 工程质量监督机构应按照建设部（90）建建字第151号文《建设工程质量监督管理规定》的规定，认真履行职责，加强工程质量监督管理。

施工安全监督机构应按照建设部第13号令《建筑安全生产监督管理规定》的规定，加强施工安全的监督管理。

第十八条 工程建设项目施工阶段结束后，应按照国家计委计建设［1990］1215号文《建设项目（工程）竣工验收办法》的规定，及时组织竣工验收，并办理固定资产移交手续。

工程建设项目经竣工验收符合要求后，建设单位应尽快与建筑业企业办理工程结算，不得以任何理由拖欠建筑业企业的工程款。

第十九条 工程建设项目保修期限是指从竣工验收交付使用日起，对出现的质量缺陷承担保修和赔偿责任的年限。

除特殊情况或合同另有约定外，保修期限、返修和损害赔偿按建设部第29号令《建设工程质量管理办法》的规定执行。

第二十条 凡违反工程建设项目实施程序管理规定的，按照有关法律、法规、规章的规定对责任者处罚。

第二十一条 各省、自治区、直辖市人民政府建设行政主管部门和国务院各有关部门，可根据本规定，结合实际情况制定实施办法或细则，并报建设部备案。

第二十二条 本规定自颁发之日起施行。

4.9 基本建设设计工作管理暂行办法

颁布日期 1983.10.04

实施日期 1983.10.04

颁布单位 国家计委

第一章 设计工作原则

第一条 要遵守国家的法律、法规，贯彻执行国家经济建设的方针、政策和基本建设程序，特别应贯彻执行提高经济效益和促进技术进步的方针。

第二条 要从全局出发，正确处理工业与农业、工业内部、沿海与内地、城市与乡村、远期与近期、平时与战时、技改与新建、生产与生活、安全质量与经济效益等方面的关系。

第三条 要根据国家有关规定和工程的不同性质、不同要求，从我国实际情况出发，合理确定设计标准。对生产工艺、主要设备和主体工程要做到先进、适用、可靠。对非生产性的建设，应坚持适用、经济、在可能条件下注意美观的原则。

第四条 要实行资源的综合利用。根据国家需要、技术可能和经济合理的原则，充分考虑矿产、能源、水、农、林、牧、渔等资源的综合利用。

第五条 要节约能源。在工业建设项目设计中，要选用耗能少的生产工艺和设备；在民用建设项目中，也要采取节约能源措施。要提倡区域性供热，重视余热利用。

第六条 要保护环境。在进行各类工程设计时，应积极改进工艺，采用行之有效的技术措施，防止粉尘、毒物、废水、废气、废渣、噪声、放射性物质及其他有害因素对环境的污染，并进行综合治理和利用，使设计符合国家规定的标准。

第七条 要注意专业化和协作。建设项目应根据专业化和协作的原则进行建设，其辅助生产设施、公用设施、运输设施以及生活福利设施等，都应尽可能同邻近有关单位密切协作。

第八条 要节约用地。一切工程建设，都必须因地制宜，提高土地利用率。建设项目的厂址选择，应尽量利用荒地、劣地，不占或少占耕地。总平面的布置，要紧凑合理。

第九条 要合理使用劳动力。在建设项目的设计中，要合理选择工艺流程、设备、线路，合理组织人流、物流，合理确定生产和非生产定员。

第十条 要立足于自力更生。引进国外先进技术必须符合我国国情，着眼于提高国内技术水平和制造能力。凡引进技术、进口关键设备能满足需要的，就不应引进成套项目；凡能自行设计或合作设计的，就不应委托或单独依靠国外设计。

第二章 设计工作程序

第十一条 设计工作程序包括参加建设项目的决策，编制各个阶段设计文件，配合施工和参加验收、进行总结的全过程。

第十二条 设计单位要承担和参加建设前期工作，根据主管部门提出的委托书进行可行性研究。参加设计任务书的编制、厂址选择和工程设计所需的科学试验，并根据上级下达的设计任务书编制设计文件。

第十三条 建设项目一般按初步设计、施工图设计两个阶段进行；技术上复杂的建设项目，根据主管部门的要求，可按初步设计、技术设计和施工图设计三个阶段进行。小型建设项目中技术简单的，经主管部门同意，在简化的初步设计确定后，就可做施工图设计。

对有些牵涉面广的大型矿区、油田、林区、垦区和联合企业等建设项目，应做总体设计。

初步设计文件，应根据批准的可行性研究报告、设计任务书和可靠的设计基础资料进行编制。初步设计和总概算经批准后，是确定建设项目的投资额，编制固定资产投资计划，签订建设工程总包合同、贷款总合同，实行投资包干，控制建设工程拨款，组织主要设备订货，进行施工准备以及编制技术设计文件（或施工图设计文件）等的依据。

技术设计文件，应根据批准的初步设计文件进行编制。技术设计和修正总概算经批准后，是建设工程拨款和编制施工图设计文件等的依据。

施工图设计文件，应根据批准的初步设计文件（或技术设计文件）和主要设备订货情况进行编制，并据以指导施工。施工图预算经审定后，即作为预算包干、工程结算等的依据。

第十四条 设计单位应积极配合施工，负责交代设计意图，解释设计文件，及时解决施工中设计文件出现的问题，参加试运转，参加竣工验收、投产，进行总结。对于大中型工业项目和大型复杂的民用工程，应派现场设计代表并参加隐蔽工程验收。

第三章 计划管理

第十五条 国家计划委员会负责组织编制大中型建设项目年度设计进度计划。各有关部门和各省、市、自治区主管基建的综合部门，应根据国家的中长期计划和建设项目前期工作计划、编制本部门、本地区大中型基本建设项目年度设计进度计划，上报国家计委综合平衡后下达。

第十六条 设计单位应根据上级下达的年度设计进度计划和主要技术经济考核指标，结合本单位任务情况，编制年度设计工作计划。承接上级下达任务之外的建设工程设计任务，也应列入本单位的年度设计工作计划。

第十七条 国家计划委员会，有关部门和各省、市、自治区主管基建的综合部门，应加强对设计计划执行情况的督促检查，并帮助解决执行中存在的问题。

第十八条 设计单位应根据上级的要求，明确规定本单位的设计进度、工作量、优良品率、劳动生产率、作业率、出勤率等计划考核指标，并应做好统计分析工作，制定切实措施，保证全面完成计划。

第十九条 设计周期定额和设计定额是设计工作计划管理的重要依据。设计单位应认真积累资料，编制设计周期定额和各种设计定额。在此基础上，各有关部门应组织编制专业设计周期定额和设计定额，作为编制设计工作计划和考核设计工作效率的基础。

第四章 质量管理

第二十条 设计单位必须对全体职工进行“质量第一”的教育、建立、健全设计质量管理制度，逐步推行全面质量管理，不断提高设计质量。

编制设计文件要认真抓好事前指导、中间检查、成品校审、质量评定等环节，做到：设计基础资料齐全准确，遵守设计工作原则，各专业采用的技术条件一致，采用的新技术行之有效，选用的设备性能优良，计算依据齐全可靠，计算结果准确，正确地执行现行的标准规范，各个阶段设计文件的内容、深度符合国家规定，设计合理，综合经济效益好。

设计单位必须及时收集施工中和投产后对设计质量的意见，进行分析研究，不断改进设计工作，提高设计质量。

第二十一条 设计单位必须建立、健全各级、各类人员岗位责任制，严格执行，加强管理，做到工作有秩序，进度有控制，质量有保证。

第二十二条 各级主管部门必须根据国家规定的审批办法，对设计文件进行严格的审批，不得下放审批权限。

第二十三条 开展创优秀设计活动，是加强质量管理提高设计水平的有效措施之一。有关部门应根据国家优秀设计必须具备的条件，结合部门的特点。分别制定本部门的优秀设计具体标准，作为“创优”的目标，并逐步充实、完善。设计单位要制定创优秀设计的规划和措施，保证这项活动广泛深入地开展。

第二十四条 设计单位要经常开展设计方案竞赛和多种多样的技术业务、基础工作和基本功的评比活动，各地、各部也要组织这类活动，以促进设计质量的提高。

第五章 设计技术水平

第二十五条 主管部门和设计单位应根据国家科学技术进步的总目标，在设计中积极开发和认真采用先进技术，不断提高设计技术水平。

主管部门应根据国家科学技术长远计划和专业技术发展规划，编制本部门的设计科研、技术开发和消化引进技术计划，组织力量，有重点、有步骤地实施。

设计单位应根据上级下达的任务和工程设计的需要，编制本单位的科研、技术开发和消化引进技术计划。

第二十六条 主管部门在制定技术政策和技术发展规划时，应鼓励新技术、新工艺、新设备、新材料的推广运用。对重要的技术开发项目，应统一组织设计、科研、大专院校、生产和设备制造等单位，联合攻关，共同开发新技术，通过试验取得工程放大的条件和设计数据，并落实新材料的生产和新设备的制造，使已经过关的新技术成果用于设计。

有条件的设计单位应积极开展科研工作，安排那些工程上需要而设计单位可以承担的项目，进行试验研究。取得的成果必须经过鉴定，有的还应经过试点工程证明行之有效，才能在设计中广泛采用。这些设计单位应根据工作需要和可能，逐步添置必要的测试设备，创造必要的试验条件，有的可结合生产厂建立试验场所。

设计单位应有计划地深入到生产、建设现场中去，汲取技术革新成果，经过分析提高，用于新的设计。

第二十七条 主管部门从国外引进与工程建设有关的技术或进口设备，应该组织有关的设计单位参加考察、谈判、设计直到建成投产的全过程，充分发挥设计工作的作用。设计单位必须选择有实践经验、有一定技术水平的人员参加这项工作。对所取得的技术和有关情报资料，要及时整理，并由主管部门组织交流。

对已引进的国外先进技术，主管部门要组织科研、设计、设备制造和生产单位共同进行消化吸收工作。设计单位应积极参加，努力掌握先进技术，并在设计中采用。

第二十八条 加强设计情报工作，是提高设计水平的重要手段。主管部门和设计单位必须逐步充实情报人员，建立健全设计情报中心和协作网，组织专业情报人员与广大设计人员，紧密结合设计工作的需要，认真做好情报的搜集、整理、分析和研究工作、为领导作好参谋，为设计人员当好耳目。

第二十九条 主管部门应积极扶持设计单位不断提高设计装备水平，改变落后面貌，提高设计工作效率和质量。

设计机具、仪器及纸张等用品，是设计单位必备的生产手段，不属于行政办公用品，有关部门在专项物资审批和供应时要给予支持。

第三十条 设计单位要加强设计技术档案管理工作，完整地保存和科学地管理设计技术档案。逐步地把技术档案和资料数据库建立起来，充分发挥设计技术档案的作用。

第六章 经济分析和概预算工作

第三十一条 加强设计经济分析和概预算工作是提高工程建设经济效益的重要措施。主管部门和设计单位必须做好工程建设的可行性研究和初步设计中的经济分析，设计概预算及其基础工作。设计人员应加强经济观念，把技术和经济密切结合起来。

第三十二条 主管部门和设计单位应建立健全可行性研究和初步设计的经济分析工作制度，明确规定其主要内容、深度、作用、编制方法及其所需要的依据资料。

设计单位要采取有效措施。做好建设项目可行性研究、厂址选择和初步设计的技术经济分析比较，选择最佳的方案。

第三十三条 必须改进工程建设概预算工作。

初步设计阶段，必须编制总概算。施工图设计阶段，必须编制预算，采用三个阶段设计的技术设计阶段，必须编制修正总概算。

各个设计阶段概预算的编制工作，均由设计单位负责。设计深度应满足编制概预算的要求。

总概算是初步设计文件的重要组成部分。各主管部门在审批初步设计的同时，必须认真审批总概算。

总概算经批准后，各有关部门和有关单位，都应认真执行，维护概算的严肃性，不得任意突破。

施工图预算经审定后，在执行中，由于变更设计所引起的造价增减，应经设计单位同意。

第三十四条 设计单位应建立积累工程建设技术经济定额、指标档案资料的制度。本单位设计的建设工程竣工后，应及时收集、整理技术经济定额、指标等档案资料，进行必要的分析研究，为做好设计经济分析和概预算工作提供依据。

第三十五条 有关部和各省、市、自治区主管基建的综合部门应建立、健全专门的管理机构，负责工程建设经济分析、概预算及其基础工作的管理和研究工作。

有关部和各省、市、自治区主管部门，应选择有关大专院校和中专学校设置工程建设技术经济专业，并积极办好培训班，培养这方面的人才，以充实主管部门和设计单位技术经济队伍。

第七章 设计标准化

第三十六条 工程建设设计标准规范和标准设计，是设计标准化的重要组成部分。各类工程建设的设计都必须制定相应的标准规定；各类工程建设的构配件（零部件），通用的构筑物、建筑物、公用设施以及单项工程等，凡有条件的都应编制标准设计。

制定或修订设计标准规范和标准设计，必须贯彻执行国家的技术经济政策，密切结合自然条件和技术发展水平，合理利用能源、资源、材料和设备，充分考虑使用、施工、生产和维修的要求，做到通用性强，技术先进，经济合理，安全适用，确保质量，便于工业化生产。

第三十七条 设计标准规范分为国家、部、省市自治区和设计单位四级。标准设计分为国家、部和省市自治区三级。各级设计标准规范和标准设计的审批、颁发，应采取分级负责的办法。

国家设计标准规范和标准设计，是指在全国范围内需要统一的标准规范和标准设计，应由主编部门提出并报国家计划委员会审批、颁发。

部设计标准规范和标准设计，是指在全国各专业范围内需要统一的标准规范和标准设计，应由主编单位提出并报主管部审批、颁发。标准规范应报国家计划委员会备案。

省、市、自治区设计标准规范和标准设计，是指在本地区范围内需要统一的标准规范和标准设计，应由主编单位提出并报省、市、自治区主管基建的综合部门审批、颁发。标准规范应报国家计划委员会备案。

设计单位标准规范，是指在本单位范围内需要统一、在本单位内部使用的设计技术原则、设计技术规定，由设计单位批准执行，并报上一级主管部门备案。

第三十八条 设计标准规范一经颁发，就是技术法规，在一切工程建设设计工作中都必须执行。

标准设计一经颁发，建设单位和设计单位要因地制宜地积极采用，凡无特殊理由的不得另行设计。

第三十九条 各有关设计单位都应积极承担标准规范的制定、修订任务，并提供标准规范和标准设计方面的技术数据。凡承担设计标准规范编制和管理的设计单位，应建立和健全设计标准规范管理组、配备得力的专业人员。

第八章　设计单位技术经济责任制

第四十条　设计单位要建立技术经济责任制。对外承担上级下达的和自行承接的任务，凡发生经济关系的，都要与委托任务单位按照国家有关经济合同的规定签订合同，明确双方的权力、义务和技术经济责任，并严格履行合同。对内也要建立各级技术经济责任制，明确各级的责任、权力和奖罚办法。

第四十一条　原来实行事业费的设计单位除以规划任务为主，无具体收费对象的单位以外，均逐步改为收费的办法。收费办法另行规定。改革以后，单位的性质仍为事业单位，其事业费改为由主管部门按照国家规定掌握使用。设计单位内部的财务制度和职工劳保福利待遇，仍按事业单位办法执行。

第四十二条　设计单位完成了主管部门规定的考核指标以后，收入大于支出（包括工商税支出）的盈余，除上交国家和主管部门外，其余留给设计单位，大部分用于技术开发、技术装备购置、小型零星基建，小部分用于职工福利和奖励等。上交与留成办法另行规定。

第四十三条　设计单位改为按技术经济责任制的办法管理以后，要站在国家立场，树立全局观点，维护国家利益，端正经营作风，严格执行国家规定的收费标准。对巧立名目乱收费用者，要追究责任。

第九章　队伍建设

第四十四条　要搞好设计单位领导班子的建设，把思想政治好、有业务知识和实践经验、有领导才能的优秀中青年干部，提拔到各级领导岗位上来。实现领导班子革命化、年轻化、知识化和专业化。

设计单位领导干部的年龄，一般不得超过六十岁。

设计单位要十分重视项目负责人、科室领导干部的配备和设计组长的选用。

第四十五条　设计单位应实行党委领导下的院长负责制。设计单位内部的管理体制，必须遵循党委集体领导，职工民主管理，院长负责生产、技术、行政指挥的原则。党委要支持和保障院长行使职权。院长应自觉地维护党委的领导，接受群众的监督。

设计单位的副院长和总工程师协助院长工作，总工程师要在设计工作的技术、经济方面负责。

第四十六条　设计单位要实行党委领导下的职工代表大会制。院长要定期向职工代表大会报告工作。负责执行和处理职工代表大会有关的决议和提案，并接受职工代表大会的检查和监督。职工代表大会要支持院长行使职权，维护生产、技术指挥系统的权威，教育职工不断提高主人翁责任感，自觉遵守劳动纪律，严格执行各项岗位责任制。

第四十七条　设计单位要加强思想政治工作。要结合设计工作的特点和职工思想的实际，有的放矢，讲求实效，把思想政治工作做到业务工作和业余生活中去。领导干部要严于律己，以身作则，模范地遵守党纪国法，关心和解决职工工作、生活中的实际问题。要培养一支精干的政治工作队伍，逐步建立行之有效的政治工作制度。

第四十八条　主管部门和设计单位要继续落实党的知识分子政策，充分发挥知识分子在社会主义现代化建设中的作用。要继续发挥老年知识分子的专长和“传、帮、带”作用。要充分发挥中年知识分子的骨干作用。把其中优秀的，有组织领导才能的，提拔到各级领导岗位上来。要加紧培养青年知识分子，使他们能较快地适应和担当起设计工作的重担。要努力解决知识分子的工作条件和生活困难问题。

第四十九条　设计工作人员要走又红又专的道路，积极为四化建设作贡献。在设计工作中，要遵循以下守则：坚持四项基本原则，热爱祖国，热爱设计事业；树立大公无私的思想，全心全意为人民服务；站在国家立场，贯彻执行党的方针、政策，坚持设计工作的科学性和公正性；刻苦学习，勇于创新，不断提高设计水平；理论联系实际，深入调查研究，使设计符合实际；树立全局观念，发扬共产主义风格；忠于职守，敢于同不良风气作斗争。

第五十条　各级基建主管部门和设计单位，要努力提高设计队伍的技术素质。

进入设计单位的设计人员一般应具有大专以上的文化水平，最低也应具有中专文化程度。

必须十分重视职工培训工作并逐步形成制度。要制定培训的长远规划和具体安排，对技术人员、经济人员、管理人员、领导干部和工人分别提出明确的培养目标和培训要求。

设计单位的培训工作，要在普遍提高的基础上，把重点放在对技术骨干和专业管理骨干的培训上，要舍得花时间下本钱，逐步培养出本单位的技术专家和业务管理专家。

要严格控制设计单位非生产人员比例，逐步改善设计单位的专业结构和人员级配。

第五十一条 设计单位要根据国家有关规定，认真进行职工考核、晋升工作。在考核晋升工作中，要坚持领导考核和听取群众意见相结合，平时考察和定期考核相结合的原则。在晋升时，应区别不同岗位，根据职工的工作成绩和技术、业务水平，适当考虑学历和工作年限。

第五十二条 对先进设计单位和优秀职工，应由主管部门给予奖励。

对违反党纪、国法，或由于失职、渎职给工作造成损失的设计单位和职工，应追究责任，严肃处理。

第五十三条 设计单位要加强后勤工作。后勤部门要树立为生产第一线服务的思想，主动为设计工作创条件，认真解决广大职工工作和生活中的实际问题。

第十章 设计资格认证

第五十四条 设计单位必须按隶属关系向主管部和省、市、自治区主管基建的综合部门申请，经审查、批准、颁发设计证书后，才具有设计资格。

取得设计证书的单位，必须具备如下条件：

（一）有上级主管部门批准成立设计单位的文件，对承担任务的范围和专业有明确的规定；

（二）本单位是由专门从事设计工作的固定职工组成的实体，有健全的领导班子，并拥有基本配套的技术骨干和管理制度，具备独立承担批准范围内设计任务的能力；

（三）能够认真贯彻执行国家有关基本建设设计工作的方针、政策及现行的标准、规范、规程，以及各种经济定额、费用标准等规章制度；

（四）所提交的设计文件和工作成果能够达到国家或专业部门规定的深度和质量要求。

颁发设计证书的主管部门，根据上述条件对申请单位认真审查，严格把关。对于不顾条件滥发证书的主管部门要追究责任。发证后，如发现有的单位超越规定范围承担任务，要严格制止；如发生设计质量事故造成损失，要及时处理，追究责任，直至收回证书。

凡取得设计证书的单位，还可以承担证书批准范围内的工程项目的可行性研究工作。重大建设项目的可行性研究工作必须由持证设计单位承担；大中型建设项目的可行性研究工作一般也应由持证设计单位承担。

第五十五条 没有设计证书的单位，不得承揽设计任务，也不得借“技术咨询”、“技术服务”等名义承揽设计任务。对其中具有一定设计能力的单位，经发证部门审查、批准，发给承担工程建设设计业务范围通知书后，准许承担本单位限定规模以内的技术改造项目和规定限额以内的零星基建的设计任务。

设计单位所提交的设计文件，必须标明设计证书的类别和批准编号。上级主管部门在审查设计文件中，必要时要审查其设计资格。

凡冒用持证设计单位名义进行设计的单位或个人，应追究责任。

设计单位的职工不得私自对外承揽设计任务，搞“业余设计”。设计单位不得借“技术咨询”、“技术服务”和“利用业余时间”等名义，通过承担工程建设的可行性研究和设计任务收取费用分给职工个人。

第五十六条 凡我国能设计的国内建设工程，一般不得委托外商设计。如需委托外商设计时，要严格审查其必要性和外商的设计资格，经过我国主管部门批准。属于大中型建设项目由国家计划委员会审批；属于小型建设项目由各主管部或省、市、自治区主管基建的综合部门审批。

凡承担我国建设工程设计业务的外商，都应遵守我国有关的法律和法规。

第十一章　管理机构职责

第五十七条　国家计划委员会负责管理全国基本建设设计工作，主要任务是：

（一）贯彻并监督执行国家有关基本建设设计工作的法律、法规和方针、政策；

（二）组织编制国家大中型建设项目年度设计进度计划，并督促检查执行情况；

（三）归口管理全国设计机构和队伍建设工作，负责管理全国设计资格认证工作；

（四）按照国家规定的审批权限，组织审批有关建设项目的初步设计文件，负责大中型建设项目中需委托外商设计的必要性和资格审批工作；

（五）推动设计单位采用先进技术、开展设计科研、参加科技攻关和消化引进技术工作，逐步推广设计工作全面质量管理，开展创优秀设计活动，推动设计单位提高技术装备水平；

（六）组织制定或颁发基本建设设计工作有关规章制度；

（七）组织制定或修订、审批、颁发和管理国家设计标准规范、标准设计以及通用的各种概、预算定额等技术经济定额指标；

（八）推动和协调各有关部和各省、市、自治区的设计管理工作，并组织总结交流设计工作经验等活动。

第五十八条　各有关部门和省、市、自治区主管基建的综合部门负责管理本部门和本地区的基本建设设计工作，主要任务是：

（一）贯彻并监督执行国家有关基本建设设计工作的法律、法规和方针、政策；

（二）各有关部负责管理本部门所属设计机构、队伍建设和设计资格认证工作。各省、市、自治区主管基建的综合部门归口管理本地区各主管厅、局及地、市、县所属设计机构、队伍建设和设计资格认证工作；

（三）组织编制本部门、本地区大中型建设项目的年度设计进度计划，并督促检查执行情况；

（四）推动设计单位采用先进技术、开展设计科研、参加科技攻关和消化引进技术工作，逐步推行设计工作全面质量管理，开展创优秀设计活动，推动设计单位提高技术装备水平；

（五）按照国家规定的审批权限，组织审批本部门、本地区建设项目的初步设计文件，负责本部门、本地区所属小型建设项目中需要委托外商设计的必要性和资格审批工作；

（六）承担国家设计标准规范、标准设计和各种技术经济定额、指标的主编（或参加）和管理工作；

组织制定或修订、审批、颁发和管理本部门、本地区设计标准规范、标准设计和各种技术经济定额指标；

（七）组织制定或颁发本部门、本地区基本建设设计工作有关规章制度；

（八）推动和协调本部门、本地区设计管理工作、组织总结交流设计工作经验等活动。

第五十九条　各地、市、县基建主管部门负责管理本地区基本建设设计工作，主要任务是：

（一）贯彻并监督执行国家有关基本建设设计工作的法律、法规和方针、政策；

（二）认真贯彻执行国家、有关部和所在的省、市、自治区现行的设计工作规章制度、设计标准规范和各种技术经济定额、指标等；

（三）负责管理本地、市、县所属的设计机构和队伍建设工作；

（四）按照国家规定的审批权限，组织审批本地、市、县建设项目的设计文件；

（五）总结交流本地、市、县设计工作的经验。

第十二章　协作配合

第六十条　设计单位应与建设、勘察、施工、科研和设备制造等单位大力协同，密切配合，互创条件、互相促进，以利于完成设计工作任务。主管部门要及时解决协作配合中的问题。

第六十一条 设计单位应对设计质量负责。有关主管部门应支持设计单位按科学规律从事设计工作。凡违反基建程序和国家有关规定的，设计单位有权拒绝设计或签证。

一个建设项目由几个设计单位共同进行设计时，主管部门必须指定其中一个设计单位为主体设计单位。主体设计单位除必须负责完成本身承担的设计任务外，并应负责组织各个部分设计的相互协作，负责编制总体设计，编写设计文件总说明，汇编总概、预算。其他设计单位必须及时主动地向主体设计单位提供情况和资料，做好协作配合工作，以保证设计文件的完整性。

第六十二条 建设单位应及时向设计单位提供准确、可靠的设计依据和基础资料，大力支持在设计中采用可行的先进技术，并应共同节约建设资金。

第六十三条 勘察单位应根据国家有关规范和设计单位提出的要求，提供准确、可靠的勘察成果资料。

没有标明勘察证书类别和批准编号的勘察成果资料，设计单位不得使用。

第六十四条 施工图设计是施工单位进行施工的依据，未经设计单位同意，不得修改设计。施工单位应积极支持设计单位用可行的新技术、新结构、新材料。

第六十五条 设计单位要与科研单位配合，共同进行建设项目需要解决的技术课题的研究。为设计提供科学的技术依据和行之有效的新技术。

第六十六条 设备制造单位应根据设计单位提出的非标准设备的要求，进行制造，做到保证质量，价格合理，同时应向设计单位提供标准设备的有关资料。

第十三章 本办法的实施

第六十七条 所有新建、扩建和技术改造建设工程的设计工作，都应按本办法进行管理。

第六十八条 有关部和各省、市、自治区，可根据本办法的规定，制定本部门、本地区的基本建设设计工作管理办法。

第六十九条 本办法的解释权属国家计划委员会。

第七十条 本办法自颁发之日起施行。

4.10 建设工程勘察设计市场管理规定

（中华人民共和国建设部令第65号）

【颁布单位】建设部

【颁布日期】1999.01.21

【实施日期】1999.02.01

第一章 总 则

第一条 为加强建设工程勘察设计市场管理，规范建设工程勘察设计市场行为，保证建设工程勘察设计质量，维护市场各方当事人的合法权益，根据《中华人民共和国建筑法》及有关法律、法规的规定，制定本规定。

第二条 凡在中华人民共和国境内从事建设工程勘察设计市场活动及实施监督管理的单位和个人，必须遵守本规定。

本规定所称建设工程勘察设计市场（以下简称设计市场）活动，是指从事勘察设计业务的委托、承接及相关服务的行为。

第三条 国家对设计市场实行从业单位资质、个人执业资格准入管理制度。

第四条 从事设计市场活动，应当遵循公开、公正、平等竞争的原则。禁止任何单位和个人以任何理由分割、封锁、垄断设计市场。

第五条 从事勘察设计业务应当遵守国家有关法律、法规，必须符合工程建设强制性标准。坚持先勘察后设计，先设计后施工的程序，保证建设工程的勘察设计质量。

未经原勘察设计单位同意，任何单位和个人不得擅自修改勘察设计文件。

第六条 任何单位和个人不得妨碍和阻挠依法进行的设计市场活动。

任何单位和个人对设计市场活动及其管理工作中违反法律、法规和工程建设强制性标准的行为都有权向建设行政主管部门或者其他有关部门进行检举、控告或投诉。

第七条 国务院建设行政主管部门负责全国设计市场管理工作。国务院其他有关专业部门按照国务院规定的职能划分，配合国务院建设行政主管部门，在各自职责范围内实施对本专业设计市场的管理工作。

县级以上地方人民政府建设行政主管部门负责本行政区域内设计市场管理工作。县级以上地方人民政府有关专业部门，按照地方人民政府规定的职能划分，配合地方建设行政主管部门，在各自职责范围内实施对本专业设计市场的管理工作。

第二章 勘察设计业务的委托

第八条 凡在国家建设工程设计资质分级标准规定范围内的建设工程项目，均应当委托勘察设计业务。

第九条 委托工程设计业务的建设工程项目应当具备以下条件：

（一）建设工程项目可行性研究报告或项目建议书已获批准；

（二）已经办理了建设用地规划许可证等手续；

（三）法律、法规规定的其他条件。

工程勘察业务可以根据工程进展情况和需要进行委托。

第十条 委托方应当将工程勘察设计业务委托给具有相应工程勘察设计资质证书且与其证书规定的业务范围相符的承接方。

第十一条 工程勘察设计业务的委托可以通过竞选委托或直接委托的方式进行。竞选委托可以采取公开竞选或邀请竞选的形式。建设项目总承包业务或专业性工程也可以通过招标的方式进行。

第十二条 以国家投资为主的建设工程项目、按建设部建设项目分类标准规定的特级、一级的建设工程项目、标志性建筑、纪念性建筑、风景区的主要建筑和重要地段有影响的建筑，以及建筑面积10万平方米以上的住宅小区的建设项目的设计业务鼓励通过竞选方式委托。具体办法由国务院建设行政主管部门另行规定。

第十三条 委托方原则上应将整个建设工程项目的设计业务委托给一个承接方，也可以在保证整个建设项目完整性和统一性的前提下，将设计业务按技术要求，分别委托给几个承接方。委托方将整个建设工程项目的设计业务分别委托给几个承接方时，必须选定其中一个承接方作为主体承接方，负责对整个建设工程项目设计的总体协调。实施工程项目总承包的建设工程项目按有关规定执行。

承接部分设计业务的承接方直接对委托方负责，并应当接受主体承接方的指导与协调。

委托勘察业务原则上按本条前两款的规定进行。

第十四条 委托方应向承接方提供编制勘察设计文件所必须的基础资料和有关文件，并对提供的文件资料负责。

第十五条 委托方在委托业务中不得有下列行为：

（一）收受贿赂、索取回扣或者其他好处；

（二）指使承接方不按法律、法规、工程建设强制性标准和设计程序进行勘察设计；

（三）不执行国家的勘察设计收费规定，以低于国家规定的最低收费标准支付勘察设计费或不按合同约定支付勘察设计费；

（四）未经承接方许可，擅自修改勘察设计文件，或将承接方专有技术和设计文件用于本工程以外的工程；

（五）法律、法规禁止的其他行为。

第三章　勘察设计业务的承接

第十六条　承接方必须持有由建设行政主管部门颁发的工程勘察资质证书或工程设计资质证书，在证书规定的业务范围内承接勘察设计业务，并对其提供的勘察设计文件的质量负责。严禁无证或超越本单位资质等级的单位和个人承接勘察设计业务。

第十七条　具有乙级及以上勘察设计资质的承接方可以在全国范围内承接勘察设计业务；在异地承接勘察设计业务时，须到项目所在地的建设行政主管部门备案。

第十八条　从事勘察设计活动的专业技术人员只能在一个勘察设计单位从事勘察设计工作，不得私自挂靠承接勘察设计业务。

严禁勘察设计专业技术人员和执业注册人员出借、转让、出卖执业资格证书、执业印章和职称证书。

第十九条　承接方应当自行完成承接的勘察设计业务，不得接受无证组织和个人的挂靠。经委托方同意，承接方也可以将承接的勘察设计业务中的一部分委托给其他具有相应资质条件的分承接方，但须签订分委托合同，并对分承接方所承担的业务负责。分承接方未经委托方同意，不得将所承接的业务再次分委托。

第二十条　承接方在承接业务中不得有下列行为：

（一）不执行国家的勘察设计收费规定，以低于国家规定的最低收费标准进行不正当竞争；

（二）采用行贿、提供回扣或给予其他好处等手段进行不正当竞争；

（三）不按规定程序修改、变更勘察设计文件；

（四）使用或推荐使用不符合质量标准的材料或设备；

（五）未经委托方同意，擅自将勘察设计业务分委托给第三方，或者擅自向第三方扩散、转让委托方提交的产品图纸等技术经济资料；

（六）法律、法规禁止的其他行为。

第二十一条　承接方可以聘用技术劳务人员协助完成承接的勘察设计业务，但必须签订聘用合同。技术劳务管理办法由国务院建设行政主管部门另行制订。

第二十二条　外国勘察设计单位及其在中国境内的办事机构，不得单独承接中国境内建设项目的勘察设计业务。承接中国境内建设项目的勘察设计业务，必须与中方勘察设计单位进行合作勘察或设计，也可以成立合营单位，领取相应的勘察设计资质证书，按国家有关中外合作、合营勘察设计单位的管理规定和本规定开展勘察设计业务活动。

港、澳、台地区的勘察设计单位承接内地工程建设项目的勘察设计业务，原则上参照上款规定执行。

第四章　合　　同

第二十三条　工程勘察设计业务的委托方与承担方必须依法签订合同，明确双方的权利和义务。委托方和承接方应全面履行合同约定的义务。不按合同约定履行义务的，依法承担违约责任。

第二十四条　签订勘察设计合同，应当采用书面形式，使用或参照使用国家制定的《建设工程勘察合同》和《建设工程设计合同》文本。合同内容应符合国家有关建设工程合同的规定和要求。

第二十五条　勘察设计费用应当依据国家的有关规定由委托方和承接方在合同中约定。合同双方不得违反国家有关最低收费标准的规定，任意压低勘察设计费用。

委托方应当按照合同约定，及时拨付勘察设计费。

第二十六条　签订勘察设计合同的双方，须将合同文本送交项目所在地的县级以上人民政府建设行政主管部门或其委托机构备案。

国家重点建设项目的勘察设计合同按有关规定办理。

第五章 监督管理

第二十七条 建设行政主管部门和有关管理部门应按各自职责分工，加强对设计市场活动的监督管理，依法查处设计市场活动中的违法行为，维护和保障设计市场秩序。

第二十八条 建设行政主管部门、有关管理部门及委托单位，应当加强对勘察设计单位资质和执业注册人员、专业技术人员资格的动态管理，对勘察设计单位实行资质年度检查制度并公布检查结果。不得越权审批、颁发单位资质和个人资格证书，不得颁发其他与证书效力相同的证件，不得给不具备条件的单位和个人颁发资质证书或资格证书。

第二十九条 建设行政主管部门应对勘察设计合同履行情况进行监督。

第三十条 建设行政主管部门应当会同有关管理部门建立健全勘察设计文件审查制度、质量监督制度和工程勘察设计事故报告处理制度，定期公布有关结果。

国家鼓励勘察设计单位参加勘察设计质量保险。

第三十一条 建设行政主管部门应当加强对设计市场各方当事人，执行国家法律、法规和工程建设强制性标准的监督和检查。

第六章 罚　　则

第三十二条 委托方违反本规定，有下列行为之一的，原委托的勘察设计文件无效，不得申请领取施工许可证，已开工的，责令停止施工，由县级以上人民政府建设行政主管部门责令重新委托勘察设计，并处以三万元以下的罚款。构成犯罪的依法追究刑事责任：

（一）将建设工程项目勘察设计业务委托给无勘察设计资质证书或与勘察设计资质证书规定的等级和业务范围不符的单位和个人的；

（二）指使承接方在勘察设计中违反国家法律、法规和工程建设强制性标准的；

（三）擅自修改勘察设计文件的；

（四）未经勘察委托设计，未经设计委托施工的。

第三十三条 委托方违反本规定，有下列行为之一的，由县级以上人民政府建设行政主管部门责令限期改正，没收违法所得，并处以三万元以下的罚款：

（一）违反国家有关最低收费标准的规定，压低勘察设计收费或不按合同支付勘察设计费用的；

（二）将承接方的专有技术和设计文件用于本工程以外的工程的；

（三）擅自终止或违反勘察设计合同的；

（四）违反本规定的其他行为。

第三十四条 承接方违反本规定，有下列行为之一一次的，勘察设计文件无效，由县级以上人民政府建设行政主管部门给予警告，责令限期改正，没收违法所得，并可处以三万元以下罚款，在六个月至一年内停止承接新的勘察设计业务，将违法行为记录在案，作为资质年检的重要依据；有下列行为之一、二次以上或造成重大事故的，并处降低资质等级，两年内不得升级；有下列行为之一，造成特大事故的，吊销资质证书。构成犯罪的依法追究刑事责任：

（一）超越勘察设计资质证书规定的等级和业务范围承接业务的；

（二）出借、转让、出卖资质证书、图签、图章或以挂靠方式允许他人以本单位名义承接勘察设计业务的；

（三）转手委托或未经委托方同意将分承接业务再次委托的；

（四）违反国家法律、法规或有关工程建设强制性标准的；

（五）使用或推荐使用不符合质量标准的材料和设备的。

第三十五条 承接方违反本规定，有下列行为之一的，由县级以上人民政府建设行政主管部门给予警告，责令限期改正，没收违法所得，将违法行为记录在案，作为资质年检的重要依据，并可处以三万元以下的罚款：

（一）以低于国家规定的最低标准收费等不正当手段承接勘察设计业务的；

（二）未按规定办理聘用或借用手续，私下拉人从事勘察设计业务的；

（三）违反本规定的其他行为。

第三十六条 承接方因工作失误，造成勘察设计质量事故，应当无偿补充勘察设计、修改完善勘察设计文件。给委托方造成经济损失的，应当减收、免收勘察设计费，并承担相应赔偿。

第三十七条 勘察设计专业技术人员和执业注册人员有下列行为之一的，由县级以上人民政府建设行政主管部门责令限期改正，没收违法所得，对非执业注册人员可处以三万元以下罚款，对执业注册人员可并处违法所得五倍以下罚款，停止执业一年，情节严重，或造成重大质量事故的，吊销个人执业证书，五年内不予注册。构成犯罪的依法追究刑事责任：

（一）私人挂靠，私下组织或参与承接勘察设计业务活动的；

（二）推荐使用不符合质量标准的材料和设备，或收受回扣的；

（三）出借、转让、出卖执业资格证书、执业印章和职称证书，或私自为其他单位设计项目签字、盖章的，或允许他人以本人名义执业的；

（四）不执行国家法律、法规和工程建设强制性标准的。

第三十八条 勘察设计专业技术人员（含技术劳务人员）和执业注册人员，有下列行为之一的，由县级以上人民政府建设行政主管部门给予警告，责令限期改正，没收违法所得，并可处以三万元以下罚款：

（一）同时受聘于两个或两个以上勘察设计单位执业的；

（二）违反本规定的其他行为。

第三十九条 任何单位或个人违反本规定有下列行为之一的，原勘察设计文件无效，由县级以上建设行政主管部门责令停止违法行为，没收违法所得，并可处以三万元以下的罚款。构成犯罪的依法追究刑事责任：

（一）无勘察设计资质证书的单位和个人，承接勘察设计业务的；

（二）涂改或伪造资质、资格证书承揽业务的；

（三）剽窃、抄袭、非法出售和转让勘察设计单位的专有技术、勘察报告、设计文件，或将其用于合同以外的建设工程项目的。

无证从事勘察设计业务的，同时提请工商部门予以取缔。

以欺骗手段取得资质证书的，还应吊销资质证书。

第四十条 对设计市场活动进行监督管理的建设行政主管部门或有关管理部门及其工作人员，违反本规定有下列行为之一的，由上级主管部门责令改正，并对责任人给予相应行政处分。构成犯罪的依法追究刑事责任：

（一）超越行政权限审批、颁发资质、资格证书或与其作用相同的证件的；

（二）给不具备条件的单位和个人颁发资质、资格证书的；

（三）违反有关规定，以行政权力干预勘察设计工作，或分割、垄断勘察设计市场的；

（四）在监督管理中玩忽职守、不履行职责、滥用职权、徇私舞弊的。

第七章 附 则

第四十一条 工程咨询服务活动的市场管理原则上参照本规定执行。具体管理办法由国务院建设行政主管部门另行规定。

第四十二条 地方性勘察设计市场法规对罚款幅度严于本规定的，从其规定。

第四十三条 本规定由国务院建设行政主管部门负责解释。

第四十四条 本规定自1999年2月1日起实施。本规定实施以前有关文件与本规定不符的，按本规定执行。

4.11 国家基本建设大中型项目实行招标投标的暂行规定

颁布日期 1997.08.18
实施日期 1997.08.18
失效日期
时效性 有效
内容分类 招标和投标
法规子类
颁布单位 国家计委
文号 计建设（1997）1466号

通知

国务院有关部委、直属机构，各省、自治区、直辖市及计划单列市计委（计经委），新疆生产建设兵团计委：

经国务院领导同志同意，现将《国家基本建设大中型项目实行招标投标的暂行规定》印发给你们，请认真贯彻执行。

【名称】 国家基本建设大中型项目实行招标投标的暂行规定

第一章 总 则

第一条 根据党的十四届五中全会关于要全面推行建设项目法人责任制和招标投标制度，把市场竞争机制引入投资领域的要求，为了推进社会主义市场经济体制的建立，深化投资体制改革，规范基本建设大中型项目（以下简称建设项目）的招标投标活动，保护招标投标当事人的合法权益，强化项目管理，建立招标投标市场的正常秩序，提高投资效益，制定本暂行规定。

第二条 本规定适用于经国务院或国家计委批准的国家计划内基本建设大中型项目。

第三条 建设项目主体工程的设计、建筑安装、监理和主要设备、材料供应、工程总承包单位以及招标代理机构，除保密上有特殊要求或国务院另有规定外，必须通过招标确定。其中设计招标可按行业的特点和专业性质，采取不同阶段的招标。

建设项目及其项目法人的确定、不涉及特定地区或不受资源限制的项目建设地点的选定和项目前期评估咨询单位的确定，具备条件的也应当通过招标进行。

第四条 招标投标应当遵循公开、公平、公正、择优和诚实守信的原则。

第五条 招标投标不受地区、部门、行业的限制，任何地区、部门和单位不得进行保护。

第六条 国家计委会同国务院各有关行业主管部门和各省、自治区、直辖市及计划单列市计委（计经委）负责对建设项目的招标投标活动进行管理和监督。

第二章 招标 投标

第七条 项目法人可以自行组织招标。项目法人缺乏专业技术力量以及因其他原因不能自行组织招标的，应当委托具有相应资质的招标代理机构招标。

承担建设项目招标的代理机构，其资质须经国家计委或国家计委授权的单位审定。

第八条 建设项目招标可采用公开招标、邀请招标和议标方式进行。

第九条 公开招标应同时在一家以上的全国性报刊上刊登招标通告，邀请所有潜在的有关单位参加投标。

邀请招标，应向有资格的三家以上的有关单位发出投标邀请书，邀请其参加投标。

议标主要是通过一对一协商谈判方式确立中标单位。参加议标的单位不得少于两家。

第十条 建设项目主体工程的设计、建筑安装和监理以及主要设备、材料采购的招标必须采用公开招标或邀请招标方式。符合下列条件之一的，可采用议标方式：

(一) 只有少数几家具备资格的投标单位可供选择的；

(二) 涉及专利权保护或受自然地域环境限制的；

(三) 招标费用与项目价值相比，不值得的；

(四) 采购规格事先难以确定的；

(五) 国家另有规定的。

第十一条 建设项目主体工程的设计、建筑安装和监理以及主要设备、材料采购的招标，在招标前，需按项目隶属关系将招标方案报各行业主管部门或省级地方计委（计经委）核备。各行业主管部门和省级地方计委（计经委）认为有违反本规定的，有权要求项目法人修改招标方案。国家计委进行抽查。

第十二条 国家计委会同国务院各行业主管部门，各省、自治区、直辖市及计划单列市计委（计经委）对项目招标活动进行监督检查，凡违反第三条、第十条规定的或不按照核准的招标方案执行的，一经查出，未开工的项目不予批准开工，已开工的项目暂停安排建设投资，同时对其项目的概算不予审批或调整。

第十三条 参加建设项目主体工程的设计、建筑安装和监理以及主要设备、材料供应等投标的单位，必须具备下列条件：

(一) 具有招标文件要求的资质证书，并为独立的法人实体；

(二) 承担过类似建设项目的相关工作，并有良好的工作业绩和履约记录；

(三) 财务状况良好，没有处于财产被接管、破产或其他关、停、并、转状态；

(四) 在最近三年内没有与骗取合同有关以及其他经济方面的严重违法行为；

(五) 近几年有较好的安全记录，投标当年内没有发生重大质量和特大安全事故。

第十四条 对投标单位的条件，项目法人可以采用资格预审程序加以确认。投标单位应向项目法人提交证明第十三条所规定事项的有关文件。

第十五条 项目法人根据招标项目的要求编制招标文件。

招标文件中规定的各项技术规格应符合国家有关规定、规范和规程的要求，不得有针对某一潜在投标单位或排斥某一潜在投标单位的内容。

第十六条 招标数额较大或采取国际招标的建设项目，项目法人应当聘请有资格的律师对有关招标文件和合同文本出具法律咨询意见。

第十七条 项目法人根据批准的初步设计及概算、国家有关规定并结合市场供求状况，自主确定招标项目的标底价格。

任何部门和单位不得随意干预项目法人对招标项目标底的确定。标底必须保密。

第十八条 标底价格要公正合理，综合考虑投资、工期与质量三者关系。项目概算经审批后，在招标阶段，对部门和地方颁布的有关定额取费的规定，项目法人可以根据项目所在地区和项目的实际情况，在招标过程中参考执行。

第十九条 投标单位应按招标文件的要求编制投标文件。投标报价由投标单位根据招标项目的特点，结合市场情况和自身竞争能力自主确定。联合投标的，应确定一个投标总负责单位。

第三章 开标 评标 定标

第二十条 建设项目的开标由项目法人主持，邀请投资方、投标单位、政府主管部门和其他有关单位代表参加。

第二十一条 评标委员会负责评标。

项目法人负责组建评标委员会。评标委员会应由项目法人、主要投资方、招标代理机构的代表以及受聘的技术、经济、法律等方面的专家组成，总人数为5人以上单数，其中受聘的专家不得少于三分之二。

与投标单位有利害关系的人员不得进入评标委员会。

第二十二条 评标委员会需依据招标文件的要求对投标文件进行综合评审和比较，并按顺序向项目法人推荐二至三个中标候选单位。

第二十三条 项目法人应当从评标委员会推荐的中标候选单位中择优确定中标单位。

第二十四条 中标单位确定后，项目法人应正式发出《中标通知书》，并将全部评标结果（包括评标的方式与方法等），按项目隶属关系，报各行业主管部门和省级计委（计经委）备案。

第二十五条 项目法人与中标单位应在《中标通知书》发出后30日内签订书面合同。对未中标单位，项目法人应在《中标通知书》发出后7日内退还其投标保证金。

第二十六条 《中标通知书》发出后，中标单位拒绝签订合同的，其投标保证金不予退还，给项目法人造成损失的，由中标单位负责赔偿。

第二十七条 合同中确定的建设标准、建设内容、合同价格应控制在批准的初步设计及概算文件范围内，超出规定范围的，须在中标合同签订前，报原初步设计及概算审核部门审查同意。凡应报经审查而未报的，在初步设计及概算调整时，审核部门一律不予承认。

第二十八条 中标合同不得转让。合同分包需在投标文件中予以说明，并需经项目法人同意。主体工程不得分包。合同分包量不得超过中标合同价的30%，且只能分包一次。否则，项目法人有权取消中标单位的资格。

第二十九条 项目法人或其招标代理机构在招标和评标过程中，凡串通某一投标单位排斥其他投标单位的，一经查出，其招标结果无效，并对招标代理机构的资质予以取消。构成犯罪的，由司法部门依法追究刑事责任。

第三十条 投标单位在投标过程中串通投标或与项目法人串通，以排斥其他投标单位的，一经查出，其投标结果无效。

第三十一条 关于合同纠纷的解决，合同双方事先应有约定的协商解决方式。在合同履行过程中，如果发生合同纠纷，合同双方应首先按合同约定的方式协商解决；通过协商难以解决的，可按建设项目隶属关系，向有关行业主管部门或省级地方计委（计经委）直至国家计委申请调解；协商和调解无效的，可依法申请仲裁或向法院起诉。

第三十二条 各行业主管部门和省级地方计委（计经委）应对中标人履约情况进行监督和抽查，其中国家重点建设项目由国家计委或国家计委委托有关单位进行监督和抽查，并将检查结果予以公布。对履约记录差的中标单位，可给予取消一定时期、一定范围投标资格等处罚。

第三十三条 招标数额较大或采取国际招标的建设项目，在开标和合同签订时，一般应请公证部门参加。

第四章 附　　则

第三十四条 本规定自发布之日起实施。凡其他有关基本建设大中型项目招标投标规定与本规定有抵触的，一律按本规定执行。

第三十五条 特大型项目和国务院另有规定项目的评标和定标，须报国务院批准。

第三十六条 国务院各行业主管部门，各省、自治区、直辖市及计划单列市计委（计经委）可根据本规定制定基本建设项目招标投标管理的实施细则，报国家计委备案。

第三十七条 经批准建设项目采取国际招标的，除按本规定执行外，还应遵从国家有关对外经济贸易的法律、法规。

第三十八条 利用国际金融组织或外国政府贷款的项目，贷款方对招标有特殊规定的从其规定。

第三十九条 外商独资或外商控股的建设项目可参照本规定执行。

第四十条 本规定由国家计划委员会负责解释。

4.12 建设工程勘察设计管理条例

（中华人民共和国国务院令第293号）

第一章 总 则

第一条 为了加强对建设工程勘察、设计活动的管理，保证建设工程勘察、设计质量，保护人民生命和财产安全，制定本条例。

第二条 从事建设工程勘察、设计活动，必须遵守本条例。本条例所称建设工程勘察，是指根据建设工程的要求，查明、分析、评价建设场地的地质地理环境特征和岩土工程条件，编制建设工程勘察文件的活动。本条例所称建设工程设计，是指根据建设工程的要求，对建设工程所需的技术、经济、资源、环境等条件进行综合分析、论证，编制建设工程设计文件的活动。

第三条 建设工程勘察、设计应当与社会、经济发展水平相适应，做到经济效益、社会效益和环境效益相统一。

第四条 从事建设工程勘察、设计活动，应当坚持先勘察、后设计、再施工的原则。

第五条 县级以上人民政府建设行政主管部门和交通、水利等有关部门应当依照本条例的规定，加强对建设工程勘察、设计活动的监督管理。建设工程勘察、设计单位必须依法进行建设工程勘察、设计，严格执行工程建设强制性标准，并对建设工程勘察、设计的质量负责。

第六条 国家鼓励在建设工程勘察、设计活动中采用先进技术、先进工艺、先进设备、新型材料和现代管理方法。

第二章 资质资格管理

第七条 国家对从事建设工程勘察、设计活动的单位，实行资质管理制度。具体办法由国务院建设行政主管部门或国务院有关部门制定。

第八条 建设工程勘察、设计单位应当在其资质等级许可的范围内承揽建设工程勘察、设计业务。禁止建设工程勘察、设计单位超越其资质等级许可的范围或者以其他建设工程勘察、设计单位的名义承揽建设工程勘察、设计业务。禁止建设工程勘察、设计单位允许其他单位或者个人以本单位的名义承揽建设工程勘察、设计业务。

第九条 国家对从事建设工程勘察、设计活动的专业技术人员，实行执业资格注册管理制度。未经注册的建设工程勘察、设计人员，不得以注册执业人员的名义从事建设工程勘察、设计活动。

第十条 建设工程勘察、设计注册执业人员和其他专业技术人员只能受聘于一个建设工程勘察、设计单位；未受聘于建设工程勘察、设计单位的，不得从事建设工程的勘察、设计活动。

第十一条 建设工程勘察、设计单位资质证书和执业人员注册证书，由国务院建设行政主管部门统一制作。

第三章 建设工程勘察设计发包与承包

第十二条 建设工程勘察、设计发包依法实行招标发包或者直接发包。

第十三条 建设工程勘察、设计应当依照《中华人民共和国招标投标法》的规定，实行招标发包。

第十四条 建设工程勘察、设计方案评标，应当以投标人的业绩、信誉和勘察、设计人员的能力以及勘察、设计方案的优劣为依据，进行综合评定。

第十五条 建设工程勘察、设计的招标人应当在评标委员会推荐的候选方案中确定中标方案。但是，建设工程勘察、设计的招标人认为评标委员会推荐的候选方案不能最大限度满足招标文件规定的要求的，应当依法重新招标。

第十六条 下列建设工程的勘察、设计，经有关主管部门批准，可以直接发包：

（一）采用特定的专利或者专有技术的；

（二）建筑艺术造型有特殊要求的；

（三）国务院规定的其他建设工程的勘察、设计。

第十七条 发包方不得将建设工程勘察、设计业务发包给不具有相应勘察、设计资质等级的建设工程勘察、设计单位。

第十八条 发包方可以将整个建设工程的勘察、设计发包给一个勘察、设计单位；也可以将建设工程的勘察、设计分别发包给几个勘察、设计单位。

第十九条 除建设工程主体部分的勘察、设计外，经发包方书面同意，承包方可以将建设工程其他部分的勘察、设计再分包给其他具有相应资质等级的建设工程勘察、设计单位。

第二十条 建设工程勘察、设计单位不得将所承揽的建设工程勘察、设计转包。

第二十一条 承包方必须在建设工程勘察、设计资质证书规定的资质等级和业务范围内承揽建设工程的勘察、设计业务。

第二十二条 建设工程勘察、设计的发包方与承包方，应当执行国家规定的建设工程勘察、设计程序。

第二十三条 建设工程勘察、设计的发包方与承包方应当签订建设工程勘察、设计合同。

第二十四条 建设工程勘察、设计发包方与承包方应当执行国家有关建设工程勘察费、设计费的管理规定。

第四章 建设工程勘察设计文件的编制与实施

第二十五条 编制建设工程勘察、设计文件，应当以下列规定为依据：

（一）项目批准文件；

（二）城市规划；

（三）工程建设强制性标准；

（四）国家规定的建设工程勘察、设计深度要求。

铁路、交通、水利等专业建设工程，还应当以专业规划的要求为依据。

第二十六条 编制建设工程勘察文件，应当真实、准确，满足建设工程规划、选址、设计、岩土治理和施工的需要。编制方案设计文件，应当满足编制初步设计文件和控制概算的需要。编制初步设计文件，应当满足编制施工招标文件、主要设备材料订货和编制施工图设计文件的需要。编制施工图设计文件，应当满足设备材料采购、非标准设备制作和施工的需要，并注明建设工程合理使用年限。

第二十七条 设计文件中选用的材料、构配件、设备，应当注明其规格、型号、性能等技术指标，其质量要求必须符合国家规定的标准。除有特殊要求的建筑材料、专用设备和工艺生产线等外，设计单位不得指定生产厂、供应商。

第二十八条 建设单位、施工单位、监理单位不得修改建设工程勘察、设计文件；确需修改建设工程勘察、设计文件的，应当由原建设工程勘察、设计单位修改。经原建设工程勘察、设计单位书面同意，建设单位也可以委托其他具有相应资质的建设工程勘察、设计单位修改。修改单位对修改的勘察、设计文件承担相应责任。施工单位、监理单位发现建设工程勘察、设计文件不符合工程建设强制性标准、合同约定的质量要求的，应当报告建设单位，建设单位有权要求建设工程勘察、设计单位对建设工程勘察、设计文件进行补充、修改。建设工程勘察、设计文件内容需要作重大修改的，建设单位应当报经原审批机关批准后，方可修改。

第二十九条 建设工程勘察、设计文件中规定采用的新技术、新材料，可能影响建设工程质量和安全，又没有国家技术标准的，应当由国家认可的检测机构进行试验、论证，出具检测报告，并经国务院有关部门或者省、自治区、直辖市人民政府有关部门组织的建设工程技术专家委员会审定后，方可使用。

第三十条 建设工程勘察、设计单位应当在建设工程施工前，向施工单位和监理单位说明建设工程勘察、设计意图，解释建设工程勘察、设计文件。建设工程勘察、设计单位应当及时解决施工中出现的勘察、设计问题。

第五章 监督管理

第三十一条 国务院建设行政主管部门对全国的建设工程勘察、设计活动实施统一监督管理。国务院铁路、交通、水利等有关部门按照国务院规定的职责分工，负责对全国的有关专业建设工程勘察、设计活动的监督管理。县级以上地方人民政府建设行政主管部门对本行政区域内的建设工程勘察、设计活动实施监督管理。县级以上地方人民政府交通、水利等有关部门在各自的职责范围内，负责对本行政区域内的有关专业建设工程勘察、设计活动的监督管理。

第三十二条 建设工程勘察、设计单位在建设工程勘察、设计资质证书规定的业务范围内跨部门、跨地区承揽勘察、设计业务的，有关地方人民政府及其所属部门不得设置障碍，不得违反国家规定收取任何费用。

第三十三条 县级以上人民政府建设行政主管部门或者交通、水利等有关部门应当对施工图设计文件中涉及公共利益、公众安全、工程建设强制性标准的内容进行审查。施工图设计文件未经审查批准的，不得使用。

第三十四条 任何单位和个人对建设工程勘察、设计活动中的违法行为都有权检举、控告、投诉。

第六章 罚 则

第三十五条 违反本条例第八条规定的，责令停止违法行为，处合同约定的勘察费、设计费1倍以上2倍以下的罚款，有违法所得的，予以没收；可以责令停业整顿，降低资质等级；情节严重的，吊销资质证书。未取得资质证书承揽工程的，予以取缔，依照前款规定处以罚款；有违法所得的，予以没收。以欺骗手段取得资质证书承揽工程的，吊销资质证书，依照本条第一款规定处以罚款；有违法所得的，予以没收。

第三十六条 违反本条例规定，未经注册，擅自以注册建设工程勘察、设计人员的名义从事建设工程勘察、设计活动的，责令停止违法行为，没收违法所得，处违法所得2倍以上5倍以下罚款；给他人造成损失的，依法承担赔偿责任。

第三十七条 违反本条例规定，建设工程勘察、设计注册执业人员和其他专业技术人员未受聘于一个建设工程勘察、设计单位或者同时受聘于两个以上建设工程勘察、设计单位，从事建设工程勘察、设计活动的，责令停止违法行为，没收违法所得，处违法所得2倍以上5倍以下的罚款；情节严重的，可以责令停止执行业务或者吊销资格证书；给他人造成损失的，依法承担赔偿责任。

第三十八条 违反本条例规定，发包方将建设工程勘察、设计业务发包给不具有相应资质等级的建设工程勘察、设计单位的，责令改正，处50万元以上100万元以下的罚款。

第三十九条 违反本条例规定，建设工程勘察、设计单位将所承揽的建设工程勘察、设计转包的，责令改正，没收违法所得，处合同约定的勘察费、设计费25%以上50%以下的罚款，可以责令停业整顿，降低资质等级；情节严重的，吊销资质证书。

第四十条 违反本条例规定，有下列行为之一的，依照《建设工程质量管理条例》第六十三条的规定给予处罚：

（一）勘察单位未按照工程建设强制性标准进行勘察的；

（二）设计单位未根据勘察成果文件进行工程设计的；

（三）设计单位指定建筑材料、建筑构配件的生产厂、供应商的；

（四）设计单位未按照工程建设强制性标准进行设计的。

第四十一条 本条例规定的责令停业整顿、降低资质等级和吊销资质证书、资格证书的行政处罚，由颁发资质证书、资格证书的机关决定；其他行政处罚，由建设行政主管部门或者其他有关部门依据法定职权范围决定。依照本条例规定被吊销资质证书的，由工商行政管理部门吊销其营业执照。

第四十二条 国家机关工作人员在建设工程勘察、设计活动的监督管理工作中玩忽职守、滥用职权、徇私舞弊，构成犯罪的，依法追究刑事责任；尚不构成犯罪的，依法给予行政处分。

第七章　附　　则

第四十三条 抢险救灾及其他临时性建筑和农民自建两层以下住宅的勘察、设计活动，不适用本条例。

第四十四条 军事建设工程勘察、设计的管理，按照中央军事委员会的有关规定执行。

第四十五条 本条例自公布之日（2000 年 9 月 25 日）起施行。

参 考 文 献

1 张乃仁．设计辞典．北京：北京理工大学出版社，2002

2 郑成思．知识产权论．北京：法律出版社，2003

3 世界知识产权组织编．世界知识产权教程．北京：专利文献出版社，1990

4 何敏．企业知识产权保护与管理实务．北京：法律出版社，2002

5 柳冠中．工业设计概论．北京：中国科学技术出版社，1994

6 冯晓青．企业知识产权战略，北京：知识产权出版社，2002

7 朱宏亮．建筑法规．武汉：武汉工业大学出版社，2000

8 陈传夫．高新技术与知识产权法．武汉：武汉大学出版社，2000

9 赵嘉祥．外观设计专利复审与无效案例．北京：专利文献出版社，1999

10 国家知识产权局外观设计审查部编．外观设计与知识产权保护．北京：知识产权出版社，2002

11 朱崇贤．设计与市场．北京：中国科学技术出版社，1994

12 马秀山．创新与保护——专利经营启示录．北京：科学出版社，2001

13 国家工商行政管理局商标局编著．商标侵权典型案例．北京：工商出版社，1999

14 肖正中，肖狄虎，杨雄勇．产品设计程序与方法．北京：中国科学技术出版社，1994

15 费安玲编著．著作权法案例教程．北京：中国政法大学出版社

16 简召全．工业设计方法学．北京：北京理工大学出版社，1999

17 国家知识产权局条法司著．新专利法详解．知识产权出版社，2001